Cred, Llên

Cyfrol Deyrnged Dewi Z. Phillips

Cred, Llên a Diwylliant

Cyfrol Deyrnged Dewi Z. Phillips

Golygydd

E. Gwynn Matthews

Adran Athronyddol

Graddedigion Prifysgol Cymru

Astudiaethau Athronyddol 1

y Lolfa

Argraffiad cyntaf: 2012

Dymuna'r cyhoeddwyr gydnabod cymorth ariannol
Cyngor Llyfrau Cymru

Cynllun y clawr: Y Lolfa

Rhif Llyfr Rhyngwladol: 978 1 84771 448 0

FSC

Cyhoeddwyd ac argraffwyd yng Nghymru
ar bapur o goedwigoedd cynaladwy gan
Y Lolfa Cyf., Talybont, Ceredigion SY24 5HE
gwefan www.ylolfa.com
e-bost ylolfa@ylolfa.com
ffôn 01970 832 304
ffacs 832 782

Cynnwys

Rhagair

YN 1938 DECHREUODD ADRAN Athronyddol Urdd Graddedigion Prifysgol Cymru gyhoeddi *Efrydiau Athronyddol*, sef cyfrol flynyddol yn cynnwys rhai o'r papurau a gyflwynwyd yng nghynadleddau blynyddol yr Adran ynghyd â nifer o adolygiadau. Cyhoeddwyd *Efrydiau Athronyddol* ar ran yr Adran gan Wasg Prifysgol Cymru yn flynyddol hyd at 2006. Yng nghynhadledd 1999 penderfynodd yr Adran fynd ati i gyhoeddi cyfrol sylweddol ar hanes athroniaeth. Ymddangosodd penodau'r gwaith fel rhifynnau 2001–2006 o *Efrydiau Athronyddol,* ac yn 2009 fe ailgyhoeddwyd y rhain mewn un gyfrol swmpus, *Hanes Athroniaeth y Gorllewin*. Gyda'r gyfrol hon daeth *Efrydiau Athronyddol* i ben. Barn yr Adran oedd y gellid cyrraedd cyhoedd ehangach drwy gyhoeddi llyfrau unigol ar bynciau athronyddol nag a wneid drwy geisio denu tanysgrifwyr i gyfnodolyn academaidd.

Cred, Llên a Diwylliant yw'r llyfr cyntaf i ymddangos dan y cynllun hwn. Mae'n briodol iawn, ond hefyd yn fater o dristwch, fod y llyfr cyntaf yn deyrnged i'r diweddar Athro Dewi Z. Phillips. Ni fu neb yn fwy brwd dros amcanion, a theyrngar i weithgareddau, yr Adran Athronyddol na Dewi. Yr oedd ei gefnogaeth i'r cynadleddau, yr *Efrydiau* a'r dasg o ddwyn *Hanes Athroniaeth y Gorllewin* i olau dydd yn ddiwyro. Yr oedd yn ysbrydoliaeth barhaus i'r rhai hynny ohonom sy'n credu ym mhwysigrwydd athronyddu yn Gymraeg er lles ac iechyd ein diwylliant fel cenedl.

Yn y gyfrol hon mae nifer o aelodau'r Adran yn cyflwyno papur neu bapurau fel teyrnged i Dewi. Yn ychwanegol at hynny comisiynwyd papur arbennig gan yr Athro Jonathan Lowe o

Brifysgol Durham (a gyfieithwyd gan Lywydd yr Adran, Dr Meredydd Evans), a bu'r Athro Ceri Davies o Adran Glasurol Urdd y Graddedigion, a chyd-weithiwr â Dewi ym Mhrifysgol Cymru, Abertawe (serch mewn adran arall), yn barod iawn inni gynnwys ei ddarlith i gydgyfarfod o'r ddwy adran yn Eisteddfod Genedlaethol y Bala yn 2009 ar achlysur lansio *Hanes Athroniaeth y Gorllewin*.

Mae tri o'r papurau yn trafod gwaith Dewi yn benodol, sef papurau gan Meirlys Lewis ar foeseg Dewi ac ar ei ddealltwriaeth o farddoniaeth R. S. Thomas, a phapur Walford Gealy ar gyfraniad Dewi i athroniaeth crefydd. Traddodwyd y ddau olaf o'r rhain yng nghynhadledd yr Adran yn 2007, cynhadledd a neilltuwyd i drafod gwaith Dewi. Traddodwyd papur Walford Gealy ar Ann Griffiths a J. R. Jones gerbron cynulleidfa yn Hen Gapel John Hughes, Pontrobert, yn 2010. Yn eu ffurf bresennol y mae'r papurau eraill yn ymddangos yn y gyfrol hon am y tro cyntaf. Gan fod rhai o'r papurau wedi cael eu llunio fel darlithoedd neu anerchiadau ac eraill wedi eu llunio fel ysgrifau, ni cheisiwyd gorfodi unffurfiaeth ar eu diwyg wrth eu golygu. Saif pob papur ar ei ben ei hun, a'r awdur yn unig sy'n gyfrifol am y cynnwys.

Eisoes mae gan yr Adran gyfrol arall ar y gweill. Bydd hon yn canolbwyntio ar athroniaeth gwleidyddiaeth. Ni fydd y gyfrol bresennol a'r lleill sydd i ddilyn yn ffurfio cyfres unffurf. Efallai, yn wir, na fyddant oll yn cael eu cyhoeddi ar ein rhan gan yr un cyhoeddwyr. Fe fyddant, fodd bynnag, yn dwyn yr is-deitl *Astudiaethau Athronyddol* ynghyd â rhif. Felly, y gyfrol hon yw *Astudiaethau Athronyddol* 1. Nodir ym mhob achos mai ar ran yr Adran y cyhoeddir y gwaith.

Mae'r Adran yn cydnabod, gyda diolch, rodd anrhydeddus iawn a ddaeth drwy ewyllys y ddiweddar Megan Lewis tuag at gostau cyhoeddi. Cydnabyddir yn ogystal nawdd Cyngor Llyfrau Cymru a chyfraniadau ariannol Prifysgol Cymru tuag at gynnal gweithgareddau'r Adran. Diolch hefyd i'r Lolfa am eu cefnogaeth a'u diwydrwydd wrth ddwyn y gwaith drwy'r wasg.

E. Gwynn Matthews
Gŵyl Ddewi 2012

Teyrnged i Dewi

Meredydd Evans

Mi fu Dewi farw yng nghanol ei waith. Gadael y tŷ, fora dydd Mawrth, 25 Gorffennaf 2006, am Lyfrgell y Coleg, hefo'r bwriad o wirio dyfyniad o waith R. S. Thomas nad oedd ar gael iddo fo gartra ar y pryd. O fewn dim amser wedi iddo gyrraedd y llyfrgell honno mi ddaeth i ben fywyd un a wnaeth ymdrech lew i ddallt bywyd dyn yn hyn o fyd – nid i gyfiawnhau'r bywyd hwnnw (fel y pwysleisiodd o droeon) ond i geisio'i *ddallt* o.

Cafodd ei eni yn Nhreforys ar 24 Tachwedd 1934, a'i fagu ar aelwyd grefyddol, ei addysgu yn Ysgol Gynradd Treforys, Ysgol Ramadeg Abertawe a Choleg Prifysgol Cymru, Abertawe. Graddio yn 1956 hefo anrhydedd dosbarth cyntaf mewn Athroniaeth (roedd eisoes wedi graddio yn Saesneg flwyddyn cyn hynny) a threulio'r ddwy flynedd ddilynol yn llunio traethawd M.A., ar 'Moral and Religious Concepts of Duty'. Oddi yno i Rydychen i weithio am radd B.Litt., traethawd ar 'The Language of Talking to God', a gyhoeddwyd yn ddiweddarach dan y pennawd *The Concept of Prayer*. Erbyn 1959, trwy wahoddiad, roedd o'n Weinidog ar Eglwys Annibynnol (Saesneg) Fabian's Way, Abertawe. Dychwelodd at Athroniaeth pan benodwyd o'n Ddarlithydd Cynorthwyol yng Ngholeg y Frenhines, Dundee, yn 1961 ond erbyn 1963 roedd o'n ôl yng Nghymru, yn Ddarlithydd mewn Athroniaeth yng Ngholeg Prifysgol Cymru, Bangor. [Gwaetha'r modd mi adewais i'r lle hwnnw am Gaerdydd yn yr union flwyddyn honno a cholli'r cyfle felly o ddechrau dod i'w nabod o.] Yn 1965 cafodd ei benodi'n Ddarlithydd yn Adran Athroniaeth Abertawe; yn Ddarlithydd Hŷn ymhen dwy flynedd ac yn Bennaeth Adran erbyn 1971 (yn dilyn J. R. Jones). Roedd yn y swydd honno hyd 1992 ac yn y cyfamser mi amlygodd ei ddoniau gweinyddol ymhellach yn Ddeon Cyfadran y Celfyddydau am dair blynedd, ac yna yn Is-brifathro rhwng 1989 ac 1992. O'r flwyddyn honno ymlaen bu'n rhannu ei amser rhwng yr Adran yn Abertawe ac Ysgol Raddedigion Claremont, Califfornia, lle daliai swydd yn Athro Athroniaeth Crefydd. Yn 1996 cafodd ei benodi yn Athro Ymchwil Rush Rhees yn Abertawe gan ymgymryd â'r gorchwyl enfawr o olygu a chyhoeddi gwaith yr athronydd athrylithgar hwnnw – un o'r prif ddylanwadau ar Dewi ei hun. Un arall, wrth gwrs, a'r pennaf yn sicr, oedd Wittgenstein.

O fewn tua phum mlynedd a deugain o athronyddu ymroddedig mi sefydlodd ei hun yn athronydd o bwys cydwladol gan gyfrannu'n arbennig i feysydd Athroniaeth Crefydd a Moeseg, a chan bwysleisio arwyddocâd gweithiau llenyddol i drafodaethau athronyddol yn gyson. Roedd ganddo ddiddordeb mawr hefyd mewn Athroniaeth Addysg ac Estheteg. Sgrifennodd o leiaf 22 o gyfrolau athronyddol yn Saesneg, golygodd fwy na hynny o gyfrolau gan athronwyr eraill, a gweithredodd yn Olygydd Cyffredinol cylchgrawn adnabyddus ynghyd â dwy gyfres o astudiaethau athronyddol. At hynny, cyhoeddodd dros 200 o ysgrifau (yn cynnwys adolygiadau) mewn llu o gylchgronau, yn eu plith prif gylchgronau athronyddol y byd Seisnig. I'r chwilfrydig yn ein mysg mae llyfryddiaeth swmpus o'i weithiau i'w chael ar derfyn cyfrol deyrnged iddo gan gyd-athronwyr, dan y pennawd, *The Possibilities of Sense*, a gyhoeddwyd yn 2002.

Ond yma heddiw mae ein diddordeb pennaf ni yn y cyfraniadau a wnaeth i lên Cymru ac, yn neilltuol, i Adrannau Athronyddol a Diwinyddol Urdd y Graddedigion. Yn fyr ac yn fras, dyma amcangyfrif o'i gyhoeddiadau hyd yma: ysgrifau yn yr

Efrydiau Athronyddol (yn cynnwys pum adolygiad) – 27; ysgrifau mewn amrywiol gylchgronau a chyhoeddiadau eraill – 29. Dyna gyfanswm o 56. Ychwanegwch at hynny y ddwy gyfrol, *Dramâu Gwenlyn Parry* a *Ffiniau*, sef 'myfyrdod athronyddol ar weithiau rhai o lenorion Cymraeg yr ugeinfed ganrif'.

Er bod y rhestr lyfryddol Gymraeg yn llawer llai na'r un Saesneg yr un yw'r safbwyntiau athronyddol a gyflwynir yn y ddwy restr fel ei gilydd. Rhyfyg ar fy rhan i a fyddai ceisio rhoi crynhoad ohonyn nhw yma: er enghraifft, yr haeriad mai gwaith athronydd yw nid llunio damcaniaethau am hanfodion ystyr cysyniadau eithr, yn hytrach, ymchwilio i'w hamrywiol ystyron nhw mewn dulliau o fyw; y datganiad nad oes yna ryw un egwyddor resymegol sy'n pennu'n gyffredinol beth sy'n ystyrlon ac yn anystyrlon, ond mai mater i'w bennu yw hynny tu mewn i ddull penodol o fyw; y gosodiad na ellir cyfiawnhau'r dull crefyddol o fyw trwy geisio gosod sylfaen fetaffisegol iddo; y pwyslais ar orfod derbyn gwrthdaro moesol fel un terfynol ar brydiau oherwydd mai *gwerthoedd* y rhai sy'n gwrthdaro *yw* eu rhesymau nhw dros y gwrthdaro ac na ellir, yn rhesymegol, apelio at egwyddor gyffredinol 'allanol' i ddwyn cyfaddawd i fod; yr honiad nad gwrthrych ymysg gwrthrychau eraill yw Duw – hyn oll, a llawer yn rhagor.

Ond mae yna un sylw cyffredinol sy'n werth ymhelaethu tipyn arno. Roedd Dewi yn cyfrif ei fod o, ym myd Athroniaeth Crefydd yn arbennig, yn rhwyfo'i gwch yn erbyn y llif ond, yn gwbl nodweddiadol ohono, 'doedd hynny ddim yn dân ar ei groen. Yr hyn oedd yn ei flino fo, o bryd i'w gilydd, oedd nad oeddym ni, yn arbennig felly, ni Gymry Cymraeg, yn barod i gyd-drafod ag o. Teimlai fod diffyg trafodaeth yn gyffredinol yn ein plith ni. Mae'n wir i beth dadlau fod rhyngddo fo ag ambell un – er enghraifft, Walford Gealy, John Fitzgerald a Tom Roberts – ond ar wastad digon cyfyngedig y digwyddodd hynny, ac o ystyried mor ddieithr oedd ambell ddadansoddiad syniadol o'i eiddo siomedig iawn oedd yr ymateb o du'r diwinyddion. Diamau ei fod o'n llygad ei le a dyna pam yr oedd o mor awyddus i weld adrannau Cymraeg Urdd y Graddedigion yn ffynnu, adrannau lle byddai angerdd trafod syniadau yn cymell eu haelodau nhw i gydgyfarfod a chydgyhoeddi. Roedd yn boen arno i weld yr adrannau hyn yn araf edwino ac yntau yr un pryd yng ngafael y rhwystredigaeth o weld mor ddof a difenter yr oedd y sefydliad addysgol yng Nghymru wrth ddatblygu dysgu trwy gyfrwng y Gymraeg mewn ysgolion a cholegau. Fel William Salesbury gynt roedd yntau am weld y Cymry yn mynnu dysg yn eu hiaith eu hunain, o ddyddiau plentyndod hyd at aeddfedrwydd oedolion.

Bu ei farw yn syndod anodd ei amgyffred i bob un ohonon ni. Roedd cymaint o ynni ynddo: egni deallusol; storm o ddigrifwch; deinamo o ddyn. O ddiwylliant eang, yn meddu ar ddisgleirdeb meddwl anghyffredin, hefo'r gallu i'w fynegi ei hun mewn arddull uniongyrchol, ddiwastraff, eto yn ddiymhongar ac agosatoch. Yn gwbl ymroddedig i athronyddu, gan fynnu yng nghyd-destun athroniaeth crefydd, nad diffynnydd Cred mohono (yn gywir yn fy marn i), ni cheisiodd guddio, serch hynny, ei ymrwymiadau crefyddol. Mewn ysgrif ar 'Angau a Thragwyddoldeb' yn y gyfrol *Saith Ysgrif ar Grefydd*, a olygwyd ganddo, wrth drafod y cwestiwn 'Beth yw *ystyr* y syniad o fywyd tragwyddol?' (cwestiwn athronyddol, nid crefyddol, chwedl yntau) mi ddwedodd hyn:

> Rwy'n cyfaddef fod yr ymchwil am ateb yn anodd a chymhleth i un sy'n athronydd ac yn gredadun. Ond ar ôl y briodas rhwng y ddau, rhwng cred ac athroniaeth, mae'n rhy hwyr i freuddwydio am fywyd tawel, llonydd, esmwyth.

Na, 'chafodd o ddim bywyd meddyliol felly reit siŵr, ond roedd hynny'n rhan o'r bywyd cyfan a gafodd o, yn deuluol a chymdeithasol, ac mi wnaeth gamp o fyw hwnnw.

Athroniaeth Crefydd yn yr ugeinfed ganrif a chyfraniad D. Z. Phillips iddi

Walford L. Gealy

CARWN WNEUD RHAI PWYNTIAU rhagymadroddol er mwyn gosod terfynau o ryw fath i'r cyfraniad hwn.

Yn gyntaf, ni chyfyd fawr o broblem yn yr achos hwn ynglŷn â therfynau amser – sef y ganrif ddiwethaf. Ond y mae'r newidiadau chwyldroadol a ddigwyddodd yn ystod y can mlynedd diwethaf yn peri trafferthion parthed terfynau lled y maes dan sylw. Pe byddwn i wedi wynebu tasg gyffelyb i hon ac ysgrifennu am athroniaeth crefydd y bedwaredd ganrif ar bymtheg, ni fyddai gennyf fawr o broblem ynglŷn â lled y pwnc. Byddwn yn bwrw ati i sôn am y datblygiadau yn y maes yn ystod y ganrif honno ym Mhrydain, ar gyfandir Ewrop, a chydag ambell gyfeiriad at athroniaeth Pragmatiaeth yn yr Unol Daleithiau a dylanwad hon ar athroniaeth crefydd. Ond bellach, wrth edrych ar y cyhoeddiadau niferus a ddaw o'r gweisg cyfoes, mae'n syndod gymaint o athronyddu sydd am grefyddau nad ydynt yn rhan o'r traddodiad a'r diwylliant Gorllewinol o gwbl. Bellach, ceir athronyddu am grefyddau dwyreiniol, am Fwdïaeth a Hindŵaeth, er enghraifft, ac un o'r rhesymau am hyn, wrth gwrs, yw'r newidiadau gwyddonol a thechnolegol a drodd ein byd yn fychanfyd cymysg ei ddiwylliant. O ganlyniad, trigwn mewn cymdogaeth sy'n grefyddol luosrywiaethol. Ond, cyffesaf o'r cychwyn nad yw'r adnoddau athronyddol na'r wybodaeth grefyddol angenrheidiol gennyf i ddelio â'r lluosogrwydd hwn.

Felly, gwell i mi gyffesu ar y cychwyn fy niffyg adnoddau yn y cyfeiriadau hyn, sy'n golygu y bydd yn rhaid imi gyfyngu fy ystyriaethau i'r hyn a fu'n athronyddol ganolog yn y byd Seisnig ac i'r traddodiad Iddewig/Gristnogol a fu dan chwyddwydr athronwyr y tu mewn i'r un dreftadaeth ddiwylliannol, a hynny am ganrifoedd lawer.

Yn ail, ceir cymhlethdodau pellach a gododd o'r ffaith i chwyldroadau go radical ddigwydd o fewn athroniaeth ei hun yn ystod yr ugeinfed ganrif, ac fe grëwyd anghytundebau dwfn rhwng athronwyr ynglŷn â swyddogaeth eu pwnc. Yn fwy penodol, yn draddodiadol, a hynny o gychwyn athroniaeth yn yr hen fyd clasurol Groegaidd hyd at ddiwedd y bedwaredd ganrif ar bymtheg, bu creu cyfundrefnau metaffisegol, sef yr ymdrechion hynny i roi cyfrif neu logos o realiti, o bob dim sy'n bod a'u cyfannu'n Un peth, yn un o brif amcanion athronwyr. Ac, yn gyffredin iawn, yn y systemau metaffisegol hyn, byddai lle canolog i syniadau crefyddol, ac yn arbennig i'r cysyniad o Dduw. Ond erbyn heddiw, am wahanol resymau, nid yw metaffiseg yn cael ei ystyried yn weithgarwch ystyrlon gan garfan helaeth o athronwyr. O ganlyniad anochel, effeithiwyd ar y berthynas rhwng athroniaeth a chrefydd yn ddirfawr, a hynny i'r graddau bod un athronydd o fri, yn yr ugeinfed ganrif, sef Gilbert Ryle, wedi honni yn y chwedegau, na fu athronwyr a diwinyddion yn siarad â'i gilydd yn ystod y rhan fwyaf o'r ganrif. Yn wir, o dridegau'r ganrif hyd chwedegau'r ganrif, nid oedd fawr o le i, a llai fyth o fri ar athroniaeth crefydd fel gweithgaredd academaidd. Ond bu tro ar fyd ers y chwedegau, ac mewn cyfrol gymharol ddiweddar (*Contemporary Philosophy of Religion* gan Charles Taliaferro, a gyhoeddwyd yn 1998) honna'r awdur 'With comprehensive, religious skepticism in recession since the 1960's, the floodgates in the philosophy of religion have opened.' Erbyn hyn, efallai bod y llifddorau mor agored nes ei bod hi'n anodd darganfod ffordd drwy'r maes. Ond mae'n amlwg mai rhan o'r dasg sy'n ein hwynebu yw ceisio deall y rhesymau dros y newidiadau mawr hyn yn yr ugeinfed ganrif – tasg na ellir gwneud cyfiawnder â hi mewn papur cymharol fyr fel hwn.

Y mae un broblem arall sy'n peri peth trafferth, sef y berthynas rhwng athroniaeth crefydd a diwinyddiaeth athronyddol. Y mae'r gwahaniaeth hwn yn un cydnabyddedig, wrth gwrs, er, serch hynny, gall fod yn un eithriadol o amwys. Ac y mae'r adroddiadau o natur y berthynas rhwng y ddeubeth yn gwahaniaethu'n enfawr, a hynny yn ôl y safbwynt athronyddol a goleddir gan yr athronydd unigol, yn ogystal â'r math o grefydd sy'n gefndir i'r drafodaeth. Rhyfeddaf, er enghraifft, at amwysedd teitl un o'r llyfrau mwyaf dylanwadol o gyfnod canol y ganrif dan sylw sef, *New Essays in Philosophical Theology*. Eto i gyd, athronwyr proffesiynol, megis R. M. Hare, Basil Mitchell, Bernard Williams ac Anthony Flew, dim ond i enwi rhai, oedd y mwyafrif o'r cyfranwyr. Llyfr ar athroniaeth crefydd ydyw. Cyfaddefir, wrth gwrs, fod yna orgyffwrdd cyson rhwng y ddwy ddisgyblaeth, ond er mwyn cyfyngu ymhellach ar y dasg, ni fedraf ond torri cwys fy hun yma. Ac, ar sail fy neall personol o beth yw athroniaeth, y peth pwysig yw bod y math o ddealltwriaeth a geisir ac a ddaw drwy athronyddu yn wahanol i'r math o ddealltwriaeth sy'n deillio o ddiwinydda'n athronyddol. Parthed athroniaeth crefydd, ymgais ydyw i ddeall beth yw natur resymegol y cysyniadau hynny sy'n ganolog mewn unrhyw grefydd, a gwneir hynny drwy gymharu â chyferbynnu'r defnydd o'r cysyniadau hynny oddi mewn ac oddi allan i grefydd. (A dyma, wrth gwrs, oedd dealltwriaeth a methodoleg D. Z. Phillips hefyd o dasg yr athronydd crefydd.) Er enghraifft, meddylier am y cysyniad o ddyletswydd. Dyma gysyniad sy'n ganolog mewn crefydd a moesoldeb. Ond ni ellir rhagdybio fod gan y cysyniad hwn yr un swyddogaeth yn y ddau faes, ac felly mai'r un ystyr sydd iddo yn iaith crefydd ac iaith moesoldeb. Gwaith digon anodd yr athronydd, yn ei ymgais am eglurder cysyniadol, yw ceisio dod o hyd i'r gwahaniaethau yn y defnydd o gysyniad, sy'n ymddangos ar yr wyneb yn debyg i'w gilydd, mewn cyd-destunau gwahanol. Ond dyna'n union oedd ymgais Phillips yn ei draethodau cyntaf, sef ei M.A., sy'n dwyn y teitl, 'The Religious and Moral Concepts of Duty' a'i ail draethawd (B.Litt., Rhydychen), 'The Concept of Prayer', sef dangos y gwahaniaethau cysyniadol sydd rhwng iaith siarad â Duw ar y naill law a siarad â chyd-ddyn ar y llaw arall.

Mewn gwrthgyferbyniad, rhan o ddiwinyddiaeth fel disgyblaeth yw diwinyddiaeth athronyddol, a'r diwinydd sydd yma, mi gredaf, yn codi cwestiynau athronyddol a hynny er mwyn sicrhau, yn anad dim mi dybiaf, fod ei ddiwinyddiaeth yn fewnol gyson a systematig, ac er ceisio dangos bod cysondeb rhwng ei ddiwinyddiaeth â'r canfyddiad cyffredinol o'r byd ac o fywyd fel y mae y tu mewn i'w ddiwylliant. Ond gan nad diwinydd mohonof, nid oes galw arnaf i geisio egluro beth yn union yw swyddogaeth y diwinydd athronyddol.

* * *

Yn hanesyddol, ym Mhrydain, ers dyddiau cynnar athroniaeth fodern, sy'n cychwyn yn yr ail ganrif ar bymtheg, empeiriaeth fu, o bell ffordd, yr athroniaeth ddominyddol. Y dyn pwysicaf yn hyn oll oedd tad empeiriaeth fodern, sef John Locke. Ac ymddengys i mi na wyrodd y Saeson ymhell o'i athroniaeth ef yn ystod y tair canrif ers ei ddyddiau. Ond rhaid dechrau'r papur hwn, nid gydag empeiriaeth, ond yn hytrach gydag Hegeliaeth. Oherwydd ar ddechrau'r ugeinfed ganrif, fel gwyriad cymharol fyr o'r traddodiad canolog empeiraidd, coleddwyd Hegeliaeth gyfandirol gan nifer fawr o athronwyr ym Mhrydain, yn enwedig gan yr athronwyr hynny a oedd hefyd yn grefyddol neu a oedd ganddynt, o leiaf, rywfaint o gydymdeimlad at grefydd. Diddorol yw nodi hefyd, wrth fynd heibio, fod cynifer o athronwyr Albanaidd wedi coleddu Hegeliaeth, pobl megis J. H. Stirling, y brodyr Caird, Pringle-Pattison, C. A. Campbell, ac eraill gan gynnwys y Cymro hwnnw a ymgartrefodd yn yr Alban, sef Syr Henry Jones. (Efallai y ceir awgrym yma fod y Celtiaid yn barotach na'r Saeson i gefnu ar Locke.) Am resymau a ddaw'n hysbys nes ymlaen, nid oedd, ac nid yw, empeiriaeth yn cydorwedd yn esmwyth gyda chred grefyddol. Ond nid felly yr oedd hi â Hegeliaeth. Nid gormodiaeth yw honni mai Hegeliaeth oedd un o'r systemau metaffisegol a gydweddai orau ag argyhoeddiadau crefyddol. A hawdd deall hynny. Oherwydd y cysyniad canolog yn athroniaeth Hegel oedd *Geist*, sef 'ysbryd' neu 'meddwl' ('spirit' neu 'mind' yn y Saesneg). Dyma, yn ôl Hegel, yw realiti. *Geist* yw pob dim. Ac, wrth gwrs, peth ysbrydol neu anfaterol ydyw hwn. Dyma feddyliwr, gyda'r mwyaf yn Ewrop yn y bedwaredd ganrif ar bymtheg, yn honni mai ysbrydol yw gwir natur realiti. A gellir dychmygu rhai meddylwyr Cristnogol deallus, yn athronwyr a diwinyddion, yn meddwl am yr honiad yn Efengyl Ioan mai 'Ysbryd yw Duw', ac yna'n dod i'r casgliad mai'r un oedd *Geist* metaffisegol Hegel a Duw'r Cristion. Y *Geist* hwn yw y realiti terfynol: Duw yw hanfod pob dim ac 'y mae'r oll yn gysegredig.'

Ond a ellir unfathu'r ddau gysyniad mor hawdd â hynny? A ellir, er enghraifft, ragdybio mai'r un yw ystyr 'ysbryd' ymhob cyd-destun? Defnyddiwn ymadrodd fel, 'Roedd e'n isel ei ysbryd' wrth sôn am glaf, dyweder, neu am 'ysbryd haelionus person.' Byddwn yn sôn am 'ysbryd y cyfnod' ac 'ysbryd y cyfarfod'. A beth yw ystyr 'ysbryd' yn yr ymadrodd *esprit de corps*? A yw ystyr 'ysbryd' yn yr ymadrodd hwn yn nes at *Geist* Hegel nag ystyr 'Ysbryd' yng ngosodiad Iesu mai 'Ysbryd yw Duw'? Y peth sy'n dilyn sylw Iesu yn y Testament Newydd yw hyn: 'a rhaid i'r rhai a'i haddolant ei addoli mewn Ysbryd ac mewn gwirionedd.' Ond a ydyw *Geist* Hegel yn wrthrych addoliad?

Os felly, nid yw'n undod, oherwydd mewn addoliad crefyddol y mae gagendor eglur rhwng yr addolwyr a'r hyn a addolir. Ac os nad oes gagendor a oes addoliad? Ymhellach, yr oedd y *Geist* Hegelaidd yn newid, yn datblygu fel y mae amgyffrediad dyn o'i fyd yn datblygu, a hynny gan mai'r un yw'r ddeubeth yma, y byd a'n canfyddiadau neu'n deall ohono. A'r cwestiwn sy'n codi'n anochel yw hyn: sut y mae'r syniad o newid yn y *Geist* yn cynganeddu â'r syniad mai digyfnewid yw ac, yn wir, mai anghyfnewidiol yw tragwyddol Dduw'r Cristion? Wrth gwrs, nid oes amheuaeth fod nifer o feddylwyr crefyddol yn honni fod yr amgyffrediad dynol o'r dwyfol wedi newid dros y canrifoedd. Ond mae'r credinwyr hynny'n dadlau, fel arfer, nad Duw ei hun a newidiodd ond yn hytrach eu deall hwy ohono. A dyma un gwahaniaeth sylfaenol arall, mi dybiaf, rhwng *Geist* Hegel a'r syniad o Dduw yn Ysbryd a goleddir gan Gristnogion.

Ni ellir sôn am Hegeliaeth a'i dylanwad arnom fel Cymry heb grybwyll yr enwog Syr Henry Jones, athro athroniaeth ym Mhrifysgol Glasgow. Hegelydd pur oedd Jones. Eithr nid athroniaeth crefydd oedd ei brif ddiddordeb ac ychydig iawn a ysgrifennodd ar y mater. Ond y mae un stori ddiddorol amdano – sef ei fod yn cael ei amau o goleddu elfen o anuniongrededd yn ei ddiwinyddiaeth, a hynny parthed athrawiaeth y Drindod. Honnwyd, gan rai o'i gyfoedion, fod Syr Henry yn gwadu Duwdod Iesu. Pan fentrodd rhyw Fethodistiaid Calfinaidd ei holi ynglŷn â hyn, atebwyd hwy'n gwta gan Syr Henry nad oedd yn gwadu duwdod yr un dyn! Mae'n werth adrodd y stori oherwydd nid ateb difeddwl, slic a roddwyd gan Syr Henry. Roedd ei ateb yn adleisio'n weddol gywir agwedd gyffredinol yr athronwyr crefydd a'r diwinyddion hynny a ddylanwadwyd gan Hegeliaeth. Meddylier, er enghraifft, am y diwinydd J. R. Illingworth (1848–1915), cymrawd yng Ngholeg Iesu, Rhydychen, ac un a ddisgrifiwyd mewn un gyfrol safonol fel 'one of the most compentent English philosophical theologians of his day.' Dyma Idealydd Absoliwt, ac yn ei erthygl enwog, 'The Incarnation as Development', yn y gyfrol ysgolheigaidd, *Lux Mundi*, a gyhoeddwyd gyntaf yn y flwyddyn 1889, y mae'n amddiffyn ei gred ym mhresenoldeb yr Ysbryd yn yr holl greadigaeth, ac mae'n mynnu mai hyn yw uniongrededd Cristnogol gan ddyfynnu'n helaeth o weithiau'r Ysgolwyr er mwyn cyfiawnhau hynny. Mae'n dyfynnu, er enghraifft, o waith un Ysgolwr a honnodd fod pob creadur yn theoffani, yn ymddangosiad o'r dwyfol. Ac y mae hyn, wrth gwrs, yn adlewyrchu dylanwad dwfn athroniaeth Hegel ar ddiwinyddion pwysig y dydd. *Geist* yw'r cyfan o realiti. Ac un ydyw. Ac fe aeth Hegel ei hun cyn belled â dadlau fod Cristnogaeth yn rhagori ar bob crefydd arall oherwydd ceir yn ganolog yn y grefydd hon y syniad o 'ymgnawdoliad', syniad a ddeallodd Hegel yn nhermau undod y dwyfol a'r dynol. Credaf mai am yr un math o reswm y gwnaeth Cymro arall, o Dal-y-bont yn wreiddiol, sef y Parchedig Ddr. David Adams yn ei gyfrol ddiwinyddol radical, *Yr Hen a'r Newydd mewn Diwinyddiaeth*, fabwysiadu athroniaeth Hegel am y *Geist* er mwyn ceisio dangos rhagoriaeth y ffydd Gristnogol. Y mae dadansoddiad Hegel o newidiadau yn y *Geist* yn sail i esboniad Adams o esblygiad y meddwl crefyddol. Yn gyntaf, yn ôl Hegel, ceir y thesis, sef yr amgyffrediad o'r byd mewn unrhyw gyfnod a lle. Yna, o'r thesis y datblyga antithesis, sef amgyffrediad gwahanol neu wrthgyferbyniol i'r thesis, ac o hwn, y synthesis, sef gweledigaeth neu amgyffrediad o'r byd sy'n gyfuniad o elfennau o'r thesis a'r antithesis. Try'r synthesis hwn eto'n ei dro, yn thesis newydd. Dadleuodd Adams mai'r thesis gwreiddiol crefyddol oedd animistiaeth, yna datblygodd crefydd drosgynnol fel antithesis, ond y synthesis yw'r ymgnawdoliad, sef Duw a dyn yn un.

Ond cyfyd anawsterau eto, o leiaf o gyfeiriad uniongrededd crefyddol. Er enghraifft, a ydym i dybio fod y synthesis hwn, sef Cristnogaeth a'r syniad o ymgnawdoliad, bellach yn beth parhaol? Neu a yw'r *Geist* yn dal i ddatblygu? Os felly, a ydym i ddisgwyl i'r dyfodol am ffydd a fydd yn rhagori ar Gristnogaeth? Wn i ddim. Ond ymddengys i mi os mai cadarnhaol y byddai ateb Adams, yna byddai'n nes o lawer at Undodiaeth nag at Annibyniaeth draddodiadol.

Gwanychodd dylanwad Hegel ar y meddwl Prydeinig yn ystod ugain mlynedd cyntaf yr ugeinfed ganrif, a hynny, fel yr ymddengys, am fwy nag un rheswm. Yn gyntaf, cynyddodd dylanwad Marcsiaeth, er mai dim ond addasiad radical o Hegeliaeth yw Marcsiaeth, Hegeliaeth wedi ei throi wyneb i waered. Nid *Geist*, nid ysbryd, yw'r realiti terfynol ond mater, yn ôl Marx. Ond, ymhellach, honnir i Hegeliaeth golli ei dylanwad oherwydd y Rhyfel Mawr. Yn gynhenid mewn Hegeliaeth yr oedd yna elfen gref o optimistiaeth afreal, sef bod pob newid yn ddatblygiad, hynny yw, yn esblygiad neu newid er gwell. Dyma'r math o optimistiaeth oedd yn nodwedd o gyfnod Oes Fictoria, yn enwedig ym Mhrydain, pan gafwyd ymgais i beintio'r byd yn goch gan y grymoedd imperialaidd a oedd yn llywodraethu. Ond dyma'r Rhyfel Mawr a'i farbareiddiwch yn amharu'n ddinistriol ar yr optimistiaeth hwn ac yn lladd bron pob gobaith fod y byd yn gwella ac yn esblygu'n foesol.

Er na ellir gwadu dylanwad Hegel ar athroniaeth ym Mhrydain ar ddechrau'r ugeinfed ganrif yr oedd, ar yr un pryd, nifer o athronwyr enwog yma a oedd yn glynu'n agos at y traddodiad empeiraidd. Y ddau athronydd enwocaf ym Mhrydain ar y pryd oedd Bertrand Russell a'i gyd-weithiwr yng Nghaergrawnt, G. E. Moore, a'r ddau, gyda llaw, yn anffyddwyr llwyr. Fel yn achos pob empeirydd o bob cyfnod, yng ngweithiau Russell a Moore, roedd ystyriaethau epistemolegol yn ganolog, oherwydd, yn ei hanfod, ymgais yw empeiriaeth i roi cyfrif o natur *gwybodaeth*, a hynny yn nhermau ein profiadau synhwyrol. Yn ôl yr athroniaeth hon, sail, neu fan cychwyn, pob gwybodaeth yw'r profiadau a geir drwy'r pum synnwyr corfforol sydd gennym. O ganlyniad, cyfyd anawsterau wrth geisio rhoi cyfrif o unrhyw fyd neu wybodaeth sydd y 'tu hwnt' i'r synhwyrau, megis y byd moesol ac, wrth gwrs, y byd crefyddol. 'Ni welodd neb Dduw erioed' meddai'r Ysgrythur. Ac y mae'r ymadrodd a gysylltir â Tomos yr 'anghredadun' – 'oni welaf, ni chredaf' – yn fynegiant cwta, o natur athroniaeth empeiraidd. Yn wir, yn y traddodiad empeiraidd Prydeinig y mae'r holl gysyniad o 'resymoldeb' ynghlwm wrth y syniad hwn o sicrhau tystiolaeth weladwy dros yr hyn a gredir. Hynny yw, yn y traddodiad Seisnig yn arbennig, y mae'r hyn a gredir yn rhesymol, yn ôl y mesur o dystiolaeth weladwy neu synhwyrol sy'n cadarnhau neu'n gwireddu'r gred. A rhaid i'r dystiolaeth fod yn rhywbeth cyhoeddus, fel y gallwn oll ei gweld, neu ei chlywed, neu ei theimlo. Mae'n glir o hyn paham nad yw athroniaeth o'r fath yn cydorwedd yn esmwyth â chred mewn realiti dwyfol a throsgynnol na ellir dangos realiti ei fodolaeth ar sail y fath ragdybiaethau.

Esgor hyn ar ganlyniadau anochel. Rhydd yr athroniaeth hon bwysau ar gredinwyr crefyddol i ddangos neu brofi *bodolaeth* Duw. O ganlyniad, y mae athroniaeth crefydd felly, y tu mewn i'r traddodiad empeiraidd, yn ymwneud, yn anad dim arall, â'r cysyniad o fodolaeth y dwyfol a chyda'r dadleuon traddodiadol hynny sy'n ymdrechion i brofi bodolaeth Duw. O'r dadleuon traddodiadol hyn dros fodolaeth Duw, y ddadl a ymddengys fel yr un fwyaf empeiraidd ei natur yw'r ddadl o batrwm, sef yr ymgais i ddangos fod cynllun i'w weld yn y bydysawd ac yn y byd naturiol yn gyffredinol. Honnid gan ddiwinyddion ac athronwyr crefydd, fel ei gilydd, fod ôl llaw Duw i'w weld yn rheoleidd-dra a threfn y byd naturiol, a bod y dystiolaeth hon yn ddigonol i brofi bodolaeth Duw. Ymddangosai'r bydysawd i'r cyfryw feddylwyr fel un peiriant enfawr sy'n gweithio megis oriawr, chwedl y diwinydd William Paley. Ond tra roedd rhai'n gweld y bydysawd felly, ni welodd eraill fyd natur ond megis 'blind mother nature, pouring forth from her lap without discernment or maternal care her maimed and abortive children,' chwedl Hume yn ei ddeialogau ar grefydd naturiol. Ac o ganol y bedwaredd ganrif ar bymtheg a thrwy'r ugeinfed ganrif, rhoddwyd ysgytwad pellach i'r ddadl empeiraidd hon dros fodolaeth Duw ar sail patrwm gan ddamcaniaeth Darwin ar esblygiad naturiol. Ergyd ei ddadl oedd mai ymddangosiadol yn unig yw unrhyw batrwm a welir ym myd natur, gan fod y rhywogaethau sy'n bod, yn blanhigion ac anifeiliaid fel ei gilydd, yn enghreifftiau o rywogaethau a lwyddodd i oroesi drwy addasu i newidiadau amgylcheddol, tra bod y rhywogaethau hynny na lwyddodd i addasu'n effeithiol wedi darfod â bod yn llwyr. Cynyddodd y tyndra rhwng empeiriaeth a chrefydd o ganlyniad i ddylanwad damcaniaeth newydd Darwin.

Yr oedd ateb parod gan Russell i'r credadun crefyddol. Meddai Russell yn syml yn ei bamffledyn poblogaidd *Why I am not a Christian*: Pe byddwn, wedi fy marw, yn darganfod fy mod wedi bod yn anghywir yn fy anghrediniaeth grefyddol, ac yn gorfod wynebu Duw, yna gofynnwn iddo paham na fyddai wedi rhoi mwy o dystiolaeth am ei fodolaeth fel y gallwn fod wedi credu ynddo. I Russell felly, mater syml o ddiffyg tystiolaeth oedd y prif anhawster i ffydd grefyddol ac, o ganlyniad i'r diffyg tystiolaeth, afresymol yw'r gred yn Nuw.

O blaid y credadun, byddai'r mwyafrif o athronwyr crefyddol yn barod i gydnabod fod yna agendor rhwng y materion hynny a oedd yn agored i'w gwirio'n gyhoeddus ar y naill law, a materion ffydd ar y llaw arall. Ceisiasant mewn llawer dull a modd i bontio'r gagendor hwn, naill ai drwy sôn am 'naid ffydd' (cysyniad a fenthycwyd oddi wrth Kierkegaard) neu drwy sôn am ddarganfod Duw drwy brofiad sythweledol. Yr oedd nifer o empeirwyr Prydeinig yn yr ugeinfed ganrif yn barod i dderbyn mai drwy'r synhwyrau y daw ein gwybodaeth wreiddiol neu gychwynnol o'r byd, ond na ddylid diystyru cyfraniad y meddwl, neu'r rheswm, i'n dehongliad o'r byd. Ac ym myd athroniaeth crefydd, fel yn wir ym myd moeseg yn yr un cyfnod, gwnaethpwyd llawer o'r syniad o allu'r 'llygad mewnol' neu o 'sythwelediad' fel cyfrannwr tuag at ein gwybodaeth. Yn y cyd-destun hwn y mae'r hyn oedd yn digwydd mewn moeseg o gryn arwyddocâd i athroniaeth crefydd. Wedi'r cwbl, pe cyfyngid ein gwybodaeth i'r hyn a ddaw i ni drwy'r synhwyrau, nid yn unig yr oedd amheuaeth ynglŷn â dilysrwydd a rhesymoldeb y gred yn Nuw, ond bwriwyd yr un math o amheuaeth ar ein hargyhoeddiadau moesol. A oedd empeirwyr Prydeinig am wadu nad oedd gennym wybodaeth o'r moesol, o'r gwahaniaeth rhwng y da a'r drwg? Neu ai mater o gred neu debygolrwydd yn unig oedd egwyddorion moesol? Yn arddegau'r ugeinfed ganrif, yr oedd empeirwyr Prydeinig megis W. H. Ross ac H. A. Prichard yn amddiffynwyr brwd o swyddogaeth sythwelediad yn ein hamgyffred o'n dyletswyddau moesol. Cafodd yr ysgrifenwyr hyn ddylanwad mawr ar athronwyr empeiraidd crefydd hyd at ddiwedd y saithdegau. Cymro Cymraeg, un ohonom ni, sef y diweddar Athro H. D. Lewis oedd un o brif ladmeryddion y safbwynt empeiraidd Prydeinig yn ystod yr ugeinfed ganrif, a dro ar ôl tro yn ei ysgrifennu ar foeseg ac ar athroniaeth crefydd mynegodd ei werthfawrogiad o'r hyn a ddysgodd gan Ross a Prichard am swyddogaeth sythwelediad yn ein profiadau moesol a chrefyddol. A chyfaill agos i Lewis ym maes athroniaeth crefydd oedd yr Athro Ian Ramsey a oedd yn gyson yn ei ysgrifennu yn sôn am 'sefyllfaoedd dadlennol' crefyddol pan fyddai'r 'geiniog yn disgyn' neu 'foment yn gwawrio' neu 'iâ yn torri' a'r gwirionedd o realiti'r dwyfol yn dod yn sicr i'r unigolyn.

Ond er mai empeiriaeth o fath cymedrol oedd y brif athroniaeth ym Mhrydain, rhaid cydnabod y chwyldro a ddeilliodd o gyfandir Ewrop ac a fu'n gyfrifol am fath o empeiriaeth eithafol a ddatblygodd yma. Yn y chwedegau, er enghraifft, byddai empeirwyr Prydeinig yn tueddu galw eu hunain yn 'empeirwyr ieithyddol' ('linguistic empiricists'). Y mae'r newid hwn yn dra arwyddocaol ac y mae ei darddiad yn mynd â ni nôl at waith gorchestol a chwyldroadol y mathemategydd Ellmynaidd, Gottlob Frege (1848–1925). Roedd Frege yn anfodlon ar nodiant rhifyddeg fel yr oedd. Credodd Frege fod y nodiant hwnnw'n aml yn amwys a chamarweiniol. Ceisiodd ddiwygio'r nodiant gan dalu sylw manwl i ddiffinio pob cysyniad rhifyddegol, ac yna seilio pob cam o resymu rhifyddegol ar reolau rhesymeg ffurfiol. Cafodd hyn ddylanwad trwm ar athroniaeth, gan i'r consýrn am ddiffinio manwl o gysyniadau rhifyddegol esgor ar gonsýrn ehangach am ystyr cysyniadau ieithyddol yn gyffredinol. Yn raddol, trawsnewidiwyd athroniaeth ei hun wrth i ystyriaethau ynglŷn ag ystyr ennill blaenoriaeth ar ystyriaethau epistemolegol. Troes athroniaeth fwyfwy yn fyfyrdod ar natur iaith. Un o gyd-ddigwyddiadau'r cyfnod oedd fod prif ddiddordeb Bertrand Russell yn ymwneud â'r union faes â Frege ac, o ganlyniad, roedd Russell yn rhan allweddol o ddechreuadau'r chwyldro hwn ym Mhrydain.

Campwaith Russell oedd y gwaith a elwir yn *Principia Mathematica.* Ynddo ceir ymgais i roi sylfaen resymegol i fathemateg. Cydweithiwr Russell, a chyd-awdur y *Principia,* oedd A. N. Whitehead, a ymfudodd yn ddiweddarach yn ei yrfa academaidd i'r Unol Daleithiau, i gadair Athroniaeth ym Mhrifysgol Havard. Enillodd Whitehead fri iddo'i hun, nid yn unig fel rhesymegwr ond hefyd fel metaffisegwr a diwinydd. Tyfodd ei fetaffiseg yn ddylanwadol ar ddiwinyddiaeth, ac efe, i bob cyfrif, yw tad diwinyddiaeth proses. Disgrifiodd Whitehead realiti yn nhermau proses, ac ni ellir osgoi meddwl nad dylanwad Hegel ar Whitehead sydd yma, ac nad yw diwinyddiaeth proses fawr yn wahanol i'r hyn oedd ar gerdded ym Mhrydain ar droad y ganrif ddiwethaf. Yn yr Amerig tyfodd diwinyddiaeth proses yn un o brif fudiadau diwinyddol y ganrif, a sylwaf fod ambell Gymro cyfoes o ddiwinydd wedi amddiffyn y safbwynt mewn print yn gymharol ddiweddar, er nad yw'r cyfryw ddiwinydd, yn fy marn i, yn sylweddoli fod cynsail yr holl syniadau yn seiliedig ar ddryswch metaffisegol! Cyfeiriaf at waith a gyrfa Whitehead yma oherwydd fe gawn ynddo gipolwg ar gymhlethdod y sefyllfa athronyddol yn ystod hanner cyntaf y ganrif ddiwethaf. Dyma gyfuniad o elfennau o fetaffiseg Hegel, rhesymeg Frege a Russell y *Principia* – a'r cyfan yn esgor ar syniadau radicalaidd mewn diwinyddiaeth newydd, sef diwinyddiaeth proses.

Eithr dychwelwn at ddechreuadau'r empeiriaeth eithafol a ddaeth i dir Prydain. Bertrand Russell a'i waith ar resymeg mathemateg hefyd oedd ysbrydoliaeth gynnar y llanc o fyfyriwr, Ludwig Wittgenstein, a ddaeth o Fienna i Gaergrawnt, a hynny ar anogaeth Frege. Er mai cymharol fyr y bu arhosiad Wittgenstein yng Nghaergrawnt ar ddechrau ail ddegawd y ganrif ddiwethaf, ac er na chyhoeddwyd gwaith cynnar Wittgenstein nes dechrau'r trydydd degawd, y mae camau nesaf hanes athroniaeth crefydd ym Mhrydain ynghlwm, i raddau helaeth, wrth ymhlygiadau'r traethawd hwnnw o eiddo Wittgenstein sef, y *Tractatus Logico Philosophicus*. Ar gyfandir Ewrop, o gyfeiriad Cylch Fienna a'i ddylanwad, y daeth ymosodiadau llym ar ystyrlonrwydd crefydd. Oherwydd trodd traethawd Wittgenstein, yn nwylo meddylwyr Cylch Fienna (grŵp o ffisegwyr, mathemategwyr ac athronwyr) yn destun epistemolegol, yn hytrach na'r hyn a fwriadwyd iddo fod gan Wittgenstein, sef yn draethawd pur ar resymeg – ar y berthynas rhwng iaith a realiti. (Roedd dylanwad Frege yn drwm ar Wittgenstein ac un o ymdrechion Frege oedd ceisio gwared athroniaeth o seicolegiaeth, ac i Wittgenstein y *Tractatus,* nid oedd ystyriaethau epistemolegol ond seicolegiaeth bur, nad oedd lle iddi o gwbl mewn rhesymeg.) Cylch Fienna, ar sail y *Tractatus,* roddodd fod i'r 'egwyddor gwirio' a hynny fel llinyn mesur o ystyrlonrwydd unrhyw osodiad. Yr egwyddor oedd ei bod yn hanfodol i unrhyw osodiad ystyrlon fod yn agored, mewn egwyddor, i'w wirio a hynny drwy ddulliau gwyddonol, a dulliau gwyddonol yn unig. Onid oedd unrhyw osodiad honedig yn cydymffurfio â'r gofyn hwn, nid oedd yn osodiad o gwbl. O safbwynt athroniaeth crefydd, dyma'r ymosodiad mwyaf radical ar ystyrlonrwydd iaith crefydd erioed. Ac ni chyfyngwyd yr ymosodiad hwn ar iaith crefydd i hynny'n unig, gan fod yr egwyddor yn holl gynhwysfawr ac yn dyfarnu ar ystyrlonrwydd pob trafodaeth arall, gan gynnwys moesoldeb, estheteg a metaffiseg. Yr oedd hyd yn oed athroniaeth ei hun wedi ei ddyfarnu'n weithgaredd diystyr. Yn y gorffennol, fel y crybwyllwyd eisoes, roedd athronwyr, megis Russell, wedi credu fod gosodiadau crefyddol fel 'Y mae Duw yn bod' yn anwir – a hynny am nad oedd digon o dystiolaeth dros y fath osodiad. Ond nawr, nid anwir oedd honiadau crefyddol, ond hollol ddiystyr. Ac am fod rhychwant mor helaeth o osodiadau wedi eu condemnio fel rhai diystyr gan Gylch Fienna, rwy'n argyhoeddedig i'r mudiad hwn gael effaith andwyol parhaol ar ein diwylliant. Effaith tymor hir athroniaeth y Cylch oedd creu ansicrwydd ynglŷn â statws rhesymegol unrhyw osodiad gwerthusol ei natur, a thrwy hynny greu'r amodau a roes fod i'r relatifiaeth foesol, esthetig a chrefyddol hynny sydd mor nodweddiadol o'n diwylliant cyfoes.

Y person a fu'n bennaf cyfrwng i boblogeiddio syniadau'r Cylch ym Mhrydain oedd yr Athro A. J. Ayer a'i lyfr *Language, Truth and Logic* a gyhoeddwyd yn 1936. Meddai Ayer ar feddwl clir ac ar allu i fynegi ei athroniaeth mewn dull dealladwy a phoblogaidd. Wedi'r Ail Ryfel Byd, llyfr Ayer oedd un o'r pethau cyntaf y byddai nifer o fyfyrwyr athroniaeth yn ei ddarllen, a thasg anodd oedd i unrhyw efrydydd wrthsefyll y dadleuon ynddo. Serch hyn, erbyn diwedd y pumdegau a dechrau'r chwedegau, roedd Positifiaeth Resymegol, fel y daeth athroniaeth Cylch Fienna i gael ei adnabod, wedi chwythu ei blwc, a hynny am nifer o resymau gan gynnwys anghydweld rhwng prif ladmeryddion y safbwynt ynglŷn â sut i ddiffinio'r egwyddor gwirio ei hun. A ddylid, er enghraifft, gyfyngu gosodiadau ystyrlon i'r rhai a ellir eu gwirio'n uniongyrchol gan siaradwr yn y presennol yn unig? Neu beth yn union a olygid gan yr ymadrodd 'gwirio mewn egwyddor'? Ac ydyw hynny'n golygu fod gosodiadau na ellid byth, mewn amser, eu gwirio i'w hystyried fel gosodiadau ystyrlon? Fel y dangosodd C. G. Hempel mewn erthygl a gyhoeddwyd yn 1950 dan y teitl 'The Empiricists Criteirion of Meaning' yn y cylchgrawn athronyddol rhyngwladol *Revue Internationale de Philosophie,* os diffinid egwyddor gwirio'n fanwl gul, megis caniatáu'r hyn a elwid yn osodiadau canfyddol ('observation sentences') yn unig i fod yn ystyrlon, hynny yw, gosodiadau a fyddai'n cynnwys o leiaf un traethiad gweladwy ('observation predicate'), yna, canlyniad hyn yw cau allan o gylch ystyrlonrwydd osodiadau am bob dim sydd y tu hwnt i hyn, megis gosodiadau am y ddoe anadferadwy. Ond, ar y llaw arall, os agorid y llinyn mesur i gynnwys cysyniadau damcaniaethol gwyddonol megis 'ffwythiant-ton Schrodinger' neu 'dichonolrwydd disgyrchiant' neu 'tymheredd absoliwt', yna byddai'r drws yn agor hyd yn oed i osodiadau am y dwyfol, mewn egwyddor, gael eu hystyried fel rhai ystyrlon. Erbyn 1956, addefodd Ayer ei hun (yn ei gyfraniad i'r llyfr *The Revolution in Philosophy*), 'The precise formulation of this principle is a complicated matter: I am not sure that it has even yet been satisfactorily done.'

Ond cyfnod anodd oedd hi i athroniaeth crefydd ym Mhrydain o'r tridegau hyd ddiwedd y pumdegau, yn enwedig cyn i wendidau'r egwyddor gwirio gael eu harddangos. Yn ystod y cyfnod hwn cafwyd ymdrechion gan nifer o athronwyr crefydd i ddod i delerau â'r egwyddor gwirio. Ceir enghraifft o un o'r ymdrechion cynnar hyn gan yr Athro Karl Britton mewn erthygl a gyhoeddwyd yn 1936 yn y cylchgrawn *Analysis*. Teitl yr erthygl oedd 'The truth of religious propositions', a honiad canolog Britton oedd, 'We cannot give an adequate account of religious propositions ... if we suppose them to belong to the calculus of scientific propositions.' A'r un math o strategaeth a fabwysiadwyd gan nifer o athronwyr eraill. Roedd y strategaeth honno'n golygu ildio tir i'r Positifiaid gan addef nad gosodiadau empeiraidd yw gosodiadau crefyddol, ond yna, ceisid achub ystyrlonrwydd iaith crefydd drwy roi iddi ryw rôl neu swyddogaeth wahanol. Ac yn gyffredinol, dilyn strategaeth yr athronwyr moesegol a wnaethpwyd, sef honni mai rhyw fath o osodiadau emosiynol yw gosodiadau crefyddol. Aeth Britton rhagddo yn ei erthygl, er enghraifft, i ddadlau nad yw gosodiadau crefyddol yn wir neu'n anwir yn ystyr arferol y geiriau hyn ('are not true or false in the ordinary sense of these words') ond yn hytrach swyddogaeth gosodiadau crefyddol yw 'dweud' rhywbeth am gyflwr mewnol person fel 'Yr wyf yn hyderus neu'n fodlon' – rhywbeth tebyg i beth y mae gwên ar wyneb yn ei gyfathrebu. Ymhellach, yn ôl Britton, os gofynnir y cwestiwn pellach ynglŷn â natur gwirionedd gosodiadau crefyddol, unig brawf o'u gwirionedd yw prawf pragmatig. Hynny yw, y mae'r gosodiad '*g*' yn wir os yw canlyniadau '*g*' yn dda neu'n ddefnyddiol, fel y deellir 'da' neu 'ddefnyddiol' mewn grŵp neu gymdeithas o bobl, sef cam rhesymegol sy'n achub y cysyniad o 'wirionedd' yma o'r bai o fod yn gwbl oddrychol. Ond ni chredaf y byddai Positifydd cyson yn barod i gydsynio â'r cyfaddawd hwn o ddehongliad o natur iaith crefydd o eiddo Britton. Oblegid nid yw'n ystyrlon sôn am wirionedd gosodiad o gwbl os yw'r gosodiad hwnnw yn y lle cyntaf yn ddiystyr fel y tybiai'r Positifydd.

Ar ôl yr Ail Ryfel Byd cafwyd nifer o ymdrechion gan empeirwyr traddodiadol i achub ystyrlonrwydd iaith crefydd. Ymgais felly oedd hwnnw gan y Cymro o athronydd yr Athro J. R. Jones. Teitl ei ddarlith agoriadol i'r gadair athroniaeth yn Abertawe yn 1953 oedd 'A true myth' ac ynddi ymdrechodd J. R. Jones i ateb y cwestiwn, 'Are doctrinal utterances propositions?'

Mae'n esbonio egwyddor gwireddu'r Positifiaid, ac ar sail yr egwyddor yma casglwyd na all gosodiadau crefyddol fod yn ystyrlon o gwbl. Beth felly ydynt? Nid gosodiadau ydynt, yn ôl Jones, ond 'utterances' – 'synau' a'u swyddogaeth yw: "...religious utterances express feeling in the way an exclamation does. They relieve rather than describe it – provide an outlet for it. This is known as the Emotive Theory of Meaning.' Nid oedd Jones yn anghydweld â hyn, ond nid oedd yn fodlon ar sut y disgrifir y teimlad crefyddol mewn llenyddiaeth athronyddol gyfoes. Oherwydd gellid yn hawdd feddwl mai rhyw deimlad arwynebol yw'r teimlad crefyddol. Ond, i Jones, mae a wnelo'r teimlad crefyddol yn benodol â'r ymwybod o ddirgelwch bodolaeth, a hwnnw yn ei gyfanrwydd. Hynny yw, nid bod bodolaeth y peth hwn neu'r peth arall yn ddirgelwch, ond yn hytrach, rhyfeddod bodolaeth unrhywbeth o gwbl. Nid dirgelwch yw hwn y deuwn yn ymwybodol ohono drwy feddwl neu resymu. Yn hytrach ei *deimlo* a wnawn a hynny ar achlysuron arbennig, wrth i ni ryfeddu, er enghraifft, at odidowgrwydd y cread.

Y paradocs pennaf yn yr ystyriaethau hyn yw bod yr athronydd mor huawdl yn traethu am y dirgelwch hwn, a hynny drwy gyfrwng traethiannau, sydd, yn ôl y llinyn mesur o ystyrlonrwydd a gydnabyddir ganddo, yn gwbl wag o ystyr. Heb iaith ystyrlon, sut y gwyddys mai teimlad crefyddol yw'r teimlad o gwbl? Ydi'r teimlad ei hun yn dweud mai teimlad crefyddol ydyw? Nid teimlad sy'n rhoi ystyr i iaith ond, yn hytrach, iaith sy'n rhoi ystyr i'r teimlad. Os gwelir rhywun yn colli dagrau, nid yw'r dagrau eu hunain yn dweud dim wrthym am ba fath o ddagrau ydynt. Gallant fod yn ddagrau llawenydd, neu hiraeth, neu ofid, neu boen. Deallwn hynny'n unig drwy'r iaith a ddefnyddir wrth sôn am y dagrau a hynny mewn cyd-destun penodol. Yr hyn a geir gan J. R. yw ymgais i ddweud yr hyn nad yw'n ystyrlon. Eithr cofied gosodiad olaf y *Tractatus*: 'Am yr hyn na ellir sôn amdano, bydded distawrwydd.'

Cawsom eraill yn traethu yn yr un modd, gan gynnwys yr Athro R. B. Braithwaite yn ei ddarlith Eddington enwog, 'An empiricisit view of the nature of religious belief'. Erbyn hyn (1955) yr oedd addasiad enwog Popper o'r egwyddor gwirio, sef egwyddor anwirio – yr egwyddor fod pob gosodiad ystyrlon yn agored i'w wrthbrofi mewn dull gwyddonol – wedi tyfu'n boblogaidd. A'r rheswm a roddir gan Braithwaite dros ei gred nad gosodiadau empeiraidd yw gosodiadau crefyddol, yw bod y cyfryw osodiadau'n gyson â phob ffaith empeiraidd. Felly, ni allant fod yn empeiraidd eu natur nac, yn wir, yn osodiadau go-iawn. Serch hyn, fel yr Athro J. R. Jones, ni wadodd Braithwaite fod gan y synau hyn swyddogaeth, a'i ddamcaniaeth ef oedd mai eu swyddogaeth oedd ceisio ennyn mewn pobl eraill deimladau moesol o'r math sy'n eiddo i gredinwyr crefyddol. Digon anfoddhaol yw'r cyfaddawd hwn eto, yn rhannol oherwydd amwysedd y cysyniad o 'deimladau' ond, yn bwysicach, oherwydd nad oedd Braithwaite yn deall natur y berthynas rhwng iaith a theimladau. Heb iaith ystyrlon nid yw'r teimladau'n ystyrlon chwaith. Pa fath o deimladau fyddai'n foesol eu natur heb iaith moesoldeb? Ac yn ôl egwyddor anwirio, y mae iaith moesoldeb yr un mor ddiystyr ag iaith crefydd, ac am yr un rheswm, sef am nad ydynt yn agored i'w hanwirio.

Efallai mai'r athronydd mwyaf cyson ei safbwynt yn y cyfnod, ar sail yr un rhagdybiaethau, oedd yr Athro Anthony Flew. Yn ei erthygl fer a chlir yn y chwedegau, 'Theology and Falsification' yn y gyfrol ddylanwadol honno y crybwyllwyd hi uchod sef, *New Essays in Philosophical Theology*, defnyddia Flew egwyddor resymegol sydd mor hen â Heracleitos sef: os yw'r gosodiad '*g*' wir, y mae hynny'n gyfystyr â: 'nid (nid '*g*')'. Hynny yw, rhan o ystyr y gosodiad '*g*' – 'Y mae'n bwrw glaw' yw, 'Nid yw'n wir nad yw'n bwrw glaw.' Y mae ystyr yr honiad ei bod yn bwrw glaw yn rhesymegol ddibynnol ar ystyr y gosodiad nad yw'n bwrw glaw. Ac os honnir mai gosodiad ffeithiol yw 'Y mae

Duw yn bod', yna y mae'n rhaid i'r gosodiad fod yn agored i'r posibilrwydd o gael tystiolaeth nad yw Duw yn bod, rhywbeth, yn ôl Flew, nad yw'r credadun crefyddol yn barod i'w gyfaddef, hyd yn oed yn wyneb y dioddefaint mwyaf erchyll. Ymddengys i mi na ellir ateb dadl Flew os derbynnir rhagdybiaethau naill ai'r egwyddor gwirio neu'r egwyddor anwirio.

Ni effeithiwyd ar bob empeirydd traddodiadol i'r un graddau gan Bositifiaeth Resymegol ac ymhlith yr athronwyr hyn yr oedd Yr Athro H. D. Lewis na wyrodd ymhell o uniongrededd crefyddol o gwbl, ac a roddodd ei holl egni i amddiffyn y safbwynt empeiraidd traddodiadol. Llwyddodd ef, fel rhai o'r un anian megis yr Athro Ian Ramsey, i ddod i delerau â'r ymosodiadau ar ystyrlonrwydd iaith crefydd drwy ddadlau yn erbyn culni'r cysyniad o 'dystiolaeth' yn athroniaeth amddiffynwyr yr egwyddor gwirio/anwirio a chaniatáu diffiniad llawer ehangach o'r cysyniad o *brofiad*. Roedd Lewis a Ramsey ill dau yn sôn am 'dystiolaeth profiad' mewn ystyr lletach o lawer na'r hyn a ganiatawyd gan yr egwyddor gwirio, ac fel y crybwyllwyd eisoes, yr oedd y cysyniad o sythweliad o bwys mawr yn eu hathroniaethau.

Ond cyn gadael y traddodiad empeiraidd Prydeinig, rhaid crybwyll un person arall fu'n eithriadol o ddylanwadol yn y maes hwn yn ystod y chwarter canrif olaf, person sydd, yn fy marn i, ben ag ysgwydd yn uwch na neb arall, sef yr Athro Richard Swinburne. Nid ei fod ar ei ben ei hun, fel empeirydd traddodiadol, yn amddiffyn ei ffydd. Gellir enwi myrdd o athronwyr cyfoes sy'n rhannu'r un math o safbwynt cyffredinol â Swinburne – gan gynnwys pobl fel John Hick, William Alston, William Wainwright, Alan Padgett, Roger Trigg a llu o rai eraill. Ac y mae nifer o'r athronwyr hyn yn credu mai eu hempeiriaeth hwy sy'n dal i gario'r dydd ar y maes athronyddol er llymed ymosodiadau'r Wittgenstein diweddarach a'i ddisgyblion ar y safbwynt. Ond, yn fy marn i, yr enw mawr cyfoes yw

Richard Swinburne. Yn wir, yn y gyfrol *Reason and the Christian Religion: Essays in Honour of Richard Swinburne* a gyhoeddwyd yn 1994 dan olygyddiaeth Alan Padgett, dywed un cyfrannwr am gyfraniad Swinburne i athroniaeth crefydd, '[it] invites comparison with the great mediaeval *Summas*, particularly Thomas Aquinas's *Summa Theologicae.*' Gormodiaith efallai, ond mae'n awgrymu rhywbeth am fawredd gwaith Swinburne yn glir. Yn yr un gyfrol hon ceir erthygl fer hunangofiannol gan Swinburne sy'n sôn am ei ddatblygiad athronyddol ac ysbrydol – sut y daeth i Rydychen yn fyfyriwr ifanc yn y pumdegau a sut y penderfynodd mai ei brif fwriad fyddai amddiffyn ei ffydd yn erbyn yr ymosodiad arni gan Bositifiaeth y dydd. Ac i'r graddau hyn mae gyrfa academaidd Swinburne yn estyn o gyfnod cryfder Positifiaeth y pumdegau hyd heddiw. Empeirydd digyfaddawd yw Swinburne yn y traddodiad Seisnig, ond person dwfn ei ffydd ac amddiffynnydd brwd o uniongrededd Cristnogol. (Ychydig flynyddoedd yn ôl gadawodd Eglwys Loegr am yr Eglwys Uniongred Roegaidd am y rheswm: 'You can be a member of the Anglican Church today and believe anything you want.' – gymaint yw ei sêl dros uniongrededd). Yn ôl Swinburne, sydd hefyd yr un mor driw i'r traddodiad empeiraidd, dim ond dau fath o osodiadau sy'n bod, sef, ar y naill law, gosodiadau sy'n ffurfiol wir (neu wir trwy ddiffiniad), megis gosodiadau mathemategol a thawtolegau, ac ar y llaw arall, gosodiadau ffeithiol sydd naill ai'n wir neu'n anwir. Iddo ef, ffaith yw bodolaeth Duw, a rhaid delio â'r ffaith yma'n unol â rhesymeg unrhyw osodiad ffeithiol arall. Ac iddo ef, y mae'r gred ym modolaeth Duw yn rhesymol, hynny yw *'yn debygol o fod yn wir'* – a dyma ymadrodd sy'n eithriadol o arwyddocaol gan fod nifer o empeirwyr crefyddol eraill yn gwrthwynebu'n llwyr y syniad o ddefnyddio iaith 'tebygolrwydd' (*'probability'*) yn y cyd-destun crefyddol. Ond, yn ôl Swinburne, nid yn unig mae hi'n bosibl fod crefydd yn wir, ond mae'n *debygol* fod crefydd yn wir, a hynny ar sail deubeth sef, ar y naill law, cydlyniad neu gysondeb mewnol ('intrinsic coherence') ffydd ac, ar y llaw arall, cyfatebolrwydd ('correspondence') credoau'r ffydd â ffeithiau bywyd a phrofiad yn gyffredinol. Ond â ymhellach yn ei amddiffyniad o'i ffydd na neb y gwn amdano, oherwydd cred fod holl athrawiaethau'r ffydd Gristnogol hefyd yn rhesymol ac yn unol â thystiolaeth bywyd, gan gynnwys athrawiaethau Cristnogol megis y Drindod a'r ymgnawdoliad, a ystyriwyd gan gynifer o ddiwinyddion yn 'ddirgelion' sydd 'tu hwnt i reswm'. Yr argraff ddofn a geir yw bod Swinburne yn credu fod pob credo o'i eiddo fel Cristion yn 'rhesymol', a bod y syniad o 'resymoldeb' yn annatod oddi wrth y cysyniad o 'brofiad' yn ei ystyr ehangaf y tu mewn i empeiriaeth draddodiadol.

O'r diwedd rhaid troi, at Phillips. Y mae Phillips a Swinburne i mi yn cynrychioli'r sefyllfa mewn athroniaeth crefydd fel y mae ar hyn o bryd yma ym Mhrydain, sefyllfa o dyndra rhwng y traddodiadol, a gynrychiolir gan Swinburne wrth gwrs, a Phillips yn cynrychioli'r safbwynt chwyldroadol ddaeth yn sgil dylanwad yr ail Wittgenstein. Ond er y gwrthgyferbyniadau dwfn yn eu hathroniaethau roedd gan y ddau barch enfawr at ei gilydd. Gwahoddwyd Swinburne yn gyson gan Dewi i ddarlithio i'r gynhadledd ryngwladol ar athroniaeth crefydd a gynhelir yn flynyddol yn Claremont, Califfornia, lle roedd Dewi yn Athro. Teithiodd Swinburne i gynhebrwng Dewi yn Abertawe a diolchais iddo am wneud hynny. Ei ymateb oedd: 'I have been wrestling with this man's philosophy for over fourty years. The least I could do was to come and pay my last respects to him!'

Wn i ddim sut y gallaf ychwanegu fawr ddim sy'n newydd at yr hyn a gyhoeddwyd eisoes gennyf ar Dewi. Fel y mae'n hysbys i nifer, roeddem yn gyfeillion agos am tua hanner can mlynedd, o ddiwedd y pumdegau hyd ei farw sydyn yn 2006. Mae'n debyg mai un o'r rhesymau dros y cyfeillgarwch oedd athroniaeth ei hun. Athroniaeth oedd bywyd Dewi ac os oedd gan arall ddim ond mymryn o ddiddordeb yn y pwnc byddai Dewi'n siŵr o geisio'i gyfeillgarwch. Rheswm arall oedd ei sêl dros y Gymraeg a'i awydd i drafod ei bwnc gyda'i gyd-Gymry yn ei famiaith.

Serch hyn roedd yna wrthdaro cyson rhyngom ar bynciau allweddol yn athroniaeth crefydd. Roeddwn yn mynegi fy annifyrrwch â'i ddehongliadau o athrawiaethau Cristnogol yn gyson. Ymddangosai ei esboniadau i mi yn wyriadau o uniongrededd, ac i mi, y mae uniongrededd o bwys canolog (a dyma paham y mae gennyf gymaint o barch at Swinburne) a hynny, nid yn unig am resymau crefyddol, ond am rai athronyddol yn ogystal. Oherwydd, i mi, os sonnir am unrhyw fath o wrthrychedd crefyddol, fel er enghraifft, sôn am 'yr un Duw' ('the same God'), yna y mae'r cysyniad yma'n annatod oddi wrth uniongrededd. Os gofynnir y cwestiwn megis, 'A ydym yn addoli'r un Duw?' a oes gennym unrhyw linyn mesur o 'hunaniaeth ddwyfol' y gellir apelio ato er mwyn setlo'r cwestiwn ar wahân i uniongrededd diwinyddol? Ond nid dyma'r lle i ddatblygu'r ddadl hon.

Er mwyn deall gwaith Phillips mae'n rhaid ystyried y prif ddylanwad a fu arno (a minnau o ran hynny) bron drwy gydol ei yrfa academaidd, sef yr athronydd Rush Rhees. Ynglŷn â Rhees, byddai cytundeb llwyr rhwng Dewi a minnau. Ni ddaethom ar draws athronydd arall cyffelyb iddo. Rhees oedd cyfarwyddwr Dewi pan ysgrifennodd ei draethodau M.A. a B.Litt., sefyllfa go anarferol gan mai gradd Rhydychen yw'r B.Litt. Ac, o un agwedd, gellir honni i Rhees oruchwylio gwaith Dewi bron drwy gydol ei fywyd. Ni chredaf i Dewi gyhoeddi fawr ddim yn ystod deng mlynedd ar hugain gyntaf ei yrfa heb i Rhees ddarllen y gwaith hwnnw a rhoi sêl ei fendith arno. Ac un o'r pethau roedd Rhees bob amser yn ei danlinellu, gan ddilyn Wittgenstein (rhywbeth a adawodd ddylanwad parhaol ar Dewi), oedd y syniad fod rhai ffurfiau o weithgareddau dynol yn gwbl naturiol – yno 'fel ein bywyd'. Dyma un o acsiomau canolog gwaith Dewi. Ac ymhellach, ac yn unol ag un o gonglfeini pellach safbwynt y Wittgenstein diweddar, y mae iaith yn ystyrlon i'r graddau y mae'n gysylltiedig â gweithgareddau o'r fath. Felly, er enghraifft, y mae ystyr iaith crefydd yn annatod oddi wrth weithgareddau crefyddol, megis addoli a gweddïo, ffenomenâu a dderbyniwyd gan yr ysgol athroniaeth hon fel rhai cwbl naturiol. Mae'n dilyn o hyn fod iaith crefydd hefyd yn naturiol ystyrlon i'r graddau y mae'n rhan o'r gweithgareddau hynny – ac i'r graddau hynny'n unig. Oherwydd fel pob iaith arall, os ceisir deall iaith crefydd ar wahân i weithgareddau crefyddol, y mae hynny'n arwain yn anochel at gamddeall a dryswch meddyliol. Dyna yw natur y math o ddryswch syniadol a geir mewn metaffiseg. Ymhellach, ni chredai Rhees, na Dewi chwaith, ei bod hi'n ystyrlon i amau ystyrlonrwydd gweithgareddau naturiol yn eu cyfanrwydd. Er enghraifft, y mae'n bosibl gofyn cwestiwn ystyrlon ynglŷn â bodolaeth rhyw wrthrych ffisegol fel, 'A oes rhyw anghenfil o greadur yn trigo yn nyfroedd Loch Ness?' Eithr cwbl ddiystyr yw gofyn cwestiwn fel 'A oes creaduriaid yn bod?' Nid oes gan y fath gwestiwn unrhyw angor yn ein gweithgareddau bob dydd. Dim ond athronwyr a gollodd eu ffyrdd sy'n gofyn y math o gwestiwn fel 'A oes gwrthrychau ffisegol yn bod?' Yn yr un modd, y mae gweithgareddau gwyddonol, er enghraifft, yn rhan naturiol o'n bywyd ac y maent yn seiliedig, yn y bôn, ar ein hymatebion naturiol cyntefig, cyn-ieithyddol, i achosion naturiol. Yn ôl yr ysgol athronyddol roedd Dewi'n lladmerydd praff ohoni, nid yw'n ystyrlon gofyn a ydyw gwyddoniaeth yn ei chyfanrwydd yn ystyrlon. Gellir holi yn ystyrlon, wrth gwrs, a ydyw rhyw arbrawf gwyddonol penodol, neu ryw ddamcaniaeth wyddonol arbennig yn gywir. Ond byddai'r ateb i gwestiynau o'r fath yn seiliedig ar egwyddorion sylfaenol a chanllawiau methodolegol sy'n gydnabyddedig y tu mewn i'r traddodiad gwyddonol ei hun. Ac, yn yr un modd, nid yw'n ystyrlon gofyn am gyfiawnhad dros weithgareddau eraill yn eu cyfanrwydd chwaith, gan gynnwys iaith a gweithgareddau crefyddol. Y mae crefydd yn ffenomen naturiol – 'fel ein bywyd'.

Mor wahanol yw'r safbwynt hwn oddi wrth y cwestiwn canolog a'i rhagflaenodd yn y traddodiad athronyddol Gorllewinol dros y canrifoedd, sef 'A ellir profi bodolaeth Duw?' Ac o feddwl am rym y traddodiad empeiraidd Prydeinig, bu iaith crefydd yn gyson o dan fygythiad y cyhuddiad naill ai o fod yn anwir neu fel cred ddi-sail ac afresymol (a hyd yn oed, yn ddiystyr), yn ôl Positifiaid canol y ganrif ddiwethaf. Ymateb Wittgenstein a'i ddisgyblion oedd: y mae pobl *yn* defnyddio iaith crefydd ac *yn* cyfathrebu â'i gilydd yn yr iaith hon, ac nid oes hawl gan un athronydd i ddyrchafu ei hun i safle lle y gall ddyfarnu a ydyw unrhyw iaith neu weithgaredd penodol, yn ystyrlon neu beidio. Gedy athroniaeth y cyfan fel y mae.

Ond, wrth gwrs, yn wahanol iawn, dyweder, i iaith mathemateg nad oes neb yn ei hamau yn ei chyfanrwydd (y mae pawb ohonom ym mhobman yn cymryd rhan mewn gweithgarwch fel prynu a gwerthu, er enghraifft), y mae digon o bobl sy'n amheus o wirionedd honiadau crefyddol. Ac ydyw athroniaeth Wittgensteinaidd felly yn golygu bod rheidrwydd ar bawb ohonom dderbyn, dyweder, realiti'r dwyfol? Mae'r ateb i'r cwestiwn ynghlwm wrth yr hyn a olygir wrth 'dderbyn' yma. Yr hyn a dderbynnir ar y lefel athronyddol yw bod y dwyfol yn real ym mywyd credinwyr crefyddol ac ni ellir gwadu ystyrlonrwydd iaith crefydd ym mywydau'r bobl sy'n ei defnyddio. Ond nid yw'n dilyn o hyn ei bod yn hanfodol i'r athronydd ei hun goleddu'r iaith hon. Y mae gwahaniaeth rhwng cydnabod ystyrlonrwydd iaith a choleddu'r iaith honno. O ganlyniad, y dasg athronyddol ydyw dangos natur resymegol yr iaith, a hynny drwy ei dadansoddi yn nhermau'r gweithgareddau hynny y mae'n annatod rwym wrthynt. A'r brif ffordd o wneud hyn, fel y crybwyllwyd eisoes, yw drwy gymharu a gwrthgyferbynnu'r math o ddefnydd a wneir o gysyniadau canolog gweithgareddau crefyddol, gyda'r defnydd a wneir o'r un cysyniadau yng nghyd-destun fframweithiau o weithgareddau gwahanol y tu allan i grefydd. Drwy'r fath ddadansoddiad, nid yn unig fe osgoir dryswch syniadol, ond daw'n eglurach beth yw gwir natur y realiti dwyfol.

Dyma oedd prif gyfraniad Dewi i athroniaeth ac, yn benodol, i athroniaeth crefydd. Er mwyn gwneud y gwaith hwn, sef y gwaith o ddatgelu'r gwahaniaethau neu'r gwrthgyferbyniadau rhwng ystyron cysyniadau mewn gwahanol gyd-destunau, y mae angen cryn athrylith. Credaf mai gan Rhees roedd y dyfnder meddwl, yr athrylith, i wneud hyn, ac yr oedd Dewi'n ddibynnol iawn arno. Gallu o fath gwahanol oedd gan Dewi, sef y gallu, ar y naill law, i ddefnyddio'r gwahaniaethau hyn yn ei waith ei hun ac, ar y llaw arall, i ganfod dryswch syniadol yn y dadleuon hynny na chafwyd ynddynt gydnabyddiaeth o arwyddocâd ystyron gwahanol gysyniadau mewn gwahanol gyd-destunau. Wrth ddirwyn i ben, fy mwriad yw rhoi enghraifft o'r math o ddadansoddi a welir yng ngweithiau Dewi, a thrwy hynny hefyd ddangos cymaint oedd dylanwad methodoleg athroniaeth Rhees (a Wittgenstein) arno.

Meddylier am y cysyniad o aberth. Dyma gysyniad sy'n gyffredin i iaith moesoldeb ac i iaith crefydd yn ein traddodiad a'n diwylliant Gorllewinol. Yng Nghymru yn arbennig ymddengys fod crefyddwyr wedi cael anhawster mawr gwahaniaethu rhwng moesoldeb a chrefydd. Ond dangos y gwahaniaeth rhyngddynt oedd un o brif gyfraniadau Dewi. A'r cwestiwn yma yw: ym mha ffyrdd y mae'r defnydd crefyddol neu Gristnogol o'r cysyniad o aberth yn wahanol i'r defnydd a wneir ohono mewn iaith moesoldeb? Wel dyma dri gwahaniaeth a geir yng ngwaith Dewi, er y gwn gyda sicrwydd mai ffrwyth myfyrdod Rhees yw'r gwahaniaethau hyn.

Yn gyntaf, meddylier am filwr yn ymladd er mwyn amddiffyn ei wlad, ac wrth wneud hynny y mae'n *barod* i farw dros ei wlad. Y tebygolrwydd mawr yw nad yw'n *dymuno* bod yn ferthyr – nid yw *am* farw ond, mae'n ymwybodol o'r peryglon, ac y mae'n *fodlon* aberthu ei hun. Ond nid yw'r gwahaniaeth rhwng *bod yn barod i farw* a *dymuno marw* yn ystyrlon o gwbl yn iaith y ffydd Gristnogol. Yn wir, pennaf ddymuniad y credadun yw marw. Dyna yw rhan o ystyr bod yn gredadun Cristnogol. 'Os nad yw'r gronyn gwenith yn syrthio i'r ddaear ac yn marw' *ni all* ddwyn ffrwyth. 'Os myn neb ddyfod ar fy ôl i' meddai Iesu, 'ymwaded ag ef ei hun a chyfoded ei groes.' Ac, i'r apostol Paul, ei nod fel credadun oedd 'adnabod Crist yng nghymdeithas ei ddioddefiadau a chydymffurfio ag Ef yn Ei farwolaeth' – oherwydd oni bydd farw i'r hunan ni all brofi o rym atgyfodiad Crist chwaith. Felly, yn y byd moesol ceir parodrwydd i farw ond heb ddymuno marw; eithr yn y byd Cristnogol y dyhead dyfnaf yw marw i'r hunan, ac yn sicr, yn nyddiau'r Testament Newydd ac am tua dwy ganrif ar ôl hynny, byddai marw i'r hunan yn aml yn golygu marwolaeth yn llythrennol.

Yn ail, nid yw'r milwr yn *dewis* marw er, efallai, ei fod wedi dewis bod yn filwr. Ond nid oes *dewis* gan y credadun Cristnogol o gwbl. *Rhaid* iddo farw. Felly, y mae'r cysylltiad rhwng y cysyniad o ddewis â'r cysyniad o aberth yn wahanol yn y ddau gyd-destun. Gall person ddewis bod yn filwr ond, mewn egwyddor, gallai'r un person fod wedi gwneud dewis arall. Gallai fod wedi dewis bod, dyweder, yn beiriannydd neu'n yrrwr trenau, neu ddilyn rhyw alwedigaeth arall. Y mae'n bosibl i berson aberthu ei hun i'w yrfa, fel y gwnaeth llawer, megis arlunydd cydwybodol, dyweder. Ac, yn sicr, gall person ddewis ildio ei les ei hun er mwyn aberthu ei fywyd er lles eraill, fel merch yn rhoi'r gorau i'w gyrfa yn athrawes er mwyn gofalu am ei rhieni sy'n afiach a hen. Yn yr enghraifft olaf hon, ceir dewis clir rhwng yr alwedigaeth o fod yn athrawes ar y naill law, a'r aberth foesol dros ei rhieni, ar y llaw arall. Ond ni ellir sôn am aberthu'r hunan i Dduw *fel dewis ymhlith dewisiadau*. Yn hytrach, gwêl y credadun ei aberth i Dduw *yn* y gwaith mae'n ei gyflawni. Ac yn, a thrwy'r hyn y mae'r credadun yn ei wneud o ddydd i ddydd, pa mor ddi-nod bynnag y bo, ei argyhoeddiad yw mai dyna yw ewyllys Duw ar ei gyfer, ac aberth i Dduw yw ei holl fywyd. Meddylier am anogaeth Paul i gaethweision Cristnogol ei ddydd i ufuddhau i'w meistri nid 'fel rhai sy'n ceisio plesio dynion, ond fel gweision Crist yn gwneud ewyllys Duw a'ch holl galon'. (Effesiaid 6:6)

Yn olaf, y mae'r milwr yn barod i farw, neu i gymryd enghraifft o fyd arall, mae'r gwyddonydd meddygol, dyweder, yn barod i ymgysegru ei bywyd cyfan i'w hymchwil meddygol, oherwydd gŵyr am y lles a ddaw i eraill drwy ei gwaith. Hynny yw, yn y cysyniad moesol o aberth, y mae'r elfen o gymhariaeth yn sylfaenol ac yn anochel. Yma, yr elfen hon o gymhariaeth rhwng gwerth bywyd y person ei hun ar y naill law, a gwerth yr hyn a aberthir iddo ar y llaw arall, sy'n rhoi ystyr i'r cysyniad moesol o aberth. Drwy gymharu gwerth y naill beth ochr yn ochr â'r llall y mae'r cyfiawnhad am yr aberth yn dod yn glir. Gellir dychmygu gwyddonydd ymroddedig i'w hymchwil yn honni mai di-nod yw ei bywyd hi, mewn cymhariaeth â'r gwaith y mae'n rhoi ei hun iddo.' *Ond diystyr hollol fyddai'r fath gymhariaeth yn y cyd-destun crefyddol ac mewn perthynas ag aberth i Dduw.* Pa fath o gredadun fyddai'n meiddio cymharu gwerth ei fywyd â'r dwyfol? Byddai gwneud cymhariaeth o'r fath yn gamgymeriad crefyddol echrydus.

Wrth gwrs, ni ellir casglu o'r gwrthgyferbyniadau hyn nad oes cysylltiad o gwbl rhwng y cysyniad o aberth mewn moesoldeb a chrefydd. Mae'n amlwg fod rhai elfennau tebyg yn y defnydd o'r cysyniad yn y ddau gyd-destun, fel y syniad, er enghraifft, o hunanymwadiad. Y mae gweld y tebygrwydd yn bwysig. Ond wrth ddangos y gwahaniaethau y deuir o hyd i'r hyn sy'n ystyrlon i'w ddweud mewn un cyd-destun, ond sy'n ddiystyr i'w ddweud mewn cyd-destun arall. Eithr y mae'r fethodoleg athronyddol yma ei hun yn esgor ar gryn anghytuno hyd yn oed rhwng athronwyr sy'n perthyn i'r un ysgol. A dyma union leoliad y tyndra athronyddol rhwng Dewi a minnau. Fy nheimlad i oedd fod Dewi, wrth iddo geisio dangos y gwrthgyferbyniadau rhwng y defnydd crefyddol o gysyniadau a defnydd posibl arall ohonynt mewn gweithgareddau eraill, yn mynd cyn belled gyda'r gwahanu a'r gwrthgyferbynnu fel bod pob cysylltiad rhyngddynt wedi ei ddidoli'n llwyr. Meddylier, er enghraifft, am y cysyniad o 'bŵer' mewn cyd-destunau seciwlar a'r defnydd crefyddol ohono. Mewn cyd-destunau seciwlar y mae gan y term hwn amrywiol ystyron megis grym ffisegol, awdurdod o wahanol fathau, gallu meddyliol ac yn y blaen. Byddai Dewi am gyfyngu ystyr y cysyniad o bŵer neu rym yn y cyd-destun crefyddol i'r cysyniad o rym cariad – cariad y dwyfol. 'Cariad yw Duw' fyddai ei acsiom diwinyddol, ei fan cychwyn rhesymu, fel pe bai, ar faterion crefyddol. Ac 'yw' hunaniaeth oedd ystyr yr 'yw' yma iddo. Hynny yw, nid priodoledd o'r dwyfol yw cariad, yn ôl Dewi, ond hanfod y dwyfol, ac o ganlyniad, rhaid deall grym dwyfol yn nhermau cariad dwyfol. Ac os byddid am sôn am y grym hwn yn nhermau 'achos' o gwbl, yna, fel y mae cariad yn achos ydyw, hynny yw, fel grym sy'n effeithio fel hyn ac fel arall, dyweder, ar berthynas pobl â'i gilydd. Ond ni fyddai arlliw o ddim yn y cysyniad hwn o 'achos dwyfol' i'r hyn a geir yn y cysyniad o achosiaeth yn iaith ffiseg, dyweder, neu wrth sôn am achosion ym myd natur. 'Beth yw achos y gwresogi byd-eang sy'n ddigwydd ar hyn o bryd?' Nid yw Duw byth yn achos yn yr ystyr a geir yn y cwestiwn hwn. O ganlyniad, byddai Dewi'n cael anhawster â'r syniad uniongred o wyrth fel rhyw fath o ymyrraeth ddwyfol ym myd natur. Ni fyddai'n gwadu fod gwyrthiau wedi digwydd, ond nid oedd ystyr iddo ef mewn chwilio am 'achos' y fath ddigwyddiadau.

Os yw'r credadun yn chwilio am achos o'r fath, yna y mae, yn ôl Dewi, yn cymysgu syniadau gwyddonol a chrefyddol. Yr unig beth sydd o arwyddocâd crefyddol mewn sefyllfa pan honnir fod gwyrth wedi digwydd yw ymateb crefyddol cadarnhaol y credadun, sef ei fod yn 'gweld llaw Duw yn y digwyddiad' er nad llaw achosol yw'r llaw honno o gwbl. Dim ond math o anthropomorffaeth blentynnaidd fyddai am sôn bod 'llaw Duw' yn achos, fel y deellir y cysyniad hwn mewn gosodiad fel, 'Y glaw trwm achosodd y llifogydd.'

Nid wyf yn amau nad oes llawer i'w ddweud dros ddehongliad Dewi. Y mae gennyf gryn gydymdeimlad â'i ddehongliad. Tybed a oedd yn gywir wrth honni fod rhyw ofyn am y math o esboniad a adlewyrchir gan gwestiwn fel, 'Beth yn union ddigwyddodd?' yn gamgymeriad sy'n codi o'n tuedd naturiol i gyfannu, i gredu mewn darlun metaffisegol o bob dim? Oni ddylid gweld y profiad crefyddol fel peth gwahanol iawn i ddigwyddiadau naturiol nes bod yr ysfa naturiol i ofyn 'Sut ddigwyddodd y peth?' yn llwyr absennol? Digon ydyw fod y credadun crefyddol yn gweld Duw yn y digwyddiad, a hynny sy'n effeithio ar ei fywyd. Bron imi argyhoeddi fy hun fod Dewi'n gywir wedi'r cwbl!

Fy mhrif broblem gyda'r fath ddadansoddiad yw ei fod, yn anochel, yn gorfod esbonio rhai digwyddiadau sy'n ganolog mewn Cristnogaeth mewn ffordd gwbl anuniongred. Y mae un enghraifft yn ddigon, sef atgyfodiad Iesu. Cyffesodd Dewi wrthyf droeon mai iaith ffigurol yn unig yw'r iaith am atgyfodi Iesu. Yn llythrennol, yn ôl Dewi, y mae esgyrn Iesu rywle o hyd yn naear Palesteina. I mi, er mor ddeniadol yw cymaint o waith Dewi, ni fedraf gytuno ag ef gant y cant oherwydd fy uniongrededd.

I gloi, yn bersonol, credaf fod y math hwn o waith athronyddol o gymharu â chyferbynnu ystyron cysyniadau mewn amrywiol gyd-destunau yn waith anodd, pwysig a hynod greadigol. Y mae'r rheidrwydd i'w gyflawni yn deillio'n uniongyrchol o safbwynt athronyddol y Wittgenstein diweddar. Yn ei hanfod yr hyn oedd ganddo oedd ymgais i'n darbwyllo fod y traddodiadau athronyddol Ewropeaidd, ar hyd y canrifoedd, wedi eu seilio ar y math o gamgymeriad yr oedd ef ei hun yn euog ohono yn y *Tractatus*, sef y bai o hanfodiaeth. 'I will show you differences' oedd ei awgrym cyntaf o deitl i'r *Ymchwiliadau Athronyddol*. Wrth ddangos gwahaniaethau, deuir i weld yn gliriach gyfoeth natur ein gweithgareddau amrywiol ar y naill law, a llwyddir i osgoi dryswch syniadol ar y llaw arall. Hyrwyddo'r fath ddeall ym maes athroniaeth crefydd oedd ymdrechion Dewi – ac fe wnaeth gyfraniad clodwiw iddo.

D. Z. Phillips ar Foeseg a'r Moesol

Meirlys Lewis

Beth yw'r berthynas greiddiol a ddeil rhwng yr unigolyn a'r da, nid yn unig mewn cred a hyfforddiant, ond mewn ewyllys, cydwybod a dymuniad? Beth yw tarddiad ein bywyd moesol, a beth yw ansawdd y dwyster sydd wrth fôn ein cyrchu tuag at y da? A oes gennym ryw synhwyriad o'r da, rhyw wybodaeth gynhenid o'r gwahaniaeth rhwng y da a'r drwg? Neu a yw'r hyn a elwir y da, yn ddim amgen na'r hyn sydd wedi ei ddysgu i'r unigolyn mewn cyswllt cymdeithasol? A oes yna, a gall yna fod, ddaioni diamodol? Neu a yw'r hyn a elwir 'y da' yn ddim mwy na phwyll a challineb wedi eu hysgogi bob amser gan hunan-fudd? Beth yw'r cysylltiad rhwng y da a chyfiawnder, gwirionedd a doethineb? Ac ydyw'r da yn rhywbeth cyffredinol sydd i'w adnabod gan bawb, yn hollol uniongyrchol, heb unrhyw gyfeiriad at wahaniaethau o draddodiad, rhywogaeth, amser, hanes, diwylliant neu sefydliadau cymdeithasol? Dyma glwstwr o anawsterau athronyddol nad oes iddynt atebion rhwydd fel y dengys hanes athroniaeth ers amser Socrates. Dyma'r anawsterau a fu'n ganolog i gymaint o ymchwiliadau yn yr ugeinfed ganrif, gydag ymatebion ac atebion yn cael eu cynnig a'u cefnogi gan ddadansoddiadau helaeth, rhesymegol gadarn, manwl gywir. Rhaid gweld cyfraniad arbennig D. Z. Phillips felly yn erbyn y cefndir cymhleth hwn, fel y datguddir pa mor unigryw yw ei ganfyddiad o natur a therfynau moeseg.

Fel y gall y da gael ei rithio gan y drwg, a gwybodaeth ei rithio gan anwybodaeth, felly hefyd gall darganfyddiadau athronyddol gael eu bygwth gan sgeptigaeth. Fel y dengys Platon, os nad oes gennym ffydd yn yr ymdrech tuag at ddarganfyddiad cywir a gwir, yna gwag yw ein parablu. Pryder Platon parthed y Soffyddion oedd eu bod yn negyddu unrhyw wahaniaeth sylweddol neu real rhwng y da a'r drwg, y gwir a'r gau, dealltwriaeth a pherswâd. Yn ddibynnol ar ddoniau dadleuwyr llachar yn defnyddio rheolau rhethreg, gellir troi unrhyw weithred dda i fod yn weithred ofnadwy, ac unrhyw berson anwar i ymddangos fel person daionus. Mater o eiriau, mater o berswadio ac areithio huawdl – dyna'r unig wahaniaeth rhwng ymddangosiad o'r da ac ymddangosiad o'r drwg. Ymgais Platon oedd dangos fod yna wahaniaeth cynhenid rhwng cwestiynau sgeptigol a'r cwestiynau sy'n tarddu o'r ewyllys i ddeall ac i ddarganfod y gwirionedd: er eu bod efallai yn edrych ac i'w clywed yn debyg, mae byd o wahaniaeth rhyngddynt. I'r Soffyddion, cyfrwng yn unig yw iaith, i'w defnyddio yn afradlon greadigol i ba bwrpas bynnag. Ond i Platon, cymhlethiad gwerthfawr yw iaith. Dyma'r hyn sy'n ein galluogi i ymestyn tuag at y da a'r gwir, ac i ymgodymu â'r real. Nid cyfrwng mân-ddadlau er mwyn effaith, neu er mwyn sgorio pwynt yw iaith: nid yw iaith 'er mwyn' dim. Wrth barchu manylion dadansoddiad trylwyr, mae yna obaith i ni agosáu at y gwahaniaeth rhwng y gwir a'r gau, rhwng y real a'r ffug, rhwng gwybodaeth a thybiaeth a rhwng gwir ddaioni a'r ymddangosiad o ddaioni.

O ran ansawdd ac ysbryd, nid oes fawr o wahaniaeth rhwng delfrydau Platon a delfrydau athronwyr yn yr ugeinfed ganrif. Ond o ran ffurf a symudiadau'r ymdrech, maent yn wahanol iawn. Ar ddechrau'r ganrif, yn ei waith *Principia Ethica*,[1] prif gwestiwn G. E. Moore oedd: Pa beth yw'r da? Sut ydym i ddiffinio'r da? Nid oes ganddo ddiddoreb mewn diffiniad sydd ddim ond yn rhestru ffyrdd o siarad am yr hyn sydd dda, ond yn hytrach, mae am ymdreiddio i natur y da. Nawr, pan fo cysyniad yn un cymhleth gallwn nodi'r rhannau sy'n crynhoi yn y cysyniad cyfunol. Ond y broblem yw nad oes i'r da rannau mwy syml na'i hun – syniad syml ydyw ac o'r cyfryw y crëir diffiniadau eraill.

Gwendid rhai dadansoddiadau sy'n ceisio darganfod natur cynhenid y da yw eu bod yn uniaethu'r da gyda rhyw elfen fel hapusrwydd neu bleser. Er enghraifft, cymryd gosodiad ffeithiol ynglŷn â phleser a thynnu canlyniadau moesol ohono, cyfeiliornad a alwai Moore yn 'Naturalistic Fallacy'. Ond ei safbwynt ef yw nad oes unrhyw ddisgrifiad o elfennau naturiol yn cyfiawnhau canlyniad moesol. I bob awgrym o'r ffurf, 'Mae A yn bleserus, mae'r pleserus yn ddaionus, felly mae A yn ddaionus', gellir codi'r cwestiwn 'A ydyw'r pleserus yn ddaionus'? Mae'n amlwg o'r ffaith fod y cwestiwn hwn yn ystyrlon nad y pleserus yw'r daionus, oherwydd os felly byddai gofyn 'A ydyw'r pleserus yn ddaionus' yn gyfystyr â gofyn 'A ydyw'r pleserus yn bleserus?' Er y gellir nodi, rhestru a sôn am y pethau sy'n werthfawr i ni, ni ellir dadansoddi gwerth ond yn nhermau ei hun. Dyma'r hyn sydd unigryw ac elfennol i ddaioni. Fel yn achos lliw, ni allwn amgyffred y da ond yn unig pan fo yn bresennol. Fel gyda'r lliw melyn, gallwn bwyntio at y da, gallwn ei 'weld', ond unwaith y ceisiwn ei fesur, neu ei nodweddu, yna mae gennym broblem o ddirnadu daioni 'yn nhermau ei hun'. Mater o weledfiad, synhwyriad, yw daioni.

Ond pa le mae hyn yn ein gadael ynglŷn â gweithredoedd moesol? Sut y gallwn ateb y cwestiwn, 'Beth sydd raid imi ei wneud?' Onid oes yma broblem? Ymateb Moore oedd ein cymell i edrych ar ganlyniadau gweithredoedd ac i ofyn a yw'n amlwg mai dim ond canlyniadau da a ddilyna'r weithred. Os yw'r canlyniadau yn haeddiannol, byddant yn werthfawr a buddiol hefyd. Ond y broblem yw, er mwyn dyfarnu pa ganlyniadau sy'n dderbyniol ac sy'n arddangos rhinweddau daionus, rhaid cael rhyw nod uwchraddol fel hapusrwydd, neu les y mwyafrif.

Ond yna, buan y daw Llesyddiaeth ('Utilitarianism') i mewn drwy'r drws.[2] Yn wir, mae yna ryw amwysedd wrth galon ymgais Moore. Ar y naill law, mae am ddatguddio natur unigryw y da sy'n herio diffiniad yn nhermau rhinweddau naturiol, ond ar y llaw arall mae am geisio mesur y da yn nhermau canlyniadau gweithredoedd. Ond onid oes yna weithredoedd y dylid eu gwneud am eu bod yn ddaionus ynddynt eu hunain? Heb bendroni dros unrhyw ganlyniad, onid yw rhai gweithredoedd yn werthfawr neu yn wrthun ynddynt eu hunain?

Yr oedd W. D. Ross[3] yn anhapus gyda'r gwrthdyniad yma yng ngwaith Moore. Cytunai Ross fod i'r da ansawdd arbennig sy'n herio diffiniad, ond ceisiodd amlygu'r gwrthdyniad yng ngwaith Moore drwy wahanaiaethu rhwng dyletswyddau *prima facie* a dyletswyddau cyffredin. Mae dyletswyddau *prima facie* yn rheidiol dda o dan bob amgylchiad, bob amser, ym mha le bynnag. Cyferbynnir rhain â'r dyletswyddau hynny yr ydym yn cydnabod eu bod yn dda oherwydd bod iddynt ganlyniadau derbyniol. Mae dyletswyddau *prima facie,* fel dweud y gwir, addo, edrych ar ôl y gwan a'r diniwed, yn ofynnol, a heb eithriad yn orchmynnol ar bob unigolyn. Cydnabod pwysigrwydd rhain yw maen prawf ein ffyddlondeb i'r da. Sylweddolwn eu bod goruwch pob dymuniad personol, dibwys a chyffredin. Gallwn ddadlau a rhesymu oddeutu am ddyletswyddau moesol cyffredin, ond nid oes unrhyw achos i gyfiawnhau dyletswyddau *prima facie* oherwydd dirnadwn yr hyn sydd elfennol dda heb awgrym a heb unrhyw resymegiad. Anhawster pennaf Ross oedd sut i drin y sefyllfa pan fo dwy ddyletswydd *prima facie* yn fy wynebu a minnau heb fedru osgoi'r boen a'r enbydrwydd o allu cyflawni dim ond un ohonynt. Dyma agwedd o'r bywyd moesol sy'n peri gofid i'r unigolyn moesol a hefyd i foesegydd fel Ross. Ond gofidiau tra gwahanol ydynt: mi fyddwn yn dod yn ôl at y broblem hon yn nes ymlaen.

Pwysigrwydd ymdrech Moore a Ross oedd datguddio

gwahaniaethau nodedig rhwng, er enghraifft, rheolau dyletswydd (rhai sy'n gorchymyn yr hyn sydd raid ac y gallaf ei wneud) a rheolau delfryd (rhai sy'n cymeradwyo yr hyn y dylwn ac y gallwn ei wneud), ac i geisio dangos nad archwiliad seicolegol oedd moeseg. Mae dadansoddiad y ddau yn wych: defnyddiant iaith loyw a chlir, ac mae'r rhesymu yn ei symudiad a'i ffurf, yn batrwm o eglurdeb. Ond yr oedd eu harchwiliadau yn dilyn ffurfiau traddodiadol sy'n bresennol yn moeseg Hume, Kant a J. S. Mill. Eithr fel yr â'r ugeinfed ganrif yn ei blaen, gwelir bod dylanwadau newydd yn ymyrryd â'r dulliau traddodiadol. Tasg anodd athroniaeth yw deall paham mae athronwyr wedi gwneud y gosodiadau a wnaethant, paham y daethant i'w casgliadau arbennig a pha anawsterau y ceisient eu datrys. Nid anwybyddu'r hyn a fu gynt yw hyn, ond cydnabod natur ddyrys y daith tuag at ddealltwriaeth. Felly gwelwn bwysigrwydd ymdrech Moore i geisio datguddio ansawdd unigryw y da drwy ymholi yn fanwl ynghylch y ffyrdd y cyfarfyddwn â'r da yn ein bywyd beunyddiol. Fe wnaeth Ross, hefyd, gyfraniad arbennig i egluro clwstwr o anawsterau ynglŷn â'r math o reidrwydd a berthyn yn unigryw i'r moesol, sydd o ansawdd wahanol i reidrwydd cymdeithasol, neu reidrwydd politicaidd. Ond ymchwiliadau ydynt sydd wedi eu gwreiddio yn nhraddodiadau a dadansoddiadau moeseg y ganrif flaenorol.

Ym mhedwardegau'r ugeinfed ganrif ymddengys gwahaniaethau gwreiddiol yn niddordebau a dulliau dadansoddi athroniaeth. Er pan gyhoeddwyd gwaith enwog Russell a Whitehead, *Principia Mathematica* (1910–1913)[4] fe fu canlyniadau ymestynnol i'r math o ddiddordebau sy'n dominyddu yr ugeinfed ganrif, sef dadansoddiadau dyrys o'r berthynas rhwng iaith a rhesymeg. Ar ôl ei archwiliadau i sylfaen mathemateg a rhesymeg, dechreuodd Russell ddehongli iaith yn fwy ffurfiol ac i ddeall rhesymeg ar ffurf mathemategol (gweler ei ddarlthiau gwych ar *Logical Atomism,*1924*)*.[5] Fe'i harweiniwyd i sylweddoli fod gweithrediad rhesymegol iaith yn gydffurfiol â gweithrediad mathemateg, ac os ydym fel athronwyr am anelu tuag at gywirdeb gloyw yn ein dadansoddiadau, rhaid dilyn rheolau manwl, ymwiriol ('self evident'). Dangosodd fod yna berthnasau cymhleth rhwng gosodiadu a phosibiliadau'r gwir, yr anwir, a negyddiaeth: rhaid dod o hyd i amodau ystyr a thraethu ystyrlon cyn y gallwn sicrhau fod ein dadansoddiadau ym mha gyd-destun bynnag yn arwyddocaol a thrylwyr. Ers hynny bu llu o athronwyr yn ymgodymu â'r anawsterau hyn ym maes athroniaeth iaith. Arhoswn gydag un canlyniad ymestynnol o'r diddordeb mewn ymhelaethu ar amodau synnwyr, ac ar amodau posibilrwydd y gwir a'r anwir, sef gyda'r angen i ddeall amodau gwneud gosodiadau moesol ystyrlon, a sut maent yn gweithredu yng nghyswllt ein bywyd moesol.

Y broblem ganolog felly oedd darganfod pa fath o ystyr a berthyn i'n gosodiadau moesol a sut yr ydym i gadarnhau gwirionedd y fath osodiadau. Mae ein hiaith gyda'i hetifeddiaeth o farddoniaeth, chwedlau, dramâu a hanes, yn cynnwys cronfa gyfoethog o dermau gwerth a ddefnyddir yn feunyddiol heb unrhyw drafferth na dryswch. Ond sut mae'r fath fynegiant i'w wirio a pha fesur o wrthrychedd a berthyn i'r ymadroddi ysblennydd hwn? Pa amodau ystyr a berthyn i'n traethiadau ynghylch y gwerthoedd sy'n anhepgor i'n bywyd moesol? Sut y gallwn dreiddio drwy iaith y moesol at realiti y moesol yn ein bywyd?

Mewn traethawd miniog a phoblogaidd, *Language, Truth and Logic*, gosododd A. J. Ayer[6] her i athronwyr i ffurfio damcaniaeth sy'n dangos yn eglur pa ystyr sydd i 'osodiadau' moesol (prin y gellir eu galw yn osodiadau go iawn). Os nad ydynt yn perthyn i ddosbarth gosodiadau empeiraidd, nac i ddosbarth gosodiadau rhesymeg neu fathemateg, yna nid oes iddynt ystyr. Mor llym oedd dyfarniad Ayer a'r Positifistiaid fel iddynt ddod i'r casgliad nad oes i'n trafodaethau moesol unrhyw ffurf resymegol. Pan fyddwn yn gwneud gosodiadau fel 'mae'n dda i ddweud y gwir bob amser', neu 'mae'n ddaionus i helpu'r gwan ac i roi cymorth i'r anghenus', nid oes iddynt fwy o ystryr na dweud 'bŵ' pan fyddwn yn teimlo'n ddig ynglŷn â rhyw weithred, neu weiddi 'hwrê' pan fyddwn yn teimlo'n fodlon ynglŷn â rhyw weithred arall. Ar y gorau nid oes iddynt unrhyw statws rhesymegol ystyrlon: ni wnânt ddim ond nodi adwaith teimladol. Dadleua Ayer, os dywedaf wrth rywun 'Rwyt ti wedi gweithredu yn anghyfiawn drwy ddwyn yr arian', nid wyf yn dweud mwy na phetawn yn dweud 'Fe ddygaist yr arian'. Wrth farnu fod y weithred yn anghyfiawn, nid wyf yn gwneud *gosodiad* pellach am y weithred: nid wyf ond yn mynegi fy adwaith teimladol moesol i'r weithred. Nid yw beirniadaeth resymegol o'n bywyd moesol yn bosibl felly. Y gorau y gallwn ei wneud yw rhestru ein hadwaith teimladol i wahanol gyflyrau ac amgylchiadau ffeithiol.

Dim rhyfedd fod dadansoddiad Ayer wedi dylanwadu ar foeseg ei gyfoeswyr yn y pedwardegau: o graffu ar natur ein bywyd moesol, gwelodd ei fod yn ddibynnol ar werthoedd nad oes iddynt yr un math o gadarnhad â'r hyn a berthyn i ganfyddiadau sy'n uniongyrchol empeiraidd. Digon hawdd yw cadarnhau ei bod yn glawio, neu fod y môr yn oer, ond pan ddyfarnwn fod un person yn bechadur a'r llall yn sant, ym mha ffordd y gwnawn ni synnwyr o'r fath osodiadau, heb sôn am eu cadarnhau? Yn wir, mae ein traethiadau am y byd mor uniongyrchol fel nad oes angen sôn am 'gadarnhad': eithr heb y fath uniongyrchedd ni fyddai ystyr mewn 'cadarnhau' ar achlysuron pan yw bod yn wir yn hytrach nac anwir yn arwyddocaol a phwysig. Serch hynny, er efallai nad yw cadarnhad ffeithiol bob amser ar gael, o leiaf fe wyddom sut y *gallem* gadarnhau, ac fel arfer nid oes unrhyw ddiffyg ynglŷn â'r fath gadarnhad. Ond mae cadarnhad o 'osodiadau' am werthoedd moesol a gwerth esthetig yn fater hollol wahanol. Onid yw anawsterau ynghylch y da a'r drwg yn tueddu tuag at yr hyn sydd unigol bersonol, yn solipsitig effeithiol, a'r hyn sydd tu hwnt i gaethiwed rhesymeg ac amodau y ffeithiol?

Ond hefyd, onid yw hyn nid yn unig yn gwneud gwerthoedd yn fater o deimlad personol ond ar ben hynny'n gwrthod cydnabod unryw realiti gwrthrychol i'r da a'r drwg? Onid yw'r dadansoddiad hwn fel petai'n bradychu gwerthfawrogiad a phwysigrwydd gwerthoedd yn ein bywyd a'r ffordd maent yn ymwneud â'r hyn sydd fwyaf arwyddocaol ac ystyrlon yn ein ffyrdd o fyw a'r safonau sy'n ganolog iddynt? Na, medd R. L. Stevenson,[7] dyma'n union yw natur ein gyrfa foesol. Dyma paham fod y moesol mor hunaniaethol bwysig inni, gan fod gwerthoedd yn anwahanadwy oddi wrth ein bywyd teimladol fel unigolion. Pan fyddwn yn mynegi ein hedmydgedd o berson a'i galw yn dda, rydym yn tynnu sylw at ei nodweddion a'i phersonoliaeth – fel ei gonestrwydd, ei charedigrwydd, ei gwroldeb, ei ffyddlondeb. Dyma'r agweddau sy'n bwysig i ni yn ein bywyd moesol a'n hymddygiad tuag at eraill. Maent yn fynegiant heb y terfynau a berthyn i faterion o ffaith pur, ond yn hytrach yn fynegiant ac iddo batrwm cymhleth yn mywydau unigolion moesol, lle mae yna fyd o wahaniaeth rhwng yr hyn sy'n dda a'r hyn sy'n warthus, rhwng yr hyn sy'n gwneud bywyd yn hyfryd a gwerthfawr a'r hyn sy'n gwneud bywyd yn ddiflas a dinistriol. Mewn cân a chwedl, darlun, drama neu ddawns, cawn ffurfiau o fynegiant wedi eu gwreiddio yn ein diwylliant sy'n dathlu y teimladol yn ein bywyd moesol a chymdeithasol. Gwahanol iawn yw ein hamgyffred a'n gweledïad o werthoedd: dim rhyfedd fod ein mynegiant ohonynt yn gymhleth a chywrain.

Nawr, ar y naill law dyma ymateb sy'n ymddangos yn ddiargyhoedd a chraff, yn ymwneud â llawer o'r anawsterau sy'n tarddu o ddadansoddiadau a wnaed o amodau a therfynau ystyr. Ond, ar y llaw arall, mae yna anawsterau eraill yn amlygu eu hunain pan nodwn fanylion y thesis mynegiadol, megis sut ydym ni i ddeall rheidrwydd y moesol? Os mai dim ond mynegiant teimladol yw beirniadaeth foesol, sut ydym i ddod o hyd i wrthrychedd y moesol? Onid mympwyol a thybiol fydd pob dyfarniad moesol? A sut ydym i ddeall anghytundeb moesol, os y gallwn ni hyd yn oed sôn am 'anghytundeb' yng nghyswllt y dehongliad hwn o natur y moesol? Pa berthynas sydd rhwng teimladaeth yr unigolyn a'r deimladaeth a amlygir yn gyffredinol yn y gymdeithas mae'r unigolyn yn rhan ohoni? A beth am y cyfuniad rhwng y teimlad a'r mynegiant? A yw pob mynegiant o ba deimlad bynnag yn addas a chywir? A fedr unrhyw deimlad ac unrhyw fynegiant o'r weledigaeth foesol fod yn dderbyniol? Er mwyn medru barnu gweithred neu unigolyn, a oes yna reolau sydd o reidrwydd yn dal cyn y gellir galw unrhyw fynegiant yn enghraifft o resymu moesol?

Yr oedd Richard Hare yn anhapus ynglŷn â'r thesis mynegiadol.[8] Cytuna yn hollol nad ffeithiol yw statws beirniadaeth foesol, ond er nad yw dyfarniad moesol yn disgrifio'r byd, yr hyn sy'n bwysig yw swyddogaeth y fath feirnadaeth, sef i ragnodi yr hyn y dylid ei wneud yn y byd. Pan fyddwn yn cynnig beirniadaeth foesol, fe wnawn hyn ar feini prawf ffeithiol, ond gan fynd y tu hwnt i'r ffeithiol: yr ydym am gymeradwyo y weithred. Nod Hare oedd datguddio'r ffordd mae iaith moeseg yn delio â'r ffeithiol a'r rhesymol er mwyn diogelu rheidrwydd y moesol, a chadw'r elfen o wrthrychedd yn ein dyfarniadau moesol. Yn ei ddadansoddiad dylanwadol *The Language of Morals* (1952), mae Hare am ddangos fod gosodiadau o'r ffurf: 'Rhaid dweud y gwir bob amser' neu 'Rhaid cyflawni pob addewid' yn rhan o iaith ein bywyd moesol gan eu bod yn debyg, ac eto yn annhebyg, i orchmynion. Maent mwy fel mathau o gymeradwyaeth, neu gynghorion. Nid tybiaethau personol unigol *yn unig* mohonynt: maent yn rhan o batrwm iaith foesol sy'n dangos inni y ffordd orau i fyw ac i arwain ein pererindod drwy'r byd. Dyma natur arbennig rheidrwydd moesol: nid gorchymynion sy'n ymwneud â sefyllfa arbennig, unigol, yn unig ond yn hytrach yn ymwneud â phob sefyllfa lle mae'r moesol yn bwysig ac arwyddocaol, a lle mae egwyddorion moesol yn cynnal ein hymdrechion tuag at y da. Mae gorchymyn fel arfer wedi ei gyfeirio at berson neu sefyllfa arbennig, ond mae egwyddor foesol yn mynd ymhellach na gorchymyn: hyd yn oed os ydym yn cynghori Ifor yn y sefyllfa hon y dylai ddweud y gwir, grym y 'dylai' fan hyn yw fod yr egwyddor yn dal ym mha sefyllfa bynnag, ym mha le, neu amser bynnag y mae'r unigolyn yn bod ac yn gweithredu ynddynt. Dyma'r hyn sy'n nodweddu egwyddorion moesol, sef yr agwedd o gyffredinolrwydd ('universalisability') sy'n gweu rhwng gwahanol gredoau moesol. Pan siaradaf am y sant neu am y pechadur, a phan alwaf un yn dda ar llall yn ddrwg, defnyddiaf dermau cyhuddiad neu dermau cymeradwyaeth. Mae un yn batrwm i bawb i'w osgoi, mae'r llall yn batrwm i bawb i'w ddilyn. Gallwn ddeall cyfiawnhad moesol felly ar ffurf cyfresymiad ('syllogism'): Mae pob math o boen yn ddrwg ac mae bod yn newynog yn boenus. Felly rhaid gwneud yn siwr fod newyn yn cael ei ddileu. Canfyddwn fod tlodi yn bodoli mewn rhannau o'n cymdeithas (sy'n wir). Mae tlodi yn wrthun ac yn diflasu bywyd. Felly rhaid gwneud yr hyn a allwn i sicrhau fod y tlawd yn cael eu cynnal. Yn y ffordd hon mae Hare am ddyrchafu elfennau o gymeradwyaeth a gwerthfawrogiad yn ei ddadansoddiad, oherwydd, ar eu pen eu hunain, ni all amodau disgrifiadol fyth gyfiawnhau yn hollol ein dyfarniadau ynghylch yr hyn sy'n werthfawr, da neu ddaionus. Dyma ymateb sy'n wir ymgeisio i ddarganfod hanfod y bywyd moesol, ac i ddatguddio ei bwysigrwydd elfennol, na ellir ei ddiffinio yn unig yn nhermau teimladau ac adweithiau personol. Dyma'r ymateb moesol sy'n cydio yn ein hewyllys a'i chyfeirio tuag at weithgarwch a ffyddlondeb heb ffiniau personol unigol, ac sydd hefyd yn ganolog i fywyd ystyrlon a moesol.

Ond a yw Hare wedi datrys problem y bwlch rhwng ffeithiau pur a gwerthoedd? Beth yw sail y math o gymeradwyaeth a fynegir gennym? Fe erys y broblem o gyfiawnhau'r cymeradwyo o hyd. Beth sydd i'n cymell i symud o'r gosodiadau ffeithiol i'r canlyniad moesol – sut gallwn ni symud o'r ffaith fod yna newyn i'r rheidrwydd i ddileu newyn, neu o'r canfyddiad y dylid dweud y gwir bob amser i'r rheidrwydd i ddweud y gwir yn yr achos hwn? Nid yw'r alwad i ddileu poen y newynog yn dilyn yn 'rhesymegol' o'r gosodiad ffeithiol fod yna newyn, na'r alwad imi ddweud y gwir yn dilyn yn 'rhesymegol' o'r ffaith fy mod yn gwybod mai fi oedd y lleidr a ddygodd y llyfr gwerthfawr o lyfrgell y coleg. Tasg arall i Hare, yn nhermau ei ddadansoddiad, yw cyfiawnhau y gymeradwyaeth a wthir i mewn i'r cyfresymiad. Y broblem yw, er y gellir troi unrhyw ddadl i ffurf cyfresymiad drwy wthio i mewn egwyddor gyffredinol, fel bod y canlyniad yn dilyn yn rhesymegol o osodiadau'r ddadl, nid oes sicrwydd y bydd pawb yn cytuno ynghylch gwirionedd, arwyddocâd a phwysigrwydd yr egwyddor gyffredinol. Hefyd, pa sicrwydd sydd i statws yr egwyddor a sylwedd y gymeradwyaeth – a ydynt yn wirioneddol foesol, ac yn adlewyrchu daioni pur, dihafal, neu ydynt wedi eu halogi gan hunan-fudd, neu ryw ddiben politicaidd, neu hyd yn oed flys am reolaeth? Mae 'rheidrwydd' cymeradwyaeth felly yn perthyn i syniadau fel: y ffordd orau i bobl a chymdeithasau fyw, sut mae'r moesol ynghlwm wrth ansawdd ac ystyr bywyd, canfyddiad o'r unigolyn fel diben ynddo'i hun. Nid annheg yw cyfeirio at ddylanwad syniadaeth Kant ar ddadansoddiad Hare: mae ei egwyddor o gyffredinolrwydd ('universalisability principle') yn debyg i un Kant, serch yng nghyswllt yr ugeinfed ganrif pan fu i ganolbwynt sylw droi at reolau ystyr iaith a rhesymeg. Mae Kant am ddangos fod dirnadaeth resymegol yn datguddio rheidrwydd moesol fel nad oes eisiau cyfiawhnhad pellach. Ond nid yw'r darlun mor eglur pan fo Hare yn delio gydag amodau ystyr ein dyfarniadau moesol. Mae yna benbleth ynghylch beth yn union yw 'ffeithiau pur' a sut mae rhain i'w darganfod cyn iddynt gael eu hydreiddio gan egwyddorion a chymeradwyaeth a ddaw drwy gyfrwng ein hetifeddiaeth gymdeithasol a diwylliannol.

Yn yr un traddodiad â Hare, ceisiodd Phillipa Foot[9] hefyd amlygu'r math o resymu a berthyn i'r moesol. Ei phwrpas hithau hefyd oedd dangos nad mynegiant mympwyol a theimladol yw ein beirniadaeth foesol, yn ogystal â dadansoddi hanfod fy ymdrechion i benderfynu pa weithred sy'n iawn i mi ei gwneud. Felly, rhaid deall pwysigrwydd dewisiad a phenderfyniad moesol; rhaid deall yr hyn sy'n gyrru gweithredu moesol o'r dechrau. Bob amser iddi hi, y man dechrau unwaith eto yw'r ffeithiol, y niwtral, yr hyn sy'n agored i bawb. Er mwyn penderfynu a yw rheswm yn rheswm moesol neu beidio, rhaid gofyn 'A ellir dangos fod y rheswm am y penderfyniad neu'r weithred ynghlwm o anghenraid wrth yr hyn mae'r unigolyn o ddifrif yn ei ddymuno?' Ac wrth gwrs, yr hyn mae pob unigolyn yn ei ddymuno, yw nid bywyd moethus, fel y dywed ein hemyn enwog, ond bywyd llwyddiannus, bywyd helaethach, pan fydd pob dymuniad yn cael ei ddigoni, a phob rhwystr i'r digoni hwn wedi ei ddileu. Nid wy'n siwr a fyddai syniad Foot am y bywyd llwyddiannus yn ymestyn i'r dymuniad am 'galon lân yn llawn daioni'. A dyma efallai un o'r anawsterau yn ei hymgais: sef ei chred y gallwn, fel athronwyr, ddeall gwahanol ddelfrydau sy'n ymddangos fel delfrydau moesol, gan ein bod fel athronwyr craffus, doeth a niwtral, yn gallu ymbellhau er mwyn treiddio i galon yr hyn mae pob unigolyn yn ei ddymuno. Unwaith y deuwn wyneb yn wyneb â syniad dwfn o ddaioni a niwed dynol, yna gallwn ddyfarnu pa reswm i'w ddewis, ac i weithredu arno, sy'n rheswm gwir foesol. Ond y broblem yw, sut ydym i ddeall syniadau o ddaioni a niwed dynol ar y ffurf cyffredinol yma? Onid oes yna wahaniaethau sylfaenol yn ein syniadaeth am ddaioni a niwed dynol? Os mai bywyd moethus, aur y byd a'i berlau mân fyddai'r bywyd llwyddiannus ym marn rhywun, sut y mae Foot yn mynd i ddangos mai bywyd anfoesol yw hwnnw? Os mai hapusrwydd, dedwyddwch, pleser neu ryddid yw fy nymuniad, sut mae Foot yn mynd i fy mherswadio mai delfrydau ffug yw'r rhain ac y dylwn yn hytrach ddymuno dealltwriaeth resymegol bur, neu fywyd heb bleser yn dilyn rhyw ideoleg arbennig? A beth am y dymuniad am galon lân yn llawn daioni, sy'n decach na'r lili dlos? Onid oes yna lu o syniadau am yr hyn sy'n bwysig mewn bywyd, am yr hyn sy'n wirioneddol werthfawr? Sut mae cyfuno y gwahaniaethau hyn i ryw formiwla syml am ddaioni a niwed dynol a fydd yn dangos inni pa bryd mae rheswm i weithredu yn rheswm moesol. Gallwn ddeall ei hymgais i gyfyngu rheswm fel na all pa reswm bynnag weithredu yn y ffurf cyfresymol er mwyn cyfiawnhau unrhyw ganlyniad (man gwan dadansoddiad Hare), ond nid ydyw yn ateb i'r anhawster.

Deniadol iawn i Foot yw'r syniad fod gan yr athronydd ryw welediad a dealltwriaeth arbennig o'r moesol a'r da. Cydnebydd fod yna wahaniaethau rhwng y gwahanol syniadaethau moesol sydd i'w cael blith draphlith o fewn gwahanol gymdeithasau: nid gwaith yr athronydd yw rhestru'r egwyddorion fel petai'n gymdeithasegydd, ond onid oes i'r dadansoddiad athronyddol swydd etholedig, sef darganfod yr hyn sy'n hanfodol ystyrlon? Oni ellid cymharu a datgymalu enghreifftiau o resymeg egwyddorion moesol fel y datguddir yn wrthrychol yr hyn sy'n gyffredinol ac yn aruchel ynddynt? Yna, gyda sicrwydd y dadansoddiad trylwyr manwl, gellid cymeradwyo'r foeseg hon fel yr un y dylid ei pharchu a'i dilyn gan bob unigolyn? Ond yn y cyswllt hwn deuwn ar draws llu o anawsterau cymhleth yn ymwneud â'r gwahaniaeth rhwng dealltwriaeth athronyddol a chymeradwyaeth foesol. Mae hyn hefyd ynghlwm â'r gwahaniaeth rhwng ffaith a gwerth, ffeithiau a 'ffeithiau pur', anghytundeb ynglŷn ag egwyddorion, y gwrthdaro rhwng egwyddorion a gwerthoedd, a rheidrwydd cytundeb. Er mwyn cael golwg eglur ar yr anawsterau perthnasol hyn, rhaid mynd yn ôl at ddadansoddiadau Wittgenstein a fu mor ddylanwadol ym mhob rhan o athroniaeth yn yr ugeinfed ganrif.

Yn ei waith cynnar, *Tractatus Logico-Philosophicus*,[10] y broblem ganolog oedd darganfod sut mae y gosodiadau yr ydym yn eu gwneud (ym mha iaith bynnag) am y byd yn cysylltu â'r byd. Mae'n rhaid bod rhywbeth unigryw i ffurf gosodiad, i fod yn osodiad yn hytrach na dim ond rhestr o eiriau heb ystyr. Dim ond i'r hyn sy'n ystyrlon y gellir cadarnhau posibilrwydd ei fod yn wir neu anwir. Mae posibilrwydd dweud rhywbeth am y byd yn anwahanadwy oddi wrth ystyr a'r amodau hynny sy'n ein galluogi i ddod o hyd i ganlyniadau cywir, rhesymegol. Ond hefyd mae yna berthnasau cymhleth rhwng gosodiadau gwir, gosodiadau anwir a negyddiaeth. Mae'n bwysig nodi i Wittgenstein boeni dros y broblem o ystyr pan geisiodd ymateb i ffordd o edrych ar y byd, nid o safbwynt yr hyn sy'n y byd, ond o safbwynt gweld y ffaith o fodolaeth y byd, neu'r 'totality of facts'. Dyma safbwynt y tragwyddol, lle y gwelwn fodolaeth y byd, yr 'oll', fel rhywbeth i synnu ato, rhywbeth syfyrdanol, a phan ymddengys y cwestiwn nad oes iddo nac atebiad na ffurff eglur, sef paham y cyfan? Er i Wittgenstein geisio ymhelaethu ar safbwynt y tragwyddol yn un o'i ddarlithiau, dim ond bras ddarlun a roddodd o sut mae'n cysylltu â phwysigrwydd ac arwyddocâd y moesol yn ein bywyd. Un agwedd sy'n cael datblygiad craffus gan Wittgenstein yw cymeriad y rheidrwydd sydd ynghlwm wrth ein hymwybyddiaeth foesol. Dengys fod yna wahaniaeth elfennol rhwng y rheidrwydd a berthyn i'r broses o gyflawni rhyw ddiben neu nod arbennig, a'r rheidrwydd sy'n anwahanadwy oddi wrth ein canfyddiad o'r hyn sydd werthfawr a daionus. Dyma'r hyn a berthyn i arglwyddiaeth y da, i'r orfodaeth absoliwt a berthyn i'n gweledigaeth o'r da, ac i'n dealltwriaeth o'r hyn sydd werthfawr. Dyma'r rheidrwydd sy'n ein cymell heb eithriad a heb esgus i wneud yr hyn sydd ddaionus ynddo'i hun.

Er bod anawsterau yn perthyn i'r dadansoddiad hwn, ar ôl dilyn archwiliad y *Tractatus* deallwn fod Wittgenstein yn torri tir newydd yn ei ymdrech i ddatguddio amodau'r gwahaniaeth rhwng yr hyn sy'n ystyrlon a'r hyn sy'n ddiystyr. Ac er i'w ddiddordebau ehangu ar ôl y *Tractatus* ni wnaethant grwydro un iod oddi wrth ei amcan gwreiddiol, sef dealltwriaeth o'r berthynas rhwng iaith a sut mae pethau'n bod, rhwng ein gosodiadau a realiti. I Wittgenstein, posibilrwydd dealltwriaeth yw'r allwedd i'n hanawsterau athronyddol. Y ffaith ein bod yn gallu deall ein gilydd – dyma sy'n cyfansoddi traethiad cyffredin. Iddo ef, nid wrth gymhwyso rhyw ddamcaniaeth am ystyr y gallwn ni ddewis pa osodiad sy'n ystyrlon neu yn ddiystyr, ond yn hytrach drwy geisio deall ym mha amgylchiadau arbennig y defnyddir y gosodiad; drwy wybod â pha bethau eraill mae'r gosodiad yn cysylltu, a thrwy ddeall y cysylltiadau rhwng gosodiad a'n diddordebau a'n ffyrdd o weithredu. Dro ar ôl tro, yn ei ddadansoddiadau diweddarach, sef y *Philosophical Investigations*,[11] mae Wittgenstein am danlinellu lluosowgrwydd gêmau iaith ('language games') sy'n datguddio amrywiaeth y ffyrdd sydd o grybwyll rhywbeth. I Wittgenstein, nid oes un syniad unedig o beth yw gosodiad dilys a chywir: yr unig beth y gallwn ei wneud yw cynnig enghreifftiau o sut mae gosodiadau yn bodoli oddi mewn i batrymau o fynegi a gweithredu. Arwyddocâd yr ymadrodd 'gêmau iaith', yw ei fod yn amlygu'r ffaith fod 'siarad iaith' yn rhan o weithredu, neu o ymarfer, pan fydd pobl yn gorchymyn, ymholi, disgrifio, cofnodi, sgwrsio, tybio, melltithio, cyfarch, gweddïo, yn ysgrifennu storïau a barddoniaeth, hel atgofion, yn dweud anwiredd, ac felly yn y blaen.[12] Dyma paham fod Wittgenstein am ddweud 'pan ofynnir beth yw gosodiad, pa un ai ateb mi fy hun neu rywun arall sydd raid – rhoddwn enghreifftiau, a bydd rhain yn cynnwys yr hyn y gellir ei galw yn gyfres o osodiadau a ddiffiniwyd yn anwythol. Dyma'r ffordd y cawn gysyniad megis y cysyniad o osodiad.' 'Golyga deall brawddeg ddeall iaith. Golyga deall iaith ddeall ffordd o weithredu'. Hynny yw, sefyllfa lle y gwyddom neu y disgwyliwn yr hyn a ddilyn, pa symudiad i wneud, pa gyfeiriad i fynd, a pha gasgliad i'w dynnu.

Felly os nad creu un ddamcaniaeth gyffredinol o ystyr yw swydd athroniaeth, pa swyddogaeth a berthyn iddi? Ateb Wittgenstein yw 'Philosophy simply puts everything before us, and neither explains nor deduces anything. Since everything lies open to view, there is nothing to explain.....Philosophical problems...are solved by looking into the workings of our language and that in such a way as to understand those workings.'[13] Yn y pen draw, ni all athroniaeth ymyrryd â'r ffordd y mae iaith yn gweithredu mewn gwirionedd: yn y diwedd, ni all ond disgrifio'r ffordd mae iaith yn gweithredu. Ni all roddi sylfaen chwaith: gedy bopeth fel y mae. Gwaith yr athronydd yw casglu manylion, fel y gwelir eu heglurder, ac fel y cawn ein syfrdanu gan yr hyn sy'n drawiadol a nerthol, unwaith y'i datguddir.

Felly, i'r cwestiwn sut mae ein hiaith foesol yn berthnasol i realiti, neu pa gysylltiad sydd rhwng ein dyfarniadau moesol a'r gwir a gwirionedd, nid oes yna atebiad cyffredinol. I Wittgenstein, mae'r holl ddull o ymchwilio athronyddol mor bell o fedru cynnig ateb cyffredinol fel mai ofer fyddai disgwyl i gael un. Dyma'r cyswllt lle mae gwaith Phillips[14] wedi bod, ac yn parhau i fod, mor bwysig. Yn ei waith *Philosophy's Cool Place*[15] y cwestiwn canolog yw: sut mae athroniaeth yn dangos posibiliadau moesol ac yn datguddio pwysigrwydd y moesol yn ein bywyd? Sut ydym i ddeall y rheidrwydd unigryw a berthyn i'r moesol? Un anhawster arbennig ac anodd mewn moeseg yw sut i ddelio â chroestynnu rhwng dwy ddyletswydd pan gyfyd y cwestiwn, 'Pa beth a wnaf?' Gall hyn fod yn brofiad llym a digalon, yn enwedig pan sylweddolir bod gweithred sy'n cyflawni un rheidrwydd moesol, yn negyddu rheidrwydd arall. Gall hyn greu dolur, teimlad o drychineb, euogrwydd hyd yn oed pan nad oes modd i'w osgoi. Yn y dimensiwn hwn o'r bywyd moesol gall yr unigolyn deimlo ar goll, heb reolaeth ar ei bywyd, pan yw enbydrwydd yn taro ar draws ei llwybr er iddi geisio bob amser i ewyllysio'r da. Rhaid cydnabod hefyd mai dim ond rhywun sy'n parchu arddeliad y moesol fydd yn profi'r croestynnu rhwng dau reidrwydd ac yn profi effaith echrydus y fath wrthdaro yn ddwfn.

Ymateb Hare i'r broblem hon oedd nodi fod yn rhaid i ni ymresymu yn fwy manwl er mwyn darganfod pa ddyletswydd, yn wrthrychol, sydd bennaf. I Foot, er mwyn diddymu dyletswyddau croestynnol, mae'n ofynnol inni apelio at yr hyn sy'n sylfaenol i ffyniant y bywyd helaethach. Ond i Wittgenstein a Rush Rhees[16] a fu mor ddylanwadol ar Phillips, rhaid aros gyda'r anawsterau heb geisio dod i benderfyniad terfynol beirniadol. Mae'n rhaid parchu'r gwahaniaeth rhwng y dyfarniad moesol 'dyma'r hyn sydd raid i mi ei wneud', 'dyma'r hyn sydd ddaionus', a wnaf pan wynebaf sefyllfa arbennig, a'r dyfarniad athronyddol ar y ffurf, 'dyma'r hyn sydd raid ei wneud' neu 'dyma'r hyn sydd ddaionus' bob amser. Mae'r naill yn gweithredu yn ein gyrfa fel personau teimladol yn ceisio byw bywyd moesol. Ymgydia wrth yr hyn sy'n bwysig, gwerthfawr ac arwyddocaol yn ein bywyd nawr a'r weithred y mae'n rhaid i mi ei chyflawni yr wythnos hon. Ond mae'r llall yn addefiad, yn gyngor, yn gymeradwyaeth. Mae'n arwyddo fod yr ymgais i ddeall wedi dod i ben, fod y darganfod wedi ei gwblhau a'r dadansoddiad wedi ei orffen. Ond i Wittgenstein, Rhees a Phillips, byddai'n estron i natur ac ysbryd athroniaeth i sefydlu terfynau fel y cyfryw ar y dadansoddiad, ar yr ymchwiliad, nid yn unig am fod y fath derfynau yn culhau posibiliadau iaith a phrofiad, ond am fod y terfynau yn honni fod popeth wedi ei ddweud, a phob dim wedi ei gyflawni.

Dro ar ôl tro, yn ei archwiliadau, mae Phillips am ddarganfod pa fodd y gellir ateb y cwestiwn am yr hyn sy'n ddaionus ynddo'i hun, ym mhob sefyllfa, bob amser, yn y byd hwn neu ym mha fyd bynnag a ddaw? Sut ydym i ymgodymu â phroblem yr hyn sy'n ddiamodol, neu absoliwt yn ein bywyd moesol? A ydym fel athronwyr i ddarganfod rhyw reolau sy'n datblygu gwir ddaioni, neu sy'n cynnig rhyw foesoldeb absoliwt? Dengys Phillips yn ei waith mai ffolineb athronyddol fyddai rhestru rheolau, a champwaith hollol estron i athroniaeth fyddai dyrchafu rhyw foesoldeb absoliwt. Ond camgymeriad hollol estron i ysbryd a manylion ei ddadansoddiadau fyddai cyhuddo Phillips o fod yn rhyw fath o berthynolydd ('relativist'). Dengys yn amlwg sut mae gwaith Rorty a Derrida[17] yn arwain tuag at yr hyn mae ef bob amser am ei wrthwynebu, sef mai mater o berspectif yw'r gwirionedd, a mater o ymddangosiad yw daioni. Unig deyrngarwch athroniaeth yw i'r gwirionedd, fel y caiff ei ddatguddio ym manylion manwl a chywir y dadansoddiad, heb ragfarn a heb addasu'r dadansoddiad i ofynion rhyw ragdybiaeth neu dueddiad. Sut ydym i ddeall y rheidrwydd unigryw hwn sydd ynghlwm wrth benderfyniadau a gweithredoedd pwysicaf ein bywyd? Pa fodd y mynegwn y rheidrwydd hwn a sut mae eraill yn gallu deall ein pryderon, ein rhesymau a'n hymddiddan cyson am yr hyn sydd orau? Dim ond trwy fyfyrio ar batrymau gramadegol a rhesymegol ein mynegiant yr agosawn at ddealltwriaeth o'r ffyrdd mae'r moesol yn rhan anhepgor o adeiladwaith ein bywyd. Dyma'r hyn sy'n bwysig – y syllu ar y manylion helaeth, ar gyfoethogrwydd ein hiaith foesol, nid oherwydd ein bod am ddod i ryw gasgliad dethol, neu i danlinellu rhyw ddadl arbennig, ond i wneud yn eglur yr hyn a fynegir mewn rheidrwydd moesol.

Ymgais wahanol iawn yw hon i un R. M. Hare: cyfeiriais yn gynharach at astudiaethau Hare, a oedd am gadarnhau gwrthrychedd rheidrwydd moesol drwy apelio at reol debyg i un Kant – sef, *dim ond* gwneud yr hyn a fyddai gymeradwy a chanmoladwy yn achos unrhyw unigolyn yn yr un sefyllfa, bob amser, ym mha le bynnag yn y byd. Ond gwelsom mai rheol annelwig ac amwys yw hon, a bod yna anawsterau ynglŷn â'r 'un sefyllfa'. Cyfeiriais hefyd at ddadansoddiad Philippa Foot a'i chydnabyddiaeth o'r hyn sydd werthfawr yn ein bywyd. Ond ei bwriad hi oedd rhoi dyfarniad athronyddol ar y nodweddion hynny sy'n anhepgor i lwyddiant ein bywyd fel unigolion delfrydol o fewn cymdeithas foesol. Diffyg yr ymgais hwn oedd yr anghytundeb sylfaenol dros gynnwys yr hyn sy'n noddi ac yn goleuo bywyd moesol llwyddiannus. Ni cheir dim ond un syniad o lwyddiant moesol, ond pwy sydd i ddyfarnu rhwng y gwahanol ddelfrydau? Mae Foot am awgrymu fod rhyw lefel o gyd-ddeall ym mhob person ynglŷn â'r rhinweddau sy'n gwneud ein bywyd, nid yn unig yn bosibl ond sydd hefyd yn angenrheidiol ar gyfer ansawdd ac urddas ein bywyd. Darganfod niwed dynol a daioni dynol ('human harm and human good') – dyma swyddogaeth yr athronydd sydd am wneud gwaith pwysig ym maes moeseg gyfoes, sef arddel a dyrchafu yr hyn sydd werthfawr ac i'w amddiffyn rhag pob cleber sgeptigaidd. Yn ôl Foot, rhaid ein deffro i adnabod a chydnabod, i ddehongli a chymeradwyo ffordd o fyw sy'n foesol gyfoethog.

Canolog i'r ddamcaniaeth hon yw'r dybiaeth fod yna bosibilrwydd o gytundeb ynglŷn â'r hyn sy'n werthfawr a'r hyn yw'r daionus. Yn y pen draw, oherwydd ein bod yn unigolion gyda'r gallu i resymu, mae'n bosibl i ddod i gytundeb ynglŷn â'r hyn sydd yn wrthrychol dda. Ond fel y dengys Phillips yn *Philosophy's Cool Place*,[18] mae hyn yn estron i athroniaeth fyfyrdodol ('contemplative philosophy'). Pwysigrwydd elfennol y dadansoddiad athronyddol yw ei allu, nid i farnu rhwng ein penderfyniadau moesol, ond i ddatguddio ystyr mynegiant moesol. Nid oes i athroniaeth swyddogaeth goruwch y dadansoddiad ei hun. Dyma werth cynhenid yr ymchwilio a'r ymholi – mynd at gnewyllyn y broblem heb geisio cyfiawnhau, trwsio, nac addurno. Ei nodweddion yw, trylwyredd, cyflawnedd, parch at y manylion a'r mân wahaniaethau, a'r cyfan wedi ei oleuo gan syndod at y berthynas gywrain rhwng iaith a'r hyn sy'n bodoli yn y byd. Gall dadansoddiad athronyddol ddatguddio posibiliadau newydd a chymhleth, ond nid oes sicrwydd hyd yn oed o fewn ffiniau'r dadansoddiad y gallwn ddod o hyd i gytundeb. Nid fel barnwr y daw'r athronydd, ond yn hytrach fel ymholwr, nid fel crwydryn anwybodus ond fel ymchwiliwr medrus. Ni ddaw hyd yn oed fel gwerthfawrogwr[19] sydd am ddefnyddio'r dadansoddiad er mwyn ailystyried safbwynt moesol ei gymdeithas, ond yn hytrach fel unigolyn yn ceisio myfyrio ar gyfoeth ein syniadaeth.

Yn y bennod wych ar 'Cavell and the Limits of Acknowledgement' mae Phillips yn canolbwyntio ar bwnc sy'n hanfodol bwysig i'w syniad myfyrdodol o athroniaeth, sef arwyddocâd y posibilrwydd o gytundeb mewn barn ('agreement in judgement'). Mae Phillips yn derbyn fod Stanley Cavell yn gwir werthfawrogi'r hyn mae Wittgenstein am ddangos ynghylch ein ffyrdd o fyw ('forms of life') ynghyd â'r mathau o gytuno sydd ynghlwm wrth y fath ffurfiau. Derbyn hefyd fod Cavell am arddel fod mynegi gramadeg cysyniad yn apêl at gymdeithas: 'telling the grammar of a concept is an appeal to a community.'[20] Paham felly fod Phillips am ddadlau nad yw Cavell yn cyfranogi yn y syniad myfyrdodol o athroniaeth? Mae'n caniatáu fod Cavell yn arddel fod ein cytundeb mewn barn yn dangos ei hun yn ein hymatebion, yn y ffyrdd maent yn cydio yn ein bywyd ac yn cyfrannu i drefniad ffurfiau o fyw. Ond yna mae problem yn codi ynghylch anghytundeb barn. Dadleua Phillips mai un o nodweddion anhepgorol y syniad myfyrdodol o athroniaeth yw cydnabod presenoldeb gwahaniaethau ym myd y moesol, a'u cadw yn gwbl a chyflawn heb geisio ymyrryd arnynt, heb eu newid, na'u cwtogi i ryw ffug unoliaeth. Ond yng ngwaith

Cavell, mae yna groestyniad anochel rhwng cadw'r archwiliad yn ddiduedd a thrwyadl, a neilltuo'r canlyniadau hynny sy'n apelio i'r dychymyg, neu sy'n cyffroi ein hymdeimlad moesol. Felly cawn gyfeiriadaeth at benderfynu rhwng gwahaniaethau, at ailwerthuso diffuant, at hunanarchwiliad gofalus, ac at amddiffyniad trylwyr o'r hyn a gefnogaf. Mewn dadansoddiad cymhleth a thrylwyr, mae Phillips yn amddiffyn ei honiad fod Cavell yn arddel y syniad achubol o athroniaeth ('the redemptive conception of philosophy'), sy'n wahanol iawn i'r syniad myfyrdodol o athroniaeth. Mae Cavell am fynd y tu hwnt i Wittgenstein yn yr ystyr ei fod am fabwysiadu syniadau moesol: mae i athroniaeth swyddogaeth achubol yn y modd mae'n gallu ein rhyddhau o gulni neu ragfarn, a datod rhwymau dogmâu dinistriol.

Dyma wahaniaeth sylfaenol rhwng Cavell a Phillips – mae Phillips yn fodlon ar ddwndwr y gwahanol leisiau, tra bod Cavell am i un llais gael ei glywed uwch y lleill. Mae Phillips am roi i'r gwahaniaethau ystyriaeth ddiduedd, a'r parch sy'n deilwng iddynt ('the respect they demand') ond mae Cavell am fynd y tu hwnt i fyfyrdod, am fynd y tu hwnt i'r 'cool place'. Eithr fel y dengys Phillips, mae'r syniad myfyrdodol o athroniaeth, a gwrthsefyll neu dynnu'n ôl o'r fath 'fynd y tu hwnt', yn anwahanadwy. Dyma'r rheswm paham mae Phillips am ddadlau yn y bennod ar 'Nussbaum on Ethics and Morality'[21] fod y modd mae Nussbaum yn perchnogi llenyddiaeth i wasanaeth moeseg, yn anghyson â'r syniad myfyrdodol o athroniaeth. Pa mor fanwl bynnag ei darlleniad, pa mor greadigol bynnag ei defnydd o esiamplau, a pha mor ddilys bynnag ei dymuniad am oleuo drwy luniad y cymeriad o fewn adroddiad y stori, ei hamcan yw trefnu'r esiamplau, i gyfyngu gwahaniaethau, i briodoli, i addasu ac i feddiannu er mwyn consurio a chymeradwyo'r ffordd orau i fyw – yn ei thyb hi. Ond i Phillips 'what ...contemplation provides in relation to literature is not inspiration for living well, but a cool place for characters. It is in this cool place that the philosophical understanding of the possibility of discourse resides'.[22] Bob amser mae Phillips yn ymwybodol o gryfder y demtasiwn i fynd y tu hwnt i'r gwahaniaethau ac i geisio rhoi iddynt ryw unoliaeth ffug. Dyma paham yn y bennod olaf,[23] sy'n hunangofiannol mewn rhannau, mae am bwysleisio pwysigrwydd y syniad o 'beidio mynd i unlle' ('the importance of going nowhere'). 'It is in contemplating these possibilities [the possibilities exemplified in discourse itself] in wrestling with philosophical problems that we are engaged in the struggle to go nowhere'.24 Dyma fynegiant eglur, diffuant, unigryw sydd i'w werthfawrogi yn erbyn cefndir cynhyrchiad athronyddol cynhwysfawr a disglair. Yn erbyn y cefndir hwn yr ydym i ddeall y 'peidio mynd i unlle', yn erbyn cyfoeth ac ystod ei 'fyfyrdodau' yr ydym i ddehongli y 'peidio mynd i unlle'. I Phillips ei hun, yn drist iawn, fe fu diwedd i'w ymholi, i'w fyfyrio. Ond erys ei fyfyrdodau, testun myfyrdodau eraill, mewn lle gwahanol, amser gwahanol, ac yn destament parhaol i'r dymuniad dihafal am ddealltwriaeth.

1 Gweler *Principia Ethica* (1903) a *Ethics* (1912).

2 Gweler dadleuon J.S. Mill yn *Utilitarianism.*

3 Gweler *The Right and the Good* (1930).

4 Bertrand Russell ac Alfred North Whitehead, *Principia Mathematica.* Cyhoeddiad cyntaf yn1910 yr ail yn 1927 Bu ei waith yn y maes hwn yn ddylanwadol iawn arWittgenstein cyn iddo baratoi ei waith cyntaf, sef *Tractatus – Logico Philosophicus.*

5 Gweler ei ddadansoddiadau gwych yn ei *Logical Atomism* (1924).

6 Cyhoeddwyd in 1936.

7 R. L. Stevenson *Ethics and Language* (1945).

8 *Language of Morals* (1952) a *Freedom and Reason* (1963).

9 *VIrtues and Vices and other Essays in Moral Philosophy*, Oxford 1978.

10 Cyhoeddwyd y *Tractatus Logico Philosphicus* yn 1922.

11 *Philosophical Investigations* a gyhoeddwyd ar ôl marwolaeth Wittgensten.

12 Gweler paragraff 84 ymlaen yn y *Philosophical Investigations.*

13 Ibid, paragraff 126.

14 Gweler ei ddadansoddiadau yn *Moral Practices*, y llyfr a gyd-ysgrifennwyd gyda H. O. Mounce ac a gyhoeddwyd yn 1970. Hefyd, gweler trafodaeth bellach yn *Through a Darkening Glass* (1982) yn enwedig y traethodau ar 'Allegiance and Change in Morality' a 'Some Limits to Moral Endeavour'. Datblygir awgrymiadau diddorol a phwysig yn ei bapur 'What can we Expect from Ethics' yn *Interventions in Ethics*, 1992.

15 Cyhoeddwyd yn1999. Dyma gasgliad sy'n gyflwyniad cynhwysfawr i weledidad D. Z. Phillips o athroniaeth.

16 Gweler *Moral Questions* a gyhoeddwyd yn1999 lle mae Rhees yn trafod posibilrwydd tybiaethau cyffredinol moeseg.

17 Gweler y bennod 'Rorty's Lost Conversations' yn *Philosophy's Cool Place.*

18 Nid yw'n amlwg fod yna air da am 'cool' yn y Gymraeg. Nid yw 'oeraidd' fel petai yn taro'r un nodyn.

19 Dablygir y ddadl hon yn y bennod 'Cavell and the Limits of Acknowledgement'.

20 Ibid, t.97.

21 Ibid, t. 131 ymlaen.

22 Ibid, t.155.

23 'Trying to go Nowhere', t.157 ymlaen.

24 Ibid, t. 155.

Athroniaeth meddwl: tueddiadau a themâu diweddar

E. Jonathan Lowe

Yn ystod yr hanner-canrif diwethaf dylanwadwyd yn drwm ar athroniaeth meddwl – o leiaf ymysg yr athronwyr hynny sy'n hawlio perthynas â'r traddodiad 'analytig' – o ddau gyfeiriad cystadleuol. Y naill ddylanwad yw datblygiad gwyddor gwybod fel math arbennig o ymchwil empeiraidd sy'n croesi'r ffiniau rhwng seicoleg empeiraidd, niwrowyddoniaeth a gwyddor cyfrifiaduraeth. Y llall yw adfywiad metaffiseg oddi mewn i athroniaeth ei hun, i'w ddirnad fel ymchwil dan gyfarwyddyd y gwyddorau i strwythur sylfaenol dirwedd sy'n annibynnol ar y meddwl. Hybodd y dylanwadau hyn athronwyr meddwl i geisio rhoi cyfrif cyffredinol o ontoleg y meddwl a'i le mewn natur a fyddai, yr un pryd, yn rhoi eu lle i ddarganfyddiadau gwyddor gwybod ac yn cydlynu â chyfyngiadau metaffisegol o nodwedd sydd, ar y cyfan, yn naturyddol.

Yn yr arolwg dilynol bwriaf olwg dros rai o'r datblygiadau pwysicaf mewn athroniaeth meddwl yn ystod yr hanner can mlynedd diwethaf gan ganolbwyntio ar y themâu canlynol: problem corff a meddwl; natur cyflyrau meddyliol; y syniad o gynnwys meddyliol; nodweddion synwyriadau; damcaniaethau ynghylch canfod; problemau meddwl ac iaith; cwestiynau am resymoledd dynol a deallusrwydd gwneuthuredig; natur gweithrediant a phroblemau'n ymwneud ag hunaniaeth person a hunanwybodaeth.

1. Problem Corff–Meddwl

Er bod amrywiol ffurfiau ar athrawiaeth deuoliaeth corff a meddwl yn cael eu hadfywio ar hyn o bryd (Koons & Bealer goln 2010) erys rhagdyb o hyd ymysg y mwyafrif o athronwyr meddwl mai yn nhermau rhyw fath ar naturyddiaeth fonistaidd yn unig y mae amgyffred natur y meddwl a bod yn gyson yr un pryd â gwyddoniaeth empeiraidd gyfoes. Erbyn y pumdegau roedd athrawiaeth deuoliaeth corff-meddwl o dan gwmwl yn dilyn ymosodiad Gilbert Ryle arni yn ei gyfrol enwog *The Concept of Mind*, lle y difrïwyd hi ganddo fel dogma 'the ghost in the machine' (Ryle 1949). Roedd ei elyniaeth iddi yn yr un cywair ag eiddo Ludwig Wittgenstein (1958) yn ei waith mwyaf dylanwadol *Philosophical Investigations*, a gyhoeddwyd gyntaf yn 1953. Ni bu raid aros yn hir cyn i athronwyr gwyddonol eu bryd megis J. J. C. Smart a D. M. Armstrong (1968) gychwyn ar ddatblygu damcaniaeth uniaethedd meddwl ac ymennydd. Dalient hwy nad oedd cyflyrau meddyliol *yn ddim ond* cyflyrau a digwyddiadau a gymerai le yn strwythurau nerfol yr ymennydd. Cydnabyddent na ellid amgyffred yr uniaethiadau hyn yn *a priori*, trwy fyfyrio arnynt yn unig, eithr mynnent yn hytrach mai uniaethiadau amodol oeddynt, i'w darganfod yn unig trwy ymchwil empeiraidd wyddonol – yn debyg i fel y darganfu seryddwyr yr hen fyd fod Seren yr Hwyr yr un yn union â'r Seren Fore, y ddwy a adwaenir yn awr fel y blaned Fenws. Fodd bynnag, roedd y syniad hwn fod uniaethiadau o'r fath nid yn unig yn *a posteriori* ond hefyd yn *amodol*, i ddod wyneb yn wyneb ag anawsterau difrifol o ganlyniad i waith Saul Kripke yn y saithdegau cynnar, gan ymddangos yn ddiweddarach yn ei gyfrol *Naming and Necessity* (1980). Perswadiodd Kripke y gymuned athronyddol yn gyffredinol fod pob uniaethiad gwirioneddol yn *anorfod* wir, er bod llawer o'r gwirioneddau hynny yn gyfryw fel na ellid eu gwybod ond yn *a posteriori*. Un o'i esiamplau amlycaf oedd uniaethiad gwres ag egni cinetig cymedrig y molecwl; un arall oedd uniaethiad dŵr â H2O. Yn empeiraidd y darganfuwyd yr uniaethiadau 'gwyddonol' hyn ac eto mae iddynt statws gwirioneddau *anorfod* gan eu bod 'yn wir ymhob byd posibl'. Ymhellach, o berthynas i'r uniaethiadau meddwl-ymennydd rhagdybiedig gan ddamcaniaethwyr uniaethedd amodol – megis yr un tybiadol rhwng poen â thaniad ffibrau-C (math ar ffibrau nerfol a ysgogir pan brofir poen) – mynnodd Kripke na ellid yn gredadwy eu patrymu ar uniaethiadau gwyddonol megis yr un rhwng gwres ac egni cinetig cymedrig y molecwl. Arweiniodd hyn sawl naturyddwr ym maes athroniaeth meddwl i gefnu ar y syniad y gellid uniaethu *mathau* o gyflyrau meddyliol â *mathau* o gyflyrau ymenyddol, gan ddadlau yn hytrach mai cyflyrau meddyliol *penodol* yn unig a ellid eu huniaethu â chyflyrau ymenyddol *penodol* – 'damcaniaeth uniaethiad penodol-penodol', fel y'i gelwir. Ystyriaeth arall a arweiniai i'r un cyfeiriad oedd y syniad am 'weddau dichonadwy luosol'ar gyflyrau meddyliol, syniad a ffafriwyd gan athronwyr megis Hilary Putnam (1975). Hwn yw'r syniad y gall fod poen *bod dynol* yr un o ran ansawdd â phoen *octopus* ac eto fod iddo sail niwronaidd dra gwahanol yn y ddau ryw gan beri ei bod yn amhosibl i uniaethu poen fel *math* ar gyflwr meddyliol gydag unrhyw *fath* arbennig o gyflwr niwral.

Gyda heriadau o'r fath yn codi i ddamcaniaethau uniaethedd meddwl-ymennydd, dechreuodd athronwyr naturyddol sylweddoli bod angen arnynt am resymau newydd a chryfach i gynnal eu safle ac na allent fodloni bellach ar apelio'n optimistaidd at gynnydd gwyddoniaeth. Safbwynt a ddechreuodd ennill tir yn yr wythdegau yw hwnnw yr arferir cyfeirio ato'n awr fel 'dadl cload achosaeth' (Kim 1998). Yr hyn a hawlir yma yw fod gennym reswm gwyddonol da dros dybio fod i bob digwyddiad corfforol o'm heiddo – fel, er enghraifft, codiad fy mraich pan ddewisaf ei chodi – achos corfforol digonol ar ffurf rhyw set o ddigwyddiadau nerfol yn fy ymennydd. A bwrw ein bod yn ychwanegu'r honiad tebygol nad yw digwyddiadau, yn gyffredinol, yn cael eu gorachosi – mewn geiriau eraill, nad yw'n gyffredinol wir, pan fo i ddigwyddiad o'r fath un achos digonol, fod iddo hefyd achos digonol *arall* cwbl ar wahân – ymddengys y dilyn o hynny fod unrhyw achos *meddyliol* i'r fath ddigwyddiad o reidrwydd yn un â rhyw achos corfforol ohono: fel bod, er enghraifft, fy *newis* i godi fy mraich o reidrwydd yn un â rhai digwyddiadau niwral yn fy ymennydd a achosodd fy mraich i godi. Ymddangosai y gadawai'r ymresymiad hwn y deuolydd gyda fawr ddim dewis ond cydnabod mai *epiffenomenaidd* yw digwyddiadau meddyliol – hynny yw, mai effeithiau digwyddiadau corfforol ydynt, nid *achosion* digamsyniol. Datblygwyd ymresymiad beth yn gyffelyb gan Donald Davidson (1970), i'r perwyl na all un digwyddiad achosi un arall ond yn rhinwedd y ffaith eu bod yn enghreifftio rhyw *ddeddf* achosol lem – gyda deddf 'lem' yn un heb iddi eithriadau. Daliai Davidson nad oes deddfau *seicogorfforol* llym ac, o ganlyniad, na allai digwyddiad meddyliol achosi un corfforol ond yn unig ar y dyb fod y digwyddiad meddyliol dan sylw yn gymwys i'w gyfrif hefyd fel digwyddiad corfforol a achosai ei effaith yn unol â rhyw ddeddf achosol *gorfforol* lem. Ystyriai ef yr ymresymiad hwn fel un cefnogol yn unig i ddamcaniaeth uniaethedd meddwl-ymennydd 'penodol-penodol', yn wrthwyneb i'r ffurf 'math-math', gan enwi ei fersiwn ef ei hun o'r safbwynt hwn yn 'fonistiaeth afreolaidd'. Eithr, er gwaethaf dylanwad Davidson ac apêl eang dadl cload achosaeth, mae deuolwyr yn ddiweddar wedi cychwyn brwydro'n ôl trwy gwestiynu egwyddor cload achosaeth ei hun (fod i bob effaith gorfforol ei achos corfforol digonol) a'r rhagdybiaeth fod gorachosi i'w ystyried yn eithriad yn hytrach nag yn arferol lle bo achosaeth seicogorfforol yn y fantol.

2. Natur cyflyrau meddyliol

Amrywia cyflyrau meddyliol yn fawr ond un dosbarthiad pwysig arnynt yw hwnnw a adwaenir fel *agweddau gosodiadol* – cyflyrau megis credau a dymuniadau. Disgrifiwn gyflyrau o'r fath yn nhermau 'agwedd' goddrych tuag at fath neilltuol o osodiad, fel pan ddywedwn fod Siôn yn credu ei bod yn glawio: yma y goddrych yw Siôn, yr agwedd yw *cred* a'r gosodiad yw *mae'n glawio*. Ymosododd Ryle a Wittgenstein ar y syniad mai ffynhonnell wreiddiol ein gwybodaeth am agweddau o'r fath yw *mewnsylliad* ac arweiniodd hyn y ddau ohonynt i gyfeiriad disgrifiadau ymddygiadol ohonynt. Yn ôl ymddygiadaeth, a gefnogwyd dros hir amser gan seicolegwyr fel J. B. Watson (1958) a B. F. Skinner (1953), ni ddylid synio am gredau a dymuniadau fel cyflyrau meddyliol mewnsylliadol ond yn unig fel tueddiadau i ymddwyn mewn amrywiol ddulliau nodweddiadol. Felly, er enghraifft, gellid awgrymu efallai nad oes i gred Siôn ei bod yn glawio ddim rhagor na'r ffaith ei fod yn dueddol o ymddwyn mewn dulliau glaw-berthnasol arbennig fel ymestyn am ei ymbarél wrth groesi trothwy'r tŷ neu wisgo esgidiau dal glaw. Datgelwyd diffygion ymddygiadaeth ym maes *iaith* ddynol gan Noam Chomsky (1959) mewn adolygiad dylanwadol ar lyfr gan Skinner (1957). Tua'r un adeg hefyd ymosododd athronwyr meddwl megis Putnam ar y syniad y gall dehongliad ymddygiadol o gred a dymuniad ddisodli'r safbwynt eu bod yn gyflyrau mewnol real. Y pwynt creiddiol yma yw fod meddu ar gred arbennig yn tueddu person i ymddwyn mewn dull neilltuol yn amodol yn unig ar y ffaith fod y person dan sylw yn meddu hefyd ar *ddymuniad* sy'n berthnasol gymwys. Er enghraifft, ni ellir disgwyl i Siôn – sy'n credu ei bod yn glawio – wisgo ei esgidiau dal dŵr onid yw'n dymuno cadw ei draed yn sych. Arweiniwyd athronwyr meddwl gan y math hwn o ystyriaeth i gefnu ar unrhyw ffurf syml ar ymddygiadaeth ynghylch cyflyrau meddyliol a throi i gyfeiriad mwy soffistigedig *ffwythiannaeth*.

Yn ôl ffwythiannaeth gellir nodi cyflwr meddyliol yn gyfan gwbl yn nhermau ei *swyddogaeth* achosol neu 'ffwythiannol' – hynny yw, ei swyddogaeth nodweddiadol o achosi, ynghyd â chyflyrau meddyliol eraill a berthyn i'r un goddrych, ymddygiad corfforol o fath neilltuol mewn amgylchiadau arbennig ac, yn ogystal, o effeithio ar gyflyrau meddyliol eraill yr un goddrych. Er enghraifft, swyddogaeth ffwythiannol poen yw, *inter alia*, achosi'r goddrych i gredu fod rhywbeth yn niweidio'r corff, dymuno lleihau'r niwed hwnnw a thrwy hynny achosi ymddygiad amddiffynnol cymwys. Yn achos cyflwr agwedd osodiadol, megis cred Siôn ei bod yn glawio, caiff ei hachosi'n nodweddiadol gan rai o'i brofiadau canfodol yn cydweithredu â rhai o'i ddymuniadau ar y pryd, felly yn achosi mathau ar ymddygiad sy'n debygol o fodloni'r dymuniadau hynny – ymddygiad fel agor ei ymbarél, a bwrw ei fod yn dymuno cadw'n sych. Deil ffwythianwyr fod eu disgrifiad o gyflyrau meddyliol yn yr un cywair â 'seicoleg gwerin' – hynny yw, ein syniadau bob dydd ni am gyflyrau o'r fath a'r modd y defnyddiwn nhw i ddarogan ac esbonio ymddygiad pobl (er bod peth anghytuno ynglŷn â sut y gwnawn hynny: ai yn nhermau rhyw ddamcaniaeth ymhlyg ynghylch cyflyrau felly ynteu yn hytrach, trwy gyfrwng 'efelychiad' empathig o'u sefyllfa, hynny yw, trwy ddychmygu 'gosod ni'n hunain yn eu lle nhw'). Mynnant hefyd fod eu ffwythiannaeth yn gyson â safbwynt gwyddor gwybod gyfoes ynghylch ymddygiad dynol deallus ac, yn fwy penodol, â'r hyn a adwaenir yn fras fel y model 'cyfrifiadurol' o'r meddwl dynol – model a wêl gyfatebiaeth gref rhwng y gwahaniaeth meddwl-ymennydd a'r gwahaniaeth, yng ngwyddor cyfrifiadureg, rhwng 'meddalwedd' a 'chaledwedd'. Ar sail y model hwn, gellir ystyried yr ymennydd fel math ar gyfrifiadur biolegol sy'n prosesu gwybodaeth am amgylchedd a chyflwr corfforol person, yn debyg i'r ffordd y mae cyfrifiadur electronig digidol, wedi ei raglennu'n briodol, yn medru prosesu gwybodaeth o amrywiol fathau.

Un wedd gyffredinol a pharhaol ar anfodlonrwydd ynghylch ffwythiannaeth yw ei methiant ymddangosiadol i roi cyfrif am ein hymwybod ac ansoddau rhai cyflyrau meddyliol – eu *'qualia'* (cwalia) fel y'u gelwir – megis surflas nodweddiadol lemwn pan flaswn ef neu gochni llachar machlud pan y'i gwelwn. Gwrthddadl ddylanwadol yn y cyswllt hwn yw *dadl y sbectrwm gwrthdroëdig* sy'n dal na fyddai gwahaniaeth rhwng swyddogaeth ffwythiannol fy nghanfyddiad gweledol *i* o fachlud coch, a swyddogaeth ffwythiannol eich canfyddiad gweledol *chwi* o fachlud coch, pe byddai, dyweder, fy mhrofiad *i* o gochni yn debyg o ran ansawdd i'ch profiad *chwi* o wyrddni, ac i'r gwrthwyneb. A bwrw mai fel hyn y mae, ymddengys fod ffwythiannaeth yn anghywir wrth hawlio y gellir esbonio'n llwyr gymeriad pob digwyddiad meddyliol wrth nodi ei swyddogaeth ffwythiannol. Yn wir, ac yn fwy paradocsaidd fyth, ymddengys fod ffwythiannaeth yn gyson â'r posibilrwydd o fodolaeth unigolyn o *'zombie'* yn meddu ar gyflyrau mewnol sy'n *ffwythiannol anwahanadwy* oddi wrth gyflyrau unigolyn ymwybodol, ac eto heb fod ganddo gwalia o gwbl. A defnyddio ymadrodd enwog Thomas Nagel (1974) ni fyddai yna 'something it is like' i *fod* yn unigolyn o'r fath, fel nad oes inni chwaith unrhyw fodd o wybod beth yw hi i fod yn garreg. Eto yn ôl ffwythiannaeth byddai'r unigolyn sombïaidd hwn yn oddrych cyflyrau meddyliol; yn gymaint felly'n wir ag yw goddrychau ymwybodol. Ystyrir yr ymhlygiad hwn gan rai athronwyr fel un sy'n cefnogi safbwynt *ddeuol* ynghylch cyflyrau meddyliol, o leiaf cyn belled â bod y rheiny yn cynnwys cwalia. Dewis athronwyr eraill, fodd bynnag, yw ymosod ar yr union syniad o gwalia, weithiau ar gorn y math ar resymau y gallai Ryle a Wittgenstein fod wedi eu cymeradwyo. Cawn eithafbwynt y duedd hon yng ngweithiau'r materolwyr dileol (Churchland 1981) sy'n mynd mor bell, hyd yn oed, â gwadu dirwedd cyflyrau agweddau gosodiadol megis credau a dymuniadau, gan ddal ei bod yn rhaid disodli yn hytrach na rhoi lle i'seicoleg gwerin', a hynny trwy hybu cynnydd niwrowyddoniaeth. Fodd bynnag, yng ngolwg y mwyafrif o athronwyr, go brin fod y fath safbwynt yn gydlynol, gan mor ddwfn-wreiddiedig yw ein siarad am gyflyrau meddyliol o'r fath yn ein disgrifiadau ohonom ni'n hunain ac eraill (Baker 1987).

3. Cynnwys meddyliol

I'r athronwyr hynny sy'n derbyn fod cyflyrau agweddau gosodiadol yn rhai dirweddol, pwnc pwysig ar hyn o bryd yw'r gwahaniaeth rhwng cysyniadau *allanol* a *mewnol* am *gynnwys* gosodiadol cyflyrau o'r fath (McGinn 1989). Deil allanolwyr fod cynnwys cyflwr meddyliol yn *ymunigoledig* gan amodau amgylcheddol tu allan i'w oddrych, tra deil mewnolwyr fod cynnwys o'r fath wedi ei bennu, neu 'yn dilyn ar', amgylchiadau oddi mewn i feddwl neu ymennydd y goddrych. Y ffordd rwyddaf i ddangos hyn yw trwy gyfrwng arbrawf-syniadol enwog Putnam, 'Twin Earth' (y Ddaer-efaill) – sef yw honno, planed ddychmygol sy'n union yr un fath â'r ddaear, ar wahân i'r ffaith bod ei moroedd a'i hafonydd yn cynnwys sylwedd sy'n meddu ar holl briodoleddau canfyddadwy dŵr ond gyda fformiwla gemegol pur wahanol yn sail iddo (UWY, dyweder, yn hytrach na H2O). Dywedai'r allanolwr: a bwrw bod Siôn, yma ar y ddaear, yn credu *bod dŵr yn llenwi'r gwydryn sydd o'i flaen*, yna (oherwydd bod dŵr Daear yn *sylwedd gwahanol* i'r sylwedd cyfatebol ar y Ddaer-efaill) mae gan gyfatebydd Siôn ar y Ddaer-efaill gred ag iddi *gynnwys gwahanol* i gred Siôn, er y mynegai'r ddau eu credau gan ddweud 'Mae dŵr yn llenwi'r gwydryn sydd o'm blaen'. Yn wrthgyferbyniol, daliai'r mewnolydd, cyhyd â bod y cyflwr ymenyddol sy'n sylweddu cred Siôn yn union yr un ag eiddo ei gyfatebydd ar y Ddaer-efaill, y mae i gredau'r ddau *yr un* cynnwys. Deil rhai athronwyr, fodd bynnag, fod i gyflyrau agweddau gosodiadol ddau fath gwahanol o gynnwys – cynnwys 'eang', cyfatebol i'r dull allanolyddol o bennu cynnwys, ond hefyd cynnwys 'cul', cyfatebol i'r dull mewnolyddol. Pa mor dywyll bynnag yr ymddengys y pwnc hwn mae'n arwain i wahaniaethau o bwys pan yw athronwyr yn damcaniaethu ynghylch ystyr ieithyddol a hunanwybod.

Cwestiwn mwy pellgyrhaeddol ynghylch cynnwys meddyliol yw, a allwn roi, ac os felly sut, esboniad *naturyddol* (hynny yw, un cwbl wyddonol) o sut y gall cyflyrau meddyliol feddu'r fath gynnwys – neu, yn fwy penodol, sut y gall cyflyrau meddyliol *gynrychioli* y byd yn fyd mewn rhyw gyflwr neu'i gilydd, fel pan yw cred Siôn ei bod yn glawio, yn cynrychioli'r byd sy'n cynnwys glaw yng nghyffiniau Siôn. Ym myd natur ceir esiamplau syml ddigon o gynrychioli: er enghraifft, y patrwm cylchau a welir mewn croestoriad o gyff coeden, sy'n cynrychioli oedran y pren. Dyma, yn eglur, esboniad *achosol*. Cynrychiola 50 modrwy y cyff oedran o 50 mlynedd i'r goeden am y rheswm syml fod pob tymor newydd o dyfiant ym mywyd y goeden yn cynhyrchu cylch newydd. Felly hefyd gallai fod yn demtasiwn i ddweud fod cred Siôn yn gred ag iddi'r cynnwys *mae'n glawio* am y rheswm syml mai yr hyn a achosodd iddo ei derbyn oedd *y ffaith ei bod yn glawio*, naill ai oherwydd iddo ef ei hun ganfod y glaw neu oherwydd rhywun arall a dorrodd y newydd iddo. Fodd bynnag, anodd gweld sut y gallai'r fath esboniad gyfrif am gynnwys credau *gau*, gan na all ffaith anfodol achosi unrhyw beth. Anhawster arall gyda'r fath esboniad achosol syml o gynnwys meddyliol yw na all esbonio pam mai rhai achosion yn unig, yn hytrach nag eraill, a ddichon bennu cynnwys o'r fath. Tybier, er enghraifft, fod Siôn yn credu *mae yna dderyn yn hedfan uwchben*, a'n bod ni'n ceisio esbonio cynnwys y gred hon trwy ddweud iddi gael ei hachosi gan bresenoldeb deryn yn hedfan uwchben, deryn a ganfuwyd gan Siôn. A ninnau'n derbyn mai presenoldeb deryn yn hedfan uwchben a achosodd gred Siôn, yr aflwydd yw iddo wneud hynny yn anuniongyrchol yn unig gan achosi, ymysg pethau eraill, bresenoldeb delwedd o dderyn ar rwyden llygad Siôn a hynny'n achosi, yn ei dro, ei gred. Pam, felly, mai'r unig beth a gred Siôn yw *fod deryn yn hedfan uwchben*, nid *fod delwedd o dderyn ar rwyden ei lygad*, a hithau'n ddealladwy fod y *ddwy* ffaith yn rhwym wrth achosi ei gred ar yr achlysur?

Tybia rhai athronwyr fod modd osgoi problemau o'r math hwn, cysylltiedig ag unrhyw esboniad achosol syml o gynnwys meddyliol, trwy symud i gyfeiriad esboniad *teleolegol* o'r cyfryw gynnwys, esboniad tebyg i'r un a amlygwyd yng ngwaith Ruth Millikan (1984). Apelia'r math hwn o esboniad nid yn unig at ystyriaethau achosol ond at rai *esblygiadol* hefyd. Yn fras iawn, y syniad yw fod trefnau canfodol a chredluniol yr hil ddynol wedi esblygu er mwyn ein gwneud yn ymwybodol o bresenoldeb rhai mathau o wrthrychau a sefyllfaoedd yn ein hamgylchfyd y medrwn wedyn ymateb yn briodol iddynt. Felly, er enghraifft, esblygodd y drefn weledol ddynol er mwyn ein deffro i bresenoldeb rhai ffynonellau dichonadwy o fwyd neu berygl – *nid* i'n hysbysu am weddau ar weithgareddau y trefnau hyn eu hunain, megis delweddau'n ffurfio ar rwyden y llygad. O ganlyniad, stimwli 'o bell' yn unig, megis deryn yn hedfan uwchben – nid stimwli 'agos', megis delweddau rhwydennol – sy'n achosi'r pennu ar gynnwys y canfyddiadau a'r credau a luniwn ym mhresenoldeb y stimwli hynny. Esboniai hynny hefyd y posibilrwydd o fodolaeth gaugredau, neu yn fwy cyffredinol o 'gamgynrychioli' meddyliol. Gall y dull teleolegol o ddod i'r afael â'r pwnc hwn gynnwys yn rhwydd y syniad y medr math neilltuol o drefn fiolegol 'gamweithio', fel yn achos calon nad yw'n curo fel y dylai er mwyn cyflawni'r swyddogaeth gorfforol y dewiswyd organ o'r fath i'w chyflawni gan rymusterau esgblygiadol. Gellir yn hawdd, felly, briodoli camgynrychioli meddyliol i ryw fath o gamweithio o du mecanweithiau trefn ganfodol a/neu gredluniol rhyw berson neu'i gilydd.

4. Nodweddion synwyriadau

Soniwyd yn gynharach am ansoddau rhai cyflyrau meddyliol yr ydym yn ymwybodol o'u profi – eu cwalia, fel y'u gelwir (unigol, 'cwâl'). Dyma ddwyn i gof yr hyn a elwid gan rai o athronwyr hanner cyntaf yr ugeinfed ganrif yn 'synwyrebau' ('sense-data'). Syniwyd amdanynt fel gwrthrychau *uniongyrchol* profiad synwyriadol – gwrthrychau meddyliol mewnol yr ydym yn uniongyrchol ymwybodol ohonynt pryd bynnag y canfyddwn unrhyw beth yn ein hamgylchfyd neu y tu mewn i'n cyrff ein hunain. Fe'u cyfrifid hefyd fel gwrthrychau hanfodol *breifat*, yn yr ystyr na allai dau oddrych gwahanol fod yn uniongyrchol ymwybodol o'r un synwyrebau. Y brif ddadl drostynt oedd honno a apeliai at fodolaeth lledrithiau. Dyma un ffurf arni. A bwrw fy mod yn agored i rith synwyriadol – pan fo darn arian crwn yn ymddangos yn hirgrwn neu eliptig imi, oherwydd ei fod yn gwyro ar ongl – rwy'n ymwybodol o rywbeth sy'n gwirioneddol *feddu ar* yr ansawdd rithiol dan sylw: er enghraifft, rwy'n ymwybodol o rywbeth *sy'n* higrwn. Eithr gan na all hwn fod y peth a *ymddengys* yn unig fel rhywbeth hirgrwn – y darn arian – rhaid ei fod yn rhywbeth arall. Felly, yn yr achos hwn, gwelaf y darn arian ond rwyf hefyd yn ymwybodol o rywbeth arall: rhywbeth nad oes ond myfi fy hun yn uniongyrchol ymwybodol ohono. Dyma yw synhwyreb. Ond gan fod elfen o *barhad* rhwng achos rhithiol o'r fath ac achos o wir ganfod, gyda'r darn arian yn ymddangos yn grwn, rhaid ei bod yn wir hyd yn oed yn yr achos olaf hwn fy mod nid yn unig yn gweld y darn arian eithr fy mod hefyd yn ymwybodol o synhwyreb – yn yr achos hwn, synhwyreb *gron*. O ganlyniad, ni allaf fyth weld gwrthrychau allanol megis darnau arian ond yn unig trwy ddod yn ymwybodol o'r synwyrebau a achosant imi eu cael. Mae hyn yn wir am fy synhwyrau yn gyffredinol; perthyn i bob un ohonynt eu mathau nodweddiadol o synwyrebau – cyffyrddol, gweledol, archwaethol, arogleuol, ac ati. Yr un modd, tybir bod synwyrebau penodol i brofiadau o boen, gwres, pwysedd, symudiad a chyflyrau corfforol eraill o'r fath.

Erbyn y chwedegau roedd y ddamcaniaeth synhwyreb yn prysur golli tir dan bwysau gwaith athronwyr megis Ryle, Wittgenstein ac, yn neilltuol, J. L. Austin (1962), er bod iddi rai cefnogwyr o bwys am gryn amser wedi hynny, megis Frank Jackson (1977). Sut bynnag, goroesodd un wedd bwysig ar y ddamcaniaeth, hynny ar ffurf y syniad o gwalia, i'w hamgyffred fel ansoddau profiad ymwybyddol, adnabyddadwy trwy fewnsylliad, a allai, mewn egwyddor, wahaniaethu yn ôl gwahanol bersonau ac yn yr ystyr hynny fod yn 'breifat' iddynt. Sylwer, fodd bynnag, yr amgyffredir cwalia fel *nodweddion* profiadau, tra meddylir am synwyrebau fel *gwrthrychau* meddyliol ymwybyddiaeth. Cystadleuydd cwbl fwriadol i'r ddamcaniaeth synhwyreb oedd un a adwaenid fel *adferfolaeth* ('adverbialism'). Dechreuodd ddod i'r wyneb yn y chwedegau trwy ysbrydoliaeth gwaith Roderick Chisholm (1957) yn bennaf. Yn ôl adferfolaeth, yn hytrach na dweud fy mod yn ymwybodol o synhwyreb hirgron pan yw'r darn arian crwn yn ymddangos yn hirgrwn i mi, yr hyn a ddylwn ei ddweud mewn amgylchiadau o'r fath yw yr *ymddangosir i mi yn eliptaidd gan* y darn arian. Trwy ddefnyddio'r adferf 'yn eliptaidd' fel hyn honnir mai diangen, yn yr achos hwn, yw disgrifio unrhyw wrthrych fel un eliptaidd, a golyga hynny danseilio'r ddamcaniaeth synhwyreb. Eithr cyhuddodd Jackson adferfolaeth o fethu ag ymdopi ag achosion mwy cymhleth lle medrai'r damcaniaethwr synhwyreb ddweud, er enghraifft, ei fod yn ymwybodol o synhwyreb gron, goch, ochr yn ochr ag un werdd, sgwâr. Yma nid ymddengys y gellir bodloni ar ddweud rhywbeth fel 'ymddangosir i mi yn goch ac yn grwn, yn ochr yn ochrog i yn wyrdd ac yn sgwâr', sydd, go brin, hyd yn oed yn ystyrlon.

Yn fwy diweddar ceir rhai athronwyr sy'n mynnu nad oes angen troi o gwbl at na synwyrebau, cwalia na hyd yn oed adferfolaeth er mwyn disgrifio synwyriadau yn foddhaol. I'r graddau y mae unrhyw gyflwr meddyliol yn meddu ar gymeriad y gellir dod yn ymwybodol ohono deil yr athronwyr hyn y gellir nodi'r cymeriad hwnnw'n benodol yn nhermau'r modd y mae'r cyflwr yn cynrychioli amgylchfyd neu gorff ei feddiannydd, o berthynas i rai pethau (Tye 1995). O'r safbwynt hwn, ystyrir hyd yn oed synwyriadau corfforol megis poen fel cyflyrau cynrychioladol pur, cyn belled â bod eu cymeriad ymwybyddol yn y fantol. Cynrychiola poenau, er enghraifft, rhyw ran o gorff goddrych fel rhan a niweidiwyd mewn rhyw fodd. Os gwir hyn, yna gall fod o gymorth i esbonio pam yr ymddengys y rhan fwyaf o synwyriadau corfforol y sawl a'u medd fod wedi eu lleoli mewn rhannau adnabyddadwy o'r corff – er enghraifft, poen leoledig mewn dant neu fawd troed. Yn y mwyafrif o achosion, y rhan gorfforol dan sylw a fyddai'r rhan sy'n dioddef o ryw niwed, ond yn achos poen 'ddargyfeiriedig' byddai, mewn gwirionedd, yn rhyw ran arall. Mynnai gwrthwynebwyr y safbwynt cynrychioladol hwn, fodd bynnag, ei fod yn methu â dod i'r afael â *ffenomenoleg* cwbl arbennig cyflyrau synwyriadol – hynny yw, a throi at Nagel, 'beth yn union yw hi' i fod yn oddrych cyflyrau o'r fath.

5. Damcaniaethau Canfod

O'r chwedegau hyd at yn bur ddiweddar, derbyniwyd rhyw fath ar ddamcaniaeth ganfod *achosol* gan y mwyafrif o athronwyr meddwl, yn rhannol ysbrydoledig gan erthygl bwysig ar y pwnc gan H. P. Grice (1961). Ffurf ar ddamcaniaeth felly yw'r ddamcaniaeth synhwyreb a ddisgrifiwyd eisoes ond mae'n gwbl bosibl i gefnogi damcaniaeth ganfod achosol heb dderbyn bodolaeth synwyrebau. Yn sylfaenol, deil y ddamcaniaeth achosol fod goddrych, G, yn canfod gwrthrych allanol, A, yn unig pan yw G yn cael profiad canfyddiadol sydd (1) yn gymwys ei gynnwys a (2) wedi ei achosi'n briodol gan A. Bydd cynnwys profiad yn 'gymwys' yn unig pan yw'n cynrychioli, a bwrw y gwneir hynny yn amherffaith hyd yn oed, un neu ragor o nodweddion gwirioneddol A. Er enghraifft, pe digwyddai i lestr crwn, coch, achosi ynof brofiad gweledol a gynrychiolai'r gwrthrych o'm blaen fel un o farch gwyn ar garlam, ni ellid ar unrhyw gyfrif ddweud amdanaf fy mod yn *canfod* y llestr dan sylw yn rhinwedd y ffaith ei fod yn achosi imi gael y profiad hwn. Eithr yn ôl damcaniaethwyr achosol, mae hefyd yn bwysig fod profiadau canfyddiadol yn cael eu hachosi *mewn modd priodol* gan y gwrthrychau a ganfyddwn felly. Er enghraifft, a bwrw bod niwrowyddonydd wedi cysylltu canolfannau gweledol fy ymennydd â dyfais a ddyry imi brofiad gweledol sydd fel un o weld llestr crwn, coch, pa bryd bynnag y troir swits neilltuol ymlaen, a bod llestr crwn, coch, yn digwydd cwympo ar y swits honno a'i throi ymlaen gan achosi imi felly gael profiad o'r fath, byddai'n anghywir i mi ddweud fy mod, ar gorn hynny, yn *gweld* y llestr. Yma, dywedir am y gadwyn achosol rhwng y gwrthrych dan sylw a'r profiad a achosir ei bod yn wyrdröedig – er nad yw nodi'n fanwl beth sydd i'w gyfrif yn 'wyrdröedig' yn yr ystyr hwn yn fater hawdd.

Mewn blynyddoedd diweddarach gwelwyd ymosod cynyddol ar y ddamcaniaeth achosol o du cefnogwyr safbwynt cystadleuol a elwir 'eilediadedd' ('disjunctivism') a ddatblygwyd gyntaf yn y saithdegau gan J. M. Hinton (1973). I ddeall y cymhelliad wrth wraidd eilediadedd rhaid gwerthfawrogi'n gyntaf beth yw cymhelliad cyffredinol cefnogwyr y ddamcaniaeth achosol, sef yw hynny, eu dymuniad i esbonio'r gwahaniaeth rhwng enghreifftiau o ganfod gwirioneddol ar y naill law ac, ar y llaw arall, esiamplau o gamganfyddiad neu o rithwelediad llwyr. Beth yw'r gwahaniaeth rhwng fy mod *yn gweld* llestr crwn, coch, a'm bod yng ngafael *rhithbrofiad* o fod fel pe'n gweld llestr o'r union fath? Rhagdybia'r damcaniaethwyr achosol bod fy *mhrofiad*, yn y ddau achos fel ei gilydd, yr un profiad yn union, fel bod y gwahaniaeth rhwng y ddwy sefyllfa yn codi yn unig o ryw *berthynas* rhwng y profiad a gwrthrychau allanol. Ni ellir seilio'r gwahaniaeth, fodd bynnag, yn syml ar y ffaith y bodola, yn y naill achos, lestr crwn, coch, o'm blaen, tra nad oes, yn yr ail achos (y rhithbrofiad) y fath lestr yn bodoli o gwbl. Goblygai hynny y gallem drawsnewid rhithweledìad i ganfyddiad cywir wrth osod gwrthrych cymwys o flaen y rhithbrofiadydd. Deil y damcaniaethwr achosol, yn hytrach, fod y gwahaniaeth perthnasol, o raid, i'w weld yn y ffaith fod, mewn canfyddiad cywir, y gwrthrych dan sylw yn *achosi* profiad gweledol y goddrych tra, ar y llaw arall, mewn rhithweledìad, gorwedd achos y profiad hwnnw yn gyfan gwbl oddi mewn i ymennydd y goddrych. Ymesyd yr eilediadydd, fodd bynnag, ar ragdybiad allweddol y damcaniaethwr achosol, sef, fod y goddrych mewn canfyddiad cywir yn cael profiad sydd *yr un yn union* â'r math ar brofiad a geir gan oddrych a *ymddengys* fel pe bai yn canfod yn union yr hyn a ganfyddir gan y canfyddwr cywir. Cydnebydd yr eilediadydd, bid siŵr, fod profiad y rhithweledwr yn un na all ef ei hun, trwy fewnsylliad, wahaniaethu rhyngddo a phrofiad cywir, ond ymwrthyd â'r honiad y goblyga hyn fod *yr un math ar brofiad* yn digwydd yn achos y rhithweledwr a'r gweledydd cywir fel ei gilydd. Y cyfan y gall y rhithweledwr hawlio ei ddweud yw ei fod *naill ai* yn gwirioneddol weld y gwrthrych peth a'r peth *neu* ei fod yn ei rithweld. Y 'naill ai / neu' hwn yw'r eilediad a rydd i eilediadedd ei enw. Y goblygiad tybiedig yw nad oes i ganfyddiad cywir, a rhithweledìad nad yw yn oddrychol wahanol, ddim *mwy* yn gyffredin iddynt na'r union anwahaniaethrwydd goddrychol hwn. Yn ei dro, mynnir bod hyn yn tanseilio honiad y ddamcaniaeth achosol mai'r hyn sy'n gyffredin iddynt yw *math neilltuol o brofiad* a'u bod felly yn gwahaniaethu yn unig yn rhinwedd *achosion* y profiad hwnnw. Pen draw hyn oll yw yr hawlir bod eilediadedd yn gydnaws â damcaniaeth realaeth naïf neu uniongyrchol, gwahanol i ddamcaniaeth achosol. At hynny, mynnir yn aml fod hyn yn rhoi i eilediadedd fanteision *epistemolegol* pendant dros y ddamcaniaeth achosol ar sail y ffaith ei bod yn culhau yn arwyddocaol ystod sceptigiaeth ym maes canfod. Fodd bynnag, nid yw'n syndod yn y byd fod damcaniaethwyr achosol yn herio honiadau'r eilediadwyr yn gadarn ac ymddengys y pery'r gwrthdaro hwn am gryn amser eto (Haddock & Macpherson goln 2008).

6. Iaith a meddwl

Eisoes bu cryn gyfeirio at gynrychioli meddyliol yng nghyd-destun y trafodaethau blaenorol ar gynnwys canfod a chredau ond erys un mater o bwys arbennig sef y cwestiwn ynghylch pa *ffurf* neu *fodd* ar gynrychiolaeth a ddefnyddia ein meddyliau i gynrychioli'r byd inni. Yn aml, rhennir ffurfiau ar gynrychioli i ddau ddosbarth eang gan athronwyr a gwyddonwyr gwybod: cynrychioliadau *digidol* a chynrychioliadau *cydweddol*. Esiampl o gynrychioliad digidol a fyddai patrwm cylchau yng nghyff coeden. Esiampl o gynrychioliad cydweddol a fyddai map o ddarn o dir. Eithr mae un gwahaniaeth allweddol: bydd unrhyw ran fechan o'r map yn cynrychioli rhan fechan o'r tir, tra na ellir dweud yr un peth am y patrwm cylchau (er enghraifft, nid yw, dyweder, yr hanner patrwm sydd ar y chwith yn cynrychioli *rhan* o oedran y goeden). O ran perthnasedd mae yna *debygrwydd* neu *gyfatebiaeth* rhwng y map a'r tir a gynrychiolir ganddo, ond nid rhwng y patrwm cylchau ac oedran y pren. Â bodau dynol ati wrth gwrs i ffurfio cyfundrefnau gwneuthuredig o gynrychioli, yn cynnwys mapiau a darluniau. Defnyddiant hefyd *ieithoedd*, llafar ac ysgrifenedig, fel moddau cynrychioli. Fodd bynnag, ymddengys yn bendant y perthyn iaith i ochr *ddigidol* y rhaniad digidol/cydweddol. Diystyr yw dweud fod brawddeg, boed lafar neu ysgrifenedig, yn *ymdebygu* i'r sefyllfa a gynrychiolir ganddi: er enghraifft, mae'n amlwg nad yw'r frawddeg, 'mae'n glawio', yn ymdebygu i bresenoldeb glaw yng nghyffiniau'r llefarydd.

Sut bynnag, a derbyn fod y rhaniad digidol/cydweddol hwn ar gael mae'n naturiol gofyn i ba ddosbarthiad o gynrychioliadau y perthyn rhai *meddyliol* – er y byddai'n beryglus rhagdybio, heb ystyriaeth bellach, ei bod yn rhaid i'r holl gynrychioliadau meddyliol berthyn i'r *un* dosbarth.

Athrawiaeth adnabyddus, a boblogeiddiwyd gan Jerry Fodor (1975), yw'r un a ddeil fod y meddwl dynol yn defnyddio modd ar gynrychioli a ddisgrifiwyd ganddo fel 'the language of thought' (dan y byrfodd 'LOT') – [yma defnyddir y byrfodd 'IYM' am 'iaith y meddwl']. Yr hyn a ddeil damcaniaeth IYM yw nid bod bodau dynol yn meddwl trwy ddefnyddio ieithoedd llafar neu ysgrifenedig, megis Saesneg neu Tsieineeg, wrth gyfathrebu'n agored â'n gilydd – er bod rhai athronwyr yn dal mai dyna'n union a wnawn – eithr yn hytrach fod yr ymennydd dynol yn gosod ar waith ei drefn gynrychioli ieithyddol nodweddiadol ei hun, cynhenid, fe honnir, a hollgyffredinol ymysg yr hil. Y gyfatebiaeth agosaf ym maes systemau gwneuthuredig o gynrychioli yw hwnnw o 'god peiriannol' a ddefnyddir mewn cyfrifiaduron i gadw a phrosesu gwybodaeth. Un ddadl o blaid damcaniaeth IYM yw mai dyma'r unig ffordd i esbonio sut y gall bodau dynol ddysgu eu hiaith lafar 'gyntaf' neu 'gynhenid' – sut, er enghraifft, y gall plentyn a fagwyd yn Lloegr ddysgu siarad Saesneg, tra gallai'r un plentyn, o'i fagu yn Tsieina, yr un cyn hawsed, ddysgu Tsieineeg. Yr haeriad wrth fôn hyn i gyd yw nad yw'n bosibl dysgu iaith ond yn unig trwy ddysgu ei chyfieithu i iaith y mae'r dysgwr eisoes yn ei deall. Tybir am IYM mai hi yw'r iaith eisoes-ddealledig sydd at alwad unrhyw blentyn wrth ddysgu ei iaith 'gyntaf' – er ei bod yn rhaid pwysleisio nad oes awgrym yma ei fod yn gwneud hynny yn *ymwybodol* neu *o fwriad*. Dadl arall o blaid damcaniaeth IYM yw mai hi yn unig a all esbonio *cyfansoddolaeth* a *chynhyrchiant* y meddwl: y ffaith ei bod yn bosibl inni, trwy gyfuno rhannau o feddyliau, ffurfio meddyliau newydd hyd at unrhyw radd o gymhlethdod ac ynghylch bron unrhyw bwnc. Canys mae'r math hwn o gyfansoddoli a chynhyrchu yn nodweddion allweddol unrhyw a phob iaith, hynny'n peri bod cynrychioli ieithyddol yn sylweddol fwy amlochrog na threfnau cynrychioli eraill megis mapiau a darluniau. Mae cryn lawer yn gyffredin i ddamcaniaeth IYM a daliadau hirsefydlog yr ieithydd bydenwog Noam Chomsky (1972) sy'n dadlau fod y gynneddf ieithyddol ddynol yn un gynhenid ac yn nodwedd unigryw o'r hil ddynol. Ystyrir mai tyst i hyn yw'r cyflymder a'r rhwyddineb sy'n nodweddu plant dynol wrth feddiannu eu hiaith lafar gyntaf, ynghyd â methiant ceisiadau i ddysgu ieithoedd o'r fath i brimatiaid deallus eraill, megis tsimpansïaid.

A derbyn, sut bynnag, fersiwn o ddamcaniaeth IYM, erys y cwestiwn a yw ein holl feddyliau yn sylfaenol ieithyddol eu ffurf, ynteu a yw rhai ohonynt, o leiaf, yn 'gydwedd'? Ar sail mewnsylliad temtir ni'n gryf yn aml i ddisgrifio rhai o'n prosesau meddyliol fel petaent yn cynnwys *delweddaeth* o ryw fath. Tra bo rhai athronwyr yn ymwrthod â'r dystiolaeth fewnsyllol hon fel un annibynadwy, cyfeiria eraill at dystiolaeth o du seicolegwyr empeiraidd, y defnyddir delweddau meddyliol yn aml wrth ddatrys problemau (Kosslyn 1994). Er enghraifft, pan ddangosir i wirfoddolwyr mewn arbrawf ddau siâp geometraidd cymhleth gan ofyn iddynt a yw'r rheiny yr un o ran siâp ynteu'n wahanol, ymddangosant fel pe baent 'yn trin a throi'n feddyliol' un o'r siapiau i weld a ellir ei gael i gyd-fynd â'r llall, gyda'r amser a gymerir i ddwyn hynny i ben yn dibynnu ar y gwahaniaethau onglog rhwng gogwyddiadau'r ddau siâp. Mae'n amlwg hefyd fod primatiaid deallus, megis tsimpansïaid, yn medru datrys problemau logistaidd pur gymhleth. O ganlyniad, a bwrw nad ydynt yn defnyddio dull ieithyddol o feddwl i'r diben hwn, fel y mynnai Chomsky i ni gredu, nid ymddengys fod fawr ddim dewis ar ôl inni ond tybio eu bod yn meddwl yn ddelweddol. Os, fel yr awgryma damcaniaeth IYM, fod y meddwl dynol ar wastad uchel yn galw am fodd ieithyddol o gynrychiolaeth, erys y cwestiwn ynghylch pa mor bell, os o gwbl, y dylanwada'r ieithoedd llafar a ddysgwn yn blant ar y trefnau cysyniadol a ddefnyddiwn i ddehongli'r byd o'n cwmpas. Yn ôl damcaniaeth adnabyddus Sapir-Whorf (1956) mae dylanwad iaith ar drefnau cysyniadol yn enfawr, i'r fath raddau yn wir ag i wneud trefnau gwahanol yn annealladwy i'w gilydd. Fodd bynnag, cafwyd her bwysig i'r union syniad o 'drefn gysyniadol' ac o anneall cydradd rhwng trefnau, o du Donald Davidson (1984). At ei gilydd, gwantan yw'r cydymdeimlad â'r safbwynt bellach ymhlith athronwyr cyfoes, hyd yn oed â chydnabod fod gwahaniaethau croesddiwylliannol iaithseiliedig yn bodoli rhwng ffyrdd pobl o synio amdanynt eu hunain a'u byd. Rhai o'r gwahaniaethau hyn yw canolbwynt gwaith cyfredol mewn maes sy'n datblygu'n gyflym, 'athroniaeth arbrofol', lle ceisir dwyn i'r golwg, er enghraifft, wahaniaethau croesddiwylliannol mewn cysyniadau am wybod a chyfrifoldeb moesol.

7. Rhesymoledd dynol a deallusrwydd gwneuthuredig

Gwahaniaetha bodau dynol oddi wrth uwch-brimatiaid eraill nid yn unig o ran eu doniau ieithyddol ond hefyd – peth sy'n ddiamau berthnasol – ar bwys eu galluoedd ymresymu. Eithr beth yw'r allwedd i'r gallu hwn i ymresymu? Myn rhai athronwyr a seicolegwyr mai'r hyn yw yn bennaf yw gallu i ddefnyddio egwyddorion rhesymegol haniaethol, megis rhai ffurfiol rhesymeg ddiddwythol ac egwyddorion cyfatebol ymresymu anwythol neu debygoledig. Un anhawster ymddangosiadol ynglŷn â datgan hyn yw'r dystiolaeth empeiraidd gynyddol fod bodau dynol mewn gwirionedd braidd yn ddiffygiol wrth gymhwyso egwyddorion ffurfiol ymresymu ac yn euog o gamresymu dybryd wyneb yn wyneb â thasgau rhesymegol safonol. Tasg felly yw'r ddewisdasg enwog a gysylltir ag enw Watson. Ynddi wynebir personau gan bedwar cerdyn ar fwrdd o'u blaen, gyda phob cerdyn yn cynnwys rhif ar y naill ochr iddo, a llythyren ar yr ochr arall. Gofynnir iddynt benderfynu pa gardiau a ddylent eu troi drosodd er mwyn gwirio neu wrthbrofi damcaniaeth neilltuol ynghylch y cardiau. Er enghraifft, dichon mai'r ddamcaniaeth yw, *os oes llafariad ar un ochr i'r cerdyn, yna mae eilrif ar yr ochr arall*, a dengys wynebau'r cardiau ar y bwrdd, dyweder, y rhifau neu'r llythrennau dilynol: A, 2, D, 7. Dywedai'r mwyafrif o bobl mai dim ond y cardiau a ddengys A a 2 sydd angen eu troi drosodd, er gwaethaf y ffaith ei bod yn bosibl i wrthbrofi'r ddamcaniaeth trwy droi drosodd y cerdyn sydd â 7 ar ei wyneb, oherwydd os oes i hwnnw lafariad ar yr ochr arall ni all y ddamcaniaeth fod yn gywir. Fodd bynnag, pan roir i'r dasg ffurf lai haniaethol, mae pobl yn llawer gwell am ei datrys: er enghraifft, a bwrw y cyflwynir iddynt dderbynebau til yn lle cardiau a'u hysbysu yr un pryd ei bod yn rheol yn y siop lle cafwyd nhw fod y gweithiwr til *i lofnodi derbynneb ar y cefn os yw'r swm ar y blaen yn fwy na £50*. Os dengys y pedair derbynneb, dyweder, y patrwm canlynol – £100, llofnod, £25, dim llofnod – dewisir ar unwaith gan fwyafrif o'r bobl y dderbynneb heb arni lofnod fel yr un i'w throi drosodd, oherwydd byddai rheol y siop wedi ei thorri os yw'r swm ar yr ochr arall yn fwy na £50. Cynnig rhai seicolegwyr yw fod pobl yn well am ddatrys y ffurf hon ar y dasg oherwydd fod grymusyterau esblygiad wedi gosod yn aelodau'r hil duedd gref i ganfod 'twyllwyr' (Cosmides 1989). Deil eraill mai ei natur ymarferol, ddiriaethol sy'n ei gwneud yn dasg haws i ni ei datrys. Y naill ffordd neu'r llall, sut bynnag, yr awgrym yw nad yw pobl yn datrys problemau fel y rhain trwy gymhwyso egwyddorion haniaethol rhesymu ffurfiol neu resymeg.

Ystyriaethau o'r math hwn sy'n dangos i rai athronwyr nad yw'r model cyfrifiadol o'r meddwl – y syniad y gellir modelu gweithgareddau'r meddwl ar weithgareddau cyfrifiadur electronig digidol yn prosesu gwybodaeth trwy gyfrwng rhaglen feddalwedd sy'n rhan ohono – yn rhyw argyhoeddiadol iawn wedi'r cyfan, gan fod rhaglenni o'r fath yn bendant yn gweithredu yn ôl egwyddorion rhesymegol ffurfiol. Arwain hyn yn ei dro at amau i ba raddau y gellir ystyried deallusrwydd dynol fel yn cyfateb i'r hyn a elwir yn ddeallusrwydd *gwneuthuredig,* [AI yn Saesneg; yma DG]. Y dyn cyntaf i gynnig prawf o ddifrif er mwyn penderfynu a allai cyfrifiadur electronig digidol *feddwl* ai peidio oedd arloeswr cynnar technoleg cyfrifiadu, Alan Turing (1950). Mewn un ffurf ar Brawf Turing cyfarwyddir beirniad i ofyn cwestiynau i ddyn normal yn ogystal ag i gyfrifiadur wedi ei raglennu'n addas – heb iddo fod yn gwybod p'un yw p'un – ac yn ei dro gofynnir iddo yntau wedyn ddweud pa atebion a gaed gan y cyfrifiadur a pha rai a gaed gan y dyn. Os prawf y beirniad ei fod yn anabl, ac yntau wedi derbyn atebion i nifer ac amrywiaeth rhesymol o gwestiynau, i wahaniaethu rhwng ei ffynonellau, yna, yn ôl Turing, dylem gasglu nad yw'r cyfrifiadur yn llai abl i feddwl yn ddeallus nag yw'r dyn. Yn ddiweddarach, fodd bynnag, heriwyd credadwyedd Prawf Turing gan John Searle (1980) ar sail ei arbrawf meddyliol enwog, yr 'Ystafell Tsieinëaidd'. Yn lle'r cyfrifiadur ym Mhrawf Turing gofynnir inni gan Searle i ddychmygu bod dyn ynghudd mewn ystafell y gellir gyrru cwestiynau mewn Tsieineeg ato trwy slot yn y drws. Ymhellach, dychmygwn nad yw'r dyn hwn yn deall Tsieineeg ond fod llawlyfrau ar gael iddo i'w gyfarwyddo i lunio atebion addas mewn Tsieineeg i'r cwestiynau a ddaw i'w ran. Yr ydym ar ddeall fod y beirniad yn rhugl ei Tsieineeg fel y mae person arall yr anfonir cwestiynau mewn Tsieineeg ato. Yn awr fe ymddengys y byddai'r beirniad yn anabl i ddweud pa atebion Tsieineeg a dderbyniodd oddi wrth y siaradwr Tsieineeg rhugl a pha rai a ddaeth oddi wrth y dyn ynghudd yn y Stafell Tsieinëaidd. Eithr gan nad yw'r olaf yn deall Tsieineeg ymddengys ei bod yn bosibl i rywun neu rywbeth lwyddo yn y Prawf Turing heb fod ganddo unrhyw ddealltwriaeth o'r cwestiynau sydd ynglŷn â'r prawf. O ganlyniad, casgl Searle y byddai'n annerbyniol i briodoli deallusrwydd i gyfrifiadur yn unig ar sail ei allu i lwyddo yn y Prawf Turing, gan fod gwir ddeallusrwydd yn galw am ddirnadaeth ddilys, tra yr ymddengys nad yw cyfrifiadur rhaglenedig yn *dirnad* yr wybodaeth a brosesir ganddo ddim mwy nag yw'r dyn sydd ynghudd yn y Stafell Tseinëaidd yn gwneud hynny. Rhaid dweud, sut bynnag, er ehanged ei enwogrwydd, fod arbrawf meddyliol Searle wedi methu ag argyhoeddi llawer o feirniaid.

Her arall i DG neu, o leiaf, i'r gymhariaeth rhwng deallusrwydd dynol a gwneuthuredig yw Problem Fframwaith (Dennett 1984). Mae rhaglenni cyfrifiadur yn bur dda am ddynwared neu gyflawni gweithgareddau rheolaidd a gyflawnir yn ddeallus gan fodau dynol – pethau megis archebu pryd o fwyd mewn bwyty, cynhyrchu car mewn ffatri masgynhyrchu, llunio barn feddygol ar sail cadwyn o gwestiynau i glaf. Eithr pan fo pobl yn gweithredu fel hyn maent yn abl i addasu neu ymyrryd â'r gweithgareddau er mwyn ymateb yn gymwys i newid yn y drefn arferol gan dynnu ar wybodaeth berthnasol y gallant ei dwyn i gof yn effeithiol a chyflym. Er enghraifft, pe digwyddai i hen gyfaill dyddiau a fu ddod i'r bwyty yn hollol annisgwyl, gyda dyn ar ganol archebu ei bryd bwyd, byddai ar unwaith yn cefnu ar yr archebu ac yn codi i groesawu'r cyfaill. Ymddengys na ellid rhaglennu unrhyw gyfrifiadur i gyfarfod ag ymateb cymwys i bob digwyddiad anrhagweledig o'r fath; yn ddichonadwy maent yn aneirif. Eto, mae deallusrwydd dynol fel pe'n abl i ddygymod â'r fath sefyllfaoedd yn hynod o dda. Yn wir, ymddengys fod cyfrifiaduron yn gwneud orau yr hyn y mae pobl yn ei gael yn fwyaf mecanyddol ac anniddorol i'w wneud. Ni allant gael eu rhaglennu i weithredu yn hylaw a digymell yn y sefyllfaoedd byd-go-iawn y caiff pobl eu hunain, yn nodweddiadol, ynddynt. Awgryma rhai athronwyr ac arbenigwyr DG y gellir dod dros yr anhawster hwn ymhen amser trwy ddefnyddio cyfrifiaduron wedi eu cynllunio yn 'gysylltiol'a'u modelu ar y rhwydweithiau niwral a geir yn ymenyddion pobl ac anifeiliaid deallusol, yn wahanol i'r cyfrifiaduron 'cyfresol' sy'n rhedeg rhaglenni ffurfiol gan ddefnyddio prosesydd digidol canolog.

Gall trefnau cysylltiol gael eu 'meithrin' i gyflawni amrywiol dasgau mewn moddau pur hylaw ac ar gorn hynny 'ddysgu trwy brofi a methu', beth yn debyg i fel y gwna pobl ac anifeiliaid. Eithr hyd yma nid oes arwydd gwirioneddol y gellir yn ymarferol oresgyn y Broblem Fframwaith trwy ddulliau fel hyn. Ymddengys mai un anhawster yw fod rhesymu mewn pobl yn cael ei arwain a'i gynnal gan *emosiwn*, gan mai creadur ag emosiynau yn unig a ddichon feddu ar amcanion ac felly ar gymhellion i roi blaenoriaeth i rai tasgau rhesymu ac adennill gwybodaeth dros rai eraill. Ar hyn o bryd nid ymddengys fod gan neb mewn gwirionedd syniad am sut y gellid gobeithio gweld cyflenwi cyfrifiadur gydag unrhyw beth tebyg i emosiynau.

8. Gweithredu, emosiwn ac ewyllys

Mae'n amlwg ei bod yn bwysig i wahaniaethu rhwng y pethau a *ddigwydd* inni a'r pethau a *wnawn* – y gwahaniaeth, er enghraifft, rhwng *syrthio* i lawr grisiau a *cherdded* i lawr grisiau. Yr athronydd sydd wedi bod yn fwyaf dylanwadol ym maes athroniaeth gweithredu dros yr hanner can mlynedd diwethaf yn ddiamau yw Donald Davidson (1980). Yng ngolwg Davidson a'r mwyafrif o athronwyr gweithredu cyfoes, *digwyddiadau* yw gweithredoedd – ac o ran hynny heb fod yn wahanol i'r hyn sy'n digwydd i rywun. Eithr deil Davidson mai'r hyn sy'n hynodi gweithred yw ei bod bob amser yn *fwriadol*, o leiaf yn ôl rhyw ddisgrifiad ohoni. Bid siŵr, nid yw'n gwadu y gallwn yn briodol sôn am rywun a wnaeth rywbeth yn anfwriadol: er enghraifft, gallai gwestai mewn cinio fod wedi troi drosodd ei wydryn gwin wrth ymestyn at y sheltar halen. Yn yr achos hwn, fodd bynnag, mynnai Davidson mai *un weithred* yn unig a wneir gan y gwestai – symud ei fraich mewn ffordd neilltuol – a gellid disgrifio hynny naill ai fel ymestyn am yr halen neu droi drosodd ei wydryn gwin. Yn ôl un o'r disgrifiadau hyn – y cyntaf – roedd yr hyn a ddigwyddodd yn *fwriadol* o du'r gweithredwr, tra nad oedd felly yn ôl yr ail ddisgrifiad. Mae Davidson, o ganlyniad, yn ymrwymedig i safbwynt neilltuol ynglŷn ag *ymunigoli* gweithredoedd, sef fod pob gweithred yn *symudiad corfforol* o eiddo'r gweithredwr, er yn rhai y gellir eu *disgrifio* mewn gwahanol ffyrdd yn nhermau eu hamrywiol effeithiau (effeithiau megis y gwydryn yn troi drosodd).

O ran *esbonio* gweithredoedd, deil Davidson, ynghyd â mwyafrif athronwyr meddwl cyfoes, eu bod yn esboniadwy yn nhermau *credau a dymuniadau* y gweithredwr. Er enghraifft, mae'n debyg i'r gwestai cinio ymestyn am yr halen oherwydd ei fod yn dymuno rhoi rhagor o halen ar ei fwyd gan gredu y gallai gael hynny o'r sheltar halen.

Eithr pwysleisia Davidson fod y math hwn o 'oherwydd' yn arwyddocáu cyswllt *achosol* tybiedig rhwng credau a dymuniadau'r gweithredwr a'i weithredoedd: y credau a'r dymuniadau hynny yw *achosion* y gweithredoedd a esbonnir ganddynt ac *esboniant* hwy mewn modd achosol. Yr un pryd deil Davidson y gellir disgrifio'r credau a'r dymuniadau perthnasol fel *rhesymau* y gweithredwr am ei weithredu: er enghraifft, rheswm y gwestai cinio am weithredu fel y gwnaeth oedd *ei fod yn dymuno rhoi mwy o halen ar ei fwyd ac y gallai gael peth ohono o'r sheltar halen.* O ganlyniad, a dyfynnu'r slogan enwog sy'n crynhoi'r safbwynt hwn, *mae rhesymau yn achosion.* Trwy faentumio hyn ymwrthodai Davidson yn ddigamsyniol â safbwynt cynharach a amddiffynnid yn nodedig gan athronwyr o dan ddylanwad Wittgenstein, fod esboniad yn nhermau rhesymau yn gwbl ar wahân ac annibynnol ar esboniad yn nhermau achosion. Ar wedd arall, sut bynnag, roedd Davidson yn agosach at Ryle a Wittgenstein o berthynas i athroniaeth gweithredu, sef na chydymdeimlai o gwbl ag *ewyllysiadaeth* – fod ein holl weithredoedd yn cychwyn gyda *gweithredoedd o ewyllysio* – safbwynt y dadleuwyd drosto yn hanesyddol gan Locke a Hume ac yn ddiweddarach gan gyfoeswr Ryle, sef H. A. Prichard (1949).

Ers cyfnod anterth athroniaeth gweithredu Davidson yn yr wythdegau, ymosodwyd ar holl brif themâu ei safbwynt. Unwaith yn rhagor mae i ewyllysiadaeth ei hamddiffynwyr a cheir sawl athronydd yn awr yn gwrthod yr honiad fod rhesymau yn achosion, yn aml gan ddal ymhellach nad rhesymau yw credau a dymuniadau'r gweithredwr, fel y mynnai Davidson, ond yn hytrach ffeithiau neu sefyllfaoedd, annibynnol ar y meddwl, yng ngoleuni pa rai y penderfyna'r gweithredwr i weithredu (Dancy 2000). Safbwynt lleiafrifol arall a ddaeth yn fwy poblogaidd yw *gweithredwr-achosiadaeth* a gefnogir gan Roderick Chisholm, cyfoeswr Davidson, ac yn ddiweddarach gan athronwyr megis Timothy O'Connor (2000). Yn wir, ar hyn o bryd mae athroniaeth gweithredu mewn cyflwr bywiog iawn gyda sawl safbwynt yn cystadlu ynghyd – sefyllfa anhygoel braidd pan oedd safbwyntiau Davidson yn eu bri. Daeth adfywiad arbennig i un pwnc sef mater *ewyllys rydd* (Kane gol. 2002). Er bod cysondebedd – yr athrawiaeth fod ewyllys rydd yn gyson â phenderfyniadaeth achosol – yn dal i fod yn safbwynt mwyafrifol, mae i anghysondebedd heddiw lawer o amddiffynwyr, yn eu mysg y rheiny sydd, o ganlyniad, yn gwadu realaeth ewyllys rydd a'r rheiny sy'n ei gadarnhau (pleidwyr ewyllys rydd *libertaraidd*, chwedl hwythau). Yn olaf, i droi eto at thema y cyffyrddwyd â hi yn yr adran flaenorol, ceir bod athronwyr gweithredu cyfoes yn ymddiddori mwy nag a fyddent yn natur *emosiynau* (Solomon 2003) ac yn hytrach na gweld emosiwn yn *wrthwyneb* i reswm fe'i gwelant yn anhepgorol iddo.

9. Hunanuniaethiad a hunanwybodaeth

Pwnc parhaol mewn athroniaeth meddwl yw natur hunanuniaethiad ac yn ystod yr hanner can mlynedd diwethaf bu'n bwnc dadlau cryf. Y cwestiwn sylfaenol, wrth gwrs, yw hwn: beth sy'n peri bod person P1, sy'n bodoli ar adeg A1, yr *un person* â pherson P2, sy'n bodoli ar adeg diweddarach A2? Golyga ateb y cwestiwn hwn gyflwyno maen prawf o hunanuniaethiad. Yn ôl Locke, y cyntaf i godi'r cwestiwn yn y ffurf hon arno, *y cof* a ddyry inni faen prawf uniaethiad person: mae P1 yr un â P2 os, ac yn unig os, yw P2 yn cofio cyflawni gweithredoedd a chael meddyliau P1. Eithr buan y datgelodd beirniaid cynnar Locke, sef Butler a Reid, ddiffygion y maen prawf hwn. Yn arbennig, mae'n methu â chyfrif am bosibilrwydd *amnesia* ac yn euog hefyd o gylchdroad goblygedig wrth ymresymu, oherwydd mae dweud bod P2 yn cofio cyflawni gweithredoedd a chael meddyliau P1 yn *rhagdybio* eisoes bod P2 yr un person â P1.

Anhawster arall, na ragwelwyd gan Butler a Reid, yw bod maen prawf Locke yn cael ei fygwth gan y posibilrwydd o *ymhollti personol* ('personal fission') – hynny yw, y posibilrwydd o un person yn 'hollti' i fod yn ddau, gyda'r ddau fel ei gilydd yn cofio gweithredoedd a meddyliau y person blaenorol. Bellach ymddengys hyn, mewn egwyddor, yn ddichonadwy yng ngolwg y posibilrwydd o *ddeurannu ymennydd*: gwahanu dau hemisffer yr ymennydd, gyda'r naill, fel y llall, yn abl i gynnal bywyd ymwybodol person. Sylwyd yn arbennig ar y pwyntiau hyn mewn gwaith pwysig gan Derek Parfitt (1971, 1984), yn herio ein syniad greddfol am hunaniaeth person a'i bwysigrwydd moesol pan yw materion o gyfrifoldeb yn y fantol. Yn ôl Parfitt y wers i ni ei dysgu o ystyried diffygion maen prawf Locke yw nid yn unig ei fod mewn angen diwygiad radicalaidd, ond y dylem wahanu y syniad o *oroesiad* personol oddi wrth y syniad o *uniaethiad* personol ac urddasoli'r cyntaf yn unig â phwysigrwydd moesol. Felly, mewn achos o ddeurannu ymennydd lle mae'r ddau hanner-ymennydd yn cael eu trawsblannu i gorff dynol gwahanol, awgryma y dylem ddweud fod y person gwreiddiol yn goroesi fel y *ddau* berson hanner-ymenyddol, er gwaethaf y ffaith na all na'r naill na'r llall ohonynt fod *yn un â'r* gwreiddiol. Nid yw'n syndod, fodd bynnag, fod llu o athronwyr yn wrthwynebol i'r safbwynt hwn.

Yn fwy diweddar daeth syniad am hunaniaeth personol a adwaenir wrth yr enw *anifeiliaeth* ('animalism') i'r amlwg (Olson 1997). Deil yr anifeilydd mai yr hyn *ydwyf*, yn syml, yw organeb fyw – anifail dynol. Mae'r anifail hwn yn gymwys i'w ystyried fel *person*, yn ôl yr anifeilydd, yn unig oherwydd, ac yn unig tra pery i fod felly, yn feddiannol ar rai nodweddion allweddol megis y cymhwyster i fod yn ymwybodol a'r gallu i feddwl a rhesymu. O ganlyniad, medd yr anifeilydd, pennir fy hunaniaeth i gan hunaniaeth yr anifail hwn, nid ar gorn rhyw nodwedd seicolegol y digwyddaf feddu arni, megis fy stôr o atgofion. Ymddengys fod i hyn y goblygiad gwrth-reddfol na wnawn *I* fodoli pe trawsblennid fy ymennydd i ben bod dynol arall oedd â'i ymennydd ei hun eisoes wedi ei drawsblannu, er y byddai'r person sydd yn awr yn feddiannol ar fy ymennydd yn *credu* mai myfi ydoedd yn rhinwedd y ffaith fod ganddo fy holl atgofion. Ystyria'r anifeilyddion, fodd bynnag, fod rhesymau diwrthdro dros ddweud mai'r gwir syml yw y byddai'r person dan sylw yn yr achos hwn yn cael ei gamarwain.

Pa fath ar *fod* bynnag yr ystyriwn ein hunain, tybiwn o leiaf y *gwyddwn* rywbeth amdanom ein hunain ac, yn fwy arbennig, y gallwn o leiaf wybod ar brydiau – mewn modd na all neb arall wybod – *beth a feddyliwn*. Geilw athronwyr meddwl cyfoes y math olaf hwn o wybodaeth yn *hunanwybodaeth*. Eithr er yr ymddengys yn orfodaeth arnom i ddweud ein bod yn ei feddu mae beth yn anos i ddweud *pam* a *sut* y'i meddwn. Cyfyd un anhawster arbennig o fater a drafodwyd eisoes, yn adran 3: y syniad fod cynnwys gosodiadol ein cyflyrau meddyliol ac, o ganlyniad, ein meddyliau, yn cael eu hunigoli yn *allanol* – eu hymunigoli, hynny yw, gan amodau amgylcheddol sy'n allanol i'n meddyliau neu ein hymenyddion. Tybier, unwaith yn rhagor, fod Siôn yn credu *mai dŵr sy'n llenwi'r gwydryn o'i flaen*, a bod cynnwys y gred hon yn cael ei phenderfynu yn rhannol gan y ffaith fod 'dŵr', fel y defnyddir y gair gan Siôn, yn cyfeirio at H2O. Os yw Siôn i feddu ar hunanwybodaeth o berthynas i'r gred hon, rhaid i ni fod yn abl i ddweud fod Siôn *yn gwybod ei fod yn credu mai dŵr sy'n llenwi'r gwydryn o'i flaen*. Ond y broblem yw y gall Siôn yn sicr gredu mai dŵr sy'n llenwi'r gwydryn o'i flaen heb fod yn gwybod o reidrwydd *mai dŵr yw H2O*. Ond sut y gall Siôn wybod beth yw cynnwys ei gred *mai dŵr sy'n llenwi'r gwydryn o'i flaen* onid yw'n gwybod beth *yw* dŵr? Mae gwybod sut i ddatrys y math hwn ar gwestiwn yn bwnc dadlau bywiog mewn athroniaeth meddwl gyfoes (Wright, Smith & Macdonald goln 1998). Mae'n bur debyg fod ei ddatrys ynghlwm yn agos â'r cwestiwn sydd, gellid dadlau, y mwyaf sylfaenol o gwestiynau athroniaeth meddwl, sef hwnnw ynghylch natur *ymwybyddiaeth*. Eithr tra bo'r cwestiwn hwn yn cael ei drafod yn ddwysach yn awr, efallai, nag erioed o'r blaen nid ydym, i bob golwg, yn nes at ateb terfynol iddo.

Llyfryddiaeth

Armstrong, D. M. 1968. *A Materialist Theory of the Mind*. London: Routledge and Kegan Paul.

Austin, J. L. 1962. *Sense and Sensibilia*, gol. G. J. Warnock. Oxford: Clarendon Press.

Baker, L. R. 1987. *Saving Belief*. Princeton, NJ: Princeton University Press.

Chisholm, R. M. 1957. *Perceiving: A Philosophical Study*. Ithaca, NY: Cornell University Press.

Chomsky, N. 1959. 'Review of *Verbal Behaviour*'. *Language* 35: 26–58.

Chomsky, N. 1972. *Language and Mind*, ail arg. New York: Harcourt Brace Jovanovich.

Churchland, P. M. 1981. 'Eliminative Materialism and the Propositional Attitudes'. *Journal of Philosophy* 78: 67–90.

Cosmides, L. 1989. 'The Logic of Social Exchange: Has Natural Selection Shaped How Humans Reason? Studies with the Wason Selection Task'. *Cognition* 31: 187–276.

Dancy, J. 2000. *Practical Reality*. Oxford: Oxford University Press.

Davidson, D. 1970. 'Mental Events', in L. Foster & J. W. Swanson goln, *Experience and Theory*. London: Duckworth. (ailgyhoeddwyd yn Davidson 1980.)

Davidson, D. 1980. *Essays on Actions and Events*. Oxford: Clarendon Press.

Davidson, D. 1984. 'On the Very Idea of a Conceptual Scheme', yn ei gyfrol *Inquiries into Truth and Interpretation*. Oxford: Clarendon Press.

Dennett, D. C. 1984. 'Cognitive Wheels: The Frame Problem of AI', in C. Hookway gol., *Minds, Machines and Evolution*. Cambridge: Cambridge University Press.

Fodor, J. A. 1975. *The Language of Thought*. New York: T. Y. Crowell.

Grice, H. P. 1961. 'The Causal Theory of Perception'. *Proceedings of the Aristotelian Society*, Supplementary Volume 35: 121–52. (ailgyhoeddwyd yn Grice 1989.)

Grice, H. P. 1989. *Studies in the Way of Words*. Cambridge, MA: Harvard University Press.

Haddock, A. & Macpherson, F. goln 2008. *Disjunctivism: Perception, Action, Knowledge*. Oxford: Oxford University Press.

Hinton, J. M. 1973. *Experiences: An Inquiry into some Ambiguities*. Oxford: Clarendon Press.

Jackson, F. 1977. *Perception: A Representative Theory*. Cambridge: Cambridge University Press.

Kane, R. gol. 2002. *The Oxford Handbook of Free Will*. Oxford: Oxford University Press.

Kim, J. 1998. *Mind in a Physical World: An Essay on the Mind–Body Problem and Mental Causation*. Cambridge, MA: MIT Press.

Koons, R. C. & Bealer goln 2010. *The Waning of Materialism*. Oxford: Oxford University Press.

Kosslyn, S. 1994. *Image and Brain: The Resolution of the Imagery Debate*. Cambridge, MA: MIT Press.

Kripke, S. A. 1980. *Naming and Necessity*. Oxford: Blackwell.

McGinn, C. 1989. *Mental Content*. Oxford: Blackwell.

Millikan, R. G. 1984. *Language, Thought and Other Biological Categories: New Foundations for Realism*. Cambridge, MA: MIT Press.

Nagel, T. 1974. 'What is it Like to be a Bat?'. *Philosophical Review* 83: 435–50. (ailgyhoeddwyd yn Nagel 1979.)

Nagel, T. 1979. *Mortal Questions*. Cambridge: Cambridge University Press.

O'Connor, T. 2000. *Persons and Causes: The Metaphysics of Free Will*. New York: Oxford University Press.

Olson, E. T. 1997. *The Human Animal: Personal Identity without Psychology*. New York: Oxford University Press.

Parfit, D. 1971. 'Personal Identity'. *Philosophical Review* 80: 3–27.

Parfit, D. 1984. *Reasons and Persons*. Oxford: Clarendon Press.

Prichard, H. A. 1949. 'Acting, Willing, Desiring', yn ei gyfrol *Moral Obligation: Essays and Lectures*. Oxford: Clarendon Press.

Putnam, H. 1975. *Mind, Language and Reality: Philosophical Papers, Volume 2*. Cambridge: Cambridge University Press.

Ryle, G. 1949. *The Concept of Mind*. London: Hutchinson.

Searle, J. R. 1980. 'Mind, Brains, and Programs'. *Behavioral and Brain Sciences* 3: 417–24.

Skinner, B. F. 1953. *Science and Human Behavior*. New York: Macmillan.

Skinner, B. F. 1957. *Verbal Behavior*. New York: Appleton–Century–Crofts.

Solomon, R. C. 2003. *Not Passion's Slave: Emotions and Choice*. New York: Oxford University Press.

Tye, M. 1995. *Ten Problems of Consciousness: A Representational Theory of the Phenomenal Mind*. Cambridge, MA: MIT Press.

Turing, A. M. 1950. 'Computing Machinery and Intelligence'. *Mind* 59: 433–60.

Watson, J. B. 1958. *Behaviorism*, ail arg. Chicago: University of Chicago Press.

Whorf, B. L. 1956. *Language, Thought and Reality: Selected Writings of Benjamin Lee Whorf*, gol. J. B. Carroll. Cambridge, MA: MIT Press.

Wittgenstein, L. 1958. *Philosophical Investigations*, cyf. G. E. M. Anscombe, ail arg. Oxford: Blackwell.

Wright, C., Smith, B. C. & Macdonald, C. goln 1998. *Knowing Our Own Minds*. Oxford: Clarendon Press.

Theistiaeth Morgan Llwyd

E. Gwynn Matthews

Morgan Llwyd (1619–1659) mae'n siwr yw ein Piwritan enwocaf, eto ni ellir ei gyfrif fel 'Piwrtan o'r Piwritaniaid': mae ei syniadau yn gyfoethocach na Chalfiniaeth foel y Piwritan arferol. Yn wir mae rhai o'i safbwyntiau yn ei osod ar ymylon eithaf uniongrededd. Un peth y dylid ei gofio bob amser wrth drafod ei syniadau, fodd bynnag, yw na fu'n fwriad ganddo greu cyfundrefn ddiwinyddol ffurfiol. Efengylwr ac nid diwinydd oedd Morgan Llwyd yn y bôn. Digwyddai fyw mewn cyfnod oedd yn ferw o syniadau crefyddol a gwleidyddol chwyldroadol, ac yr oedd ei feddwl agored a bywiog yn ymateb o hyd i lifeiriant y syniadau newydd. Yr oedd felly yn newid ei feddwl o bryd i'w gilydd. Mae'n haeddu parch am hynny, ond canlyniad ei barodrwydd i fod yn feddyliol effro ac onest yw fod ei ysgrifau yn amddifad o gysondeb syniadol llwyr. Cafwyd portread credadwy iawn ohono fel gŵr yng nghanol stormydd syniadol a phersonol yn nrama John Gwilym Jones, *Hanes Rhyw Gymro* (Lerpwl, 1964).

Amcan y papur hwn yw archwilio un agwedd ar syniadaeth Morgan Llwyd, sef ei theistiaeth, yn arbennig ei syniadau ar berthynas Duw gyda'r hyn a greodd.

Gellir dweud yn bendant nad yw ei theistiaeth yn unigryw, yn wir mae iddi achau hynafol iawn. Ceisio hel rhai o'r achau hynny a wneir yn yr hyn sy'n dilyn. Cyn gwneud hynny, fodd bynnag, dylid gwneud y pwynt nad oes gennym le i gredu fod

Morgan Llwyd ei hun yn gyfarwydd iawn â hanes athroniaeth. Dod i gyffyrddiad â syniadau a chysyniadau athronyddol a wnaeth drwy astudio gweithiau'r cyfrinydd Ellmynig, Jacob Böhme (1575–1624), awdur a amsugnodd lawer o syniadau traddodiad esoterig y Gorllewin.

Crydd oedd Böhme a dreuliodd y rhan fwyaf o'i oes yn Görlitz, tref rhyw drigain milltir i'r dwyrain o Dresden. Yn 1612 cyhoeddodd lyfr sylweddol (723 tudalen yn y cyfieithiad Saesneg – sef yr iaith y darllenai Llwyd ei weithiau ynddi) yn dwyn y teitl *Aurora* ('Toriad y Wawr Wridog'). Myfyrdodau sydd ynddo yn dilyn profiadau crefyddol dwys iawn a gafodd yn niwedd 1600. Yr oedd y gwaith mor frith o syniadau Hermetaidd fel y cyhuddwyd Böhme o heresi gan ei weinidog Lwtheraidd. Yn 1613 fe'i gwaharddwyd rhag cyhoeddi dim mwy gan gyngor y dref, ac am bum mlynedd, fe ufuddhaodd. Cafodd brofiadau ysbrydol pellach, fodd bynnag, ac yn 1618 ailddechreuodd ysgrifennu, a hynny'n doreithiog iawn, ond ni chyhoeddodd ddim. Yna ar ddydd Calan 1624 ymddangosodd rhai o'i ysgrifau mewn print. Gwysiwyd ef i ymddangos gerbron llys eglwysig ym Mai 1624, ond bu farw ym mis Tachwedd y flwyddyn honno. Cyhoeddodd bedwar ar hugain o weithiau rhwng 1612 a 1624. Yr oedd rhai Lwtheriaid yn gyndyn o roi angladd Cristnogol iddo, a fandaleiddiwyd ei fedd wedi ei gladdu.

Ymledodd ei ddylanwad y tu hwnt i'r Almaen. Cafodd ei syniadau groeso arbennig yn Lloegr yng nghyfnod y Weriniaeth. Rhwng 1644 a 1662 cyfieithiwyd holl waith Böhme i'r Saesneg (o'r Is-Almaeneg) gan John Ellistone a John Sparrow, gyda chymorth Durand Hotham a Humphrey Blunded (a dalodd am yr holl waith). Cyhoeddwr amryw o'r gweithiau oedd Giles Calvert o Lundain, a bu Llwyd yn aros am gyfnodau sylweddol yn ei gartref rhwng 1643 a 1647. Sefydlwyd nifer o gymdeithasau yn Lloegr i astudio gwaith Böhme a cheisio dilyn ei egwyddorion.

Gallwn ddechrau ein harchwiliad i mewn i theistiaeth Llwyd drwy ddyfynnu rhai o'i osodiadau mwyaf radical.

[1] O hono (Duw), mae'r Byd drwyddo. [MLl II, t.103]

[2] HWN ydŷw'r Duw rhŷfeddol ... yn ymgenhedlû eriòed ynddo ei hun ... Y mae'r Bŷd ymma ynddo, cŷn gwneuthur o hono y Bŷd. [MLl II, t.140]

[3] Er bod DUW trwy bob dim y mae Efe yn guddiedig. [MLl II, t.139]

[4] Mae Duw yn llenwi pob peth heb ymgymyscu a dim. [MLl I, t.143]

[5] Canys nid Efe yw Enaid y Bŷd hwn, (fel y dywed y PHILOSOPHYDDION,) Ysbryd y Greawduriaeth yw Bywyd Naturiaeth, ond DUW yw Ffynnon y Bywŷd hwnnw. [MLl II, t.140]

Er bod arlliw pantheistiaeth ar rai o'r ymadroddion hyn, maent serch hynny yn anghyson â'r gred fod Duw a'r greadigaeth i'w *huniaethu* â'i gilydd (a dyna yw pantheistiaeth). Y mae hefyd yn anodd cysoni'r theistiaeth a fynegir uchod gyda theistiaeth drosgynnol uniongrededd Calfinaidd. Mewn astudiaeth drylwyr iawn o berthynas syniadol Llwyd â diwinyddiaeth Calfin, mae Goronwy Wyn Owen yn gwneud defnydd o'r cysyniad o fewnfodaeth Duw ('divine immanence'), syniad sy'n ei farn ef yn hollol gyson â theistiaeth uniongred (gweler *Rhwng Calfin a Böhme*, Caerdydd 2001). Mae sail Feiblaidd i'r cysyniad y gallai Duw trosgynnol fewnfodi yn y person dynol, er enghraifft: 'Oni wyddoch mai teml Duw ydych, a bod Ysbryd Duw yn trigo ynoch?' (I Cor. 3:16) Efallai fod yr adnod isod o hanes y creu yn awgrymu'r cysyniad o fewnfodaeth hefyd: 'Yna lluniodd yr ARGLWYDD Dduw ddyn o lwch y tir, ac anadlodd yn ei ffroenau anadl einioes; a daeth yn greadur byw.' (Gen. 2:7)

Ond a yw'r cysyniad o fewnfodaeth yn cyfleu'n union yr hyn mae Llwyd yn ei ddweud, yn enwedig gyda'r geiriau, '*O hono*, mae'r byd drwyddo'? Ymddengys yr ymadrodd hwn yn y gerdd 'Gwyddor Uchod' a gyfansoddwyd yn 1657:

Calon byd, yw Duw ei Hunan,
Ag oi ewyllys i daeth allan:
Yr oedd Duw cyn gwneuthur unlle
Oll yn oll yn llenwi'r holl le.

Ni wnaeth Duw mor byd o hir bell,
Fel rhyw saer yn gwneuthur pabell,
Ond o hono, y mae'r Byd drwyddo,
Ag yn unig sefyll ynddo. [MLl II, t.103]

Y mae'r llinell, 'Ond ohono, y mae'r Byd drwyddo', yn enwedig o'i chyplysu gydag 'oi ewyllys i daeth allan', yn rhoi'r argraff fod Llwyd yn dehongli'r creu fel gweithred o ddeilliadaeth ('emanation') ar ran Duw. Y cysyniad naturiol agosaf at ddeilliadaeth yw esgor. Eithr, y dehongliad uniongred o'r creu yw fod Duw wedi creu o ddim (*ex nihilo*), nid ohono ef ei hunan (*ex Deo*).

Nid oedd cytundeb cyffredinol ymhlith yr Apolegwyr Cristnogol cynnar ar y dehongliad *ex nihilo* o'r creu nes cyrraedd diwedd yr ail ganrif. Cyn hynny yr oedd diffyg cytundeb unfrydol ar y mater. Ar y cyntaf, nid deilliadaeth oedd y safbwynt oedd yn ymgiprys gyda chreu *ex nihilo* am gefnogaeth y diwinyddion ond y gred fod Duw wedi creu o ddeunydd afluniaidd a oedd yn bodoli cyn y creu. Yr oedd cefnogaeth i'r ddau safbwynt yn llyfrau Groeg yr Hen Destament (yr Apocyffa). O blaid damcaniaeth creu o ddim gweler II Macabeaid 7:28,

> Yr wyf yn deisyf arnat, fy mhlentyn, edrych ar y nef a'r ddaear a gwêl bopeth sydd ynddynt, ac ystyria mai o ddim y gwnaeth Duw hwy, a bod yr hil ddynol yn dod i fodolaeth yn yr un modd.

O blaid damcaniaeth creu o ddeunydd afluniaidd gweler Doethineb Solomon 11:17,

'Oherwydd nid oedd y tu hwnt i allu dy law hollalluog,
A hithau wedi creu'r byd o ddeunydd afluniaidd.'

Theophilus o Antioch (diwedd yr ail ganrif) a gydnabyddir fel y cyntaf i osod allan creu o ddim fel yr athrawiaeth Gristnogol. Helaethwyd ar yr athrawiaeth hon gan Tertullian (*c.*160–*c.*220) ac Irenaeus (*c.*130–*c.*200), a mabwysiadwyd yr athrawiaeth yn rhan o ddysgeidiaeth swyddogol yr Eglwys yn 1215 gan Bedwaredd Cyngor y Lateran. Ymhlith yr Apolegwyr a gredai yn namcaniaeth creu o ddeunydd afluniaidd yr oedd Justin Ferthyr (*c.*100–*c.*165) a Clement o Alecsandria (*c.*150–*c.*215). Yr oedd cefnogwyr y naill ddamcaniaeth a'r llall yn gytûn, fodd bynnag, yn eu gwrthwynebiad i ddamcaniaeth y Stoiciaid ac eraill, sef na chrewyd y bydysawd o gwbl, ond yn hytrach fod y cyfan yn bodoli o dragwyddoldeb i dragwyddoldeb.

Awduron dan ddylanwad y diwylliant Helenaidd oedd awduron llyfrau Groeg yr Hen Destament, ac nid yw'n syndod fod adlais o athroniaeth Groeg, gyda'i gwahanol safbwyntiau, i'w gael yn yr Apocryffa. Ar drothwy'r cyfnod Cristnogol aeth yr ysgolhaig Iddewig, Philo o Alecsandria (*c.*25 CC–OC 40), cyn belled â dweud fod yr un gwirioneddau i'w cael yng ngweithiau rhai o athronwyr Groeg ag a geid yn yr Ysgrythurau Hebraeg. Yn anorfod felly, yr oedd yr ymdoddi syniadol hwn yn dylanwadu ar awduron y Testament Newydd a'r Apolegwyr Cristnogol cynnar. O blith yr holl athronwyr yr un a edmygid fwyaf gan Philo a nifer o ddeallusion Cristnogol cynnar oedd Platon (427–347 CC). Credent mai ei athroniaeth ef a gynganeddai orau gyda'r datguddiad Beiblaidd.

Ar fater y creu, y ddeialog o waith Platon a gafodd y sylw amlycaf oedd y *Timaios*. Yn y ddeialog hon, rhwng Socrates a Timaios, mae Platon yn cyflwyno 'hanes' y creu. Mae'n dweud mai hanes tebygol (neu ddichonadwy) yn unig ydyw. Mae dau reswm am hyn. Yn gyntaf mae'r byd diriaethol yn gyfnewidiol, mae rhannau ohono o hyd yn darfod ac eraill yn dod i fod: ni ellir felly gael 'hanes gwir' amdano gan fod y gwir bob amser yn ddigyfnewid. Yn ail, mae Timaios yn atgoffa Socrates mai 'dim ond dynion ydym', hynny yw, ni pherthyn hollwybodusrwydd iddynt hwy, na neb arall, yn eu cyflwr presennol. (*Timaios* 29 c.d.) Ni chawn unrhyw eglurhad pellach ar statws yr hanes dichonadwy, ac nid yw'n syndod fod dehongliadau tra gwahanol ohono wedi eu coleddu gan athronwyr o'i oes ei hun hyd heddiw.

Mae Timaios yn codi'r cwestiwn a yw'r bydysawd wedi bodoli erioed, neu ai *dyfod* i fodolaeth a wnaeth? Ei ateb yw, gan fod y byd o hyd yn darfod ac yn dod i fod, mai dyfod i fodolaeth a wnaeth. (28 b.) Yn awr, mae'n rhaid i bopeth sy'n dyfod i fodolaeth, ddyfod i fodolaeth drwy gyfrwng rhyw achos. Eithr, meddai am yr achos hwnnw,'mae gwneuthurwr a thad y bydysawd yn anodd i'w ddarganfod, ac o'i ddarganfod, yn amhosibl i draethu amdano gerbron dynion'. (28 c.) Wrth geisio mynegi paham y ffurfiwyd y bydysawd gyda'i gyflwr o ddod i fod 'gan yr hwn a'i ffurfiodd' dywed Timaios,

> Yr oedd ef yn dda, ac ni pherthyn i'r da fod yn genfigennus. Felly, ac yntau yn amddifad o genfigen, dymunai i bob peth ddyfod mor debyg â phosibl iddo'i hun. Hyn, yn ôl dysgeidiaeth y doeth, yw egwyddor pennaf dod i fod a'r bydysawd. Dymuniad y duw oedd i'r cyfan fod yn dda, a hyd y gellid, i ddim fod yn amherffaith, felly cymerodd bopeth gweladwy – nad oedd mewn cyflwr o lonyddwch ond o aflonyddwch afluniaidd a chroes – a'i ddwyn o anhrefn i drefn, gan iddo farnu mai gwell oedd hynny. (29 e./30 a.)

Mae'r hyn sy'n feddiannol ar reswm yn rhagori ar y direswm. Gan mai dim ond mewn enaid y bodola rheswm, fe roes y gwneuthurwr enaid yn y byd diriaethol. Felly, fe berthyn i'r byd reswm mewn enaid ac enaid mewn corff, hynny yw, mae'n greadur byw. (30 b.) Mae'n rhaid i'r hyn sy'n dod i fod feddu ar ddiriaeth, felly mae'n rhaid iddo fod yn weladwy a theimladwy, ond ni fyddai dim yn weladwy heb dân nac yn deimladwy heb soletrwydd, ac ni cheir soletrwydd heb ddaear. I ffurfio cyfanrwydd rhaid cydio daear a thân gyda'i gilydd, a dyna yw swyddogaeth dŵr ac awyr. (31 a.b.c.) Nid Platon oedd y cyntaf i nodi swyddogaeth sylfaenol tân, daear, dŵr ac awyr yn ffurfiant y byd diriaethol: Empedocles (*bl.* oddeutu 444 CC) a wnaeth hynny. Fodd bynnag, ni chredai Empedocles mai dod i fod a wnaeth y bydysawd, ond yn hytrach ei fod yn bodoli'n dragwyddol. Daeth y gred mai tân, daear, dŵr ac awyr yw deunydd sylfaenol y greadigaeth yn hynod gyffredin. Ceir mynegiant ohoni yn fynych yng ngwaith beirdd Cristnogol yr Oesoedd Canol. Mae'n ymddangos hefyd yng ngherdd Morgan Llwyd 'Gwyddor Uchod':

> Os gofynni, Beth yw'r Anian
> A naturiaeth dyn ei Hunan?
> Pawb ath etyb. Mai, Tân, Awyr,
> Dwr, a Dayar sydd mewn natur. [MLl II, t.105]

Mae manylion hanes dichonadwy Timaios yn arwain at y cwestiwn, a oedd Platon yn meddwl fod 'man cychwyn' i'r bydysawd? Os felly, a ellir yn ystyrlon gyfeirio at gyfnod 'cyn' i ddim ddyfod i fodolaeth? Os yw amser yn beth a wnaed gan y gwneuthurwr, yr ateb i'r cwestiwn hwn yw 'na ellir'. Y tebyg yw na chredai Platon ei hun fod 'cyfnod' gwag ac afluniaidd wedi bodoli cyn ffurfiant y bydysawd. Credai Aristoteles (384–322 CC) na ellid sôn am 'gychwyn' i'r bydysawd, ond dehonglai ef Platon braidd yn llythrennol, felly yr oedd yn feirniadol o'i safbwynt fel y deallai efe ef. Y tebyg yw mai bwriad yr hanes dichonadwy yw mynegi safbwynt Platon fod trefn yn sail i'r bydysawd.

Mae'r safbwynt hwn yn deillio efallai o waith athronydd cynnar a ddylanwadodd yn drwm medd rhai ar syniadaeth Platon, sef Heracleitos (*c.*540–*c.*480 CC). Dysgai ef fod y byd yn unoliaeth, ond yn unoliaeth lle mae'r elfennau cyfansoddol gwrthgyferbyniol yn cael eu dal gyda'i gilydd mewn tyndra.

Rhaid ystyried y pethau sy'n groes i'w gilydd fel un, oherwydd ni all y naill fodoli heb y llall. Gall y tyndra fod yn ddeinamig, hynny yw, gall perthynas yr elfennau gwrthgyferbyniol fod yn ansefydlog, gyda'r naill a'r llall yn cyfnewid goruchafiaeth. Nid oes unrhyw beth na sefyllfa yn sefydlog, mae popeth yn gyfnewidiol. Un o ddywediadau epigramaidd Heracleitos yw'r gosodiad na ellir camu i'r un afon ddwy waith! Eithr ni ddigwydd yr holl gyfnewid ar hap a damwain ond yn unol â threfn arbennig. Yr enw a roes Heracleitos ar yr egwyddor, neu'r drefn, lywodraethol oedd 'Logos', y gair Groeg sy'n golygu 'Gair'. Ef oedd yr athronydd cyntaf i roi ystyr cosmig i'r gair 'Gair'.

A dychwelyd at y *Timaios*, cyfyd y cwestiwn, beth yw statws ontolegol gwneuthurwr y bydysawd? (Y gair Groeg a ddefnyddia Platon amdano yw *demiourgos*, sef crefftwr.) Ai unigolyn yn bodoli ar wahân i'r bydysawd ydyw? A ydyw yn bodoli o dragwyddoldeb? A yw'r deunydd afluniaidd y gwnaed y bydysawd ohono hefyd yn bodoli o dragwyddoldeb? Os felly, a yw yn 'gydradd' â'r gwneuthurwr o ran ei dragwyddoldeb? A beth am gynllun y bydysawd? Dywed Platon fod y bydysawd wedi ei gynllunio ar batrwm tragwyddol. Adlewyrchiad amherffaith (oherwydd ei fod yn darfod ac yn dod i fod) o fodelau (neu Ffurfiau) perffaith yw'r bydysawd diriaethol. Yn wahanol i'r byd a ganfyddwn drwy'r synhwyrau, mae'r Ffurfiau yn berffaith am eu bod yn ddigyfnewid a thragwyddol. A ydynt hwythau hefyd yn 'gydradd' â'r gwneuthurwr o ran eu tragwyddoldeb?

Yn nyfyniad [2] uchod, dywed Llwyd fod y byd yma yn Nuw cyn iddo ei greu. Mae'r syniad hwn yn adlais o athrawiaeth Philo o Alecsandria, a geisiodd gysoni Platoniaeth a theistiaeth Iddewig drwy ddweud fod modelau'r greadigaeth (sef yr hyn a alwai Platon yn 'Ffurfiau' tragwyddol) yn bodoli ym meddwl tragwyddol Duw cyn iddo greu dim.

Mater cymhleth arall yw gwybod beth yw arwyddocâd

yr enwau a roddir gan Platon i wneuthurwr y bydysawd. Yn adran 30a mae'n cael ei ddisgrifio fel duw (gweler y dyfyniad uchod). Sut mae deall y teitl hwn? Yn ystod yr ugeinfed ganrif cafwyd dau gyfieithiad Saesneg o'r *Timaios,* gydag esboniadau, gan ddau ysgolhaig amlwg iawn, A.E. Taylor (esboniad 1928 a chyfieithiad 1929) a Francis M. Cornford (1937), ond yr oedd eu cyfieithiadau a'u dehongliadau o arwyddocâd y ddeialog yn wahanol iawn i'w gilydd. Lle mae Cornford yn defnyddio 'the god' am y gwneuthurwr, mae Taylor yn defnyddio'r gair 'God'. Yn sicr, nid oedd Platon yn coleddu undduwiaeth yn yr ystyr Iddewig, serch hynny mae'n hawdd iawn gweld sut y gallai Philo o Alecsandria a llu o ddarllenwyr Iddewig a Christnogol uniaethu *demiourgos* Platon gyda Chreawdwr llyfr Genesis.

Yn adran 28c mae Timaios yn cyfeirio at 'wneuthurwr a thad y bydysawd', ac yn 37c mae'n cyfeirio at 'y tad a'i cenhedlodd'. Mae cryn wahaniaeth, wrth gwrs, rhwng perthynas crefftwr â'i gynnyrch a pherthynas tad â'i blentyn. Mae'r crefftwr yn gosod y ffurf a ddymuna ar sylwedd sydd eisoes yn bodoli yn annibynnol ohono. Yn achos tad, cynnyrch ei gorff ei hun yw ei blentyn, ohono ef y'i gwnaed, 'cnawd o'i gnawd' ydyw. Paham y defnyddiodd Platon dermau mor wahanol eu hystyr yn y cyswllt hwn sy'n ddirgelwch. Bu rhai yn amau fod y gwneuthurwr a'r tad yn ddau unigolyn ar wahân, ond prin yw'r sail dros gredu hynny yng ngoleuni gweddill y ddeialog. Sut bynnag, bu'r cysyniad o genhedliad y byd yn un pwerus yn hanes esblygiad y cysyniadau deilliadaethol o'r creu.

Y ffigwr cynnar pwysicaf yn y traddodiad hwnnw yw'r athronydd Neo-Blatonaidd, Plotinos (*c.*205–270). Eifftiwr oedd Plotinos, ond o 244 ymlaen bu'n addysgwr yn Rhufain. Yn ychwanegol at fod yn athronydd, cafodd ei gydnabod yn gyfrinydd, a bu'r cysylltiad rhwng deilliadaeth a chyfriniaeth yn agos ar hyd yr oesoedd. Yr ydym yn ddyledus i Porphurios, disgybl disgleiriaf Plotinos, am hanes ei fywyd ac am ddiogelu a golygu ei weithiau, yr *Enneades*. Erbyn oes Plotinos yr oedd cryn wahaniaeth wedi datblygu rhwng y gwahanol ddehongliadau a geid o athroniaeth Platon. Rhwng oes disgyblion Platon ac oes y Neo-Blatoniaid yr oedd cyfnod y Platoniaid Canol. Tueddent hwy i ddehongli Platon yng ngoleuni athroniaeth ddiweddarach Aristoteles neu athrawiaeth y Stoiciaid neu'r Puthagoreaid. Etifedd y dehongliadau hyn oedd Plotinos, ac ni ddylem felly ddisgwyl Platoniaeth 'bur' neu 'uniongred' ganddo.

Sail holl athroniaeth Plotinos yw'r syniad fod popeth yn deillio o un peth. Fel y mae lluosogrwydd rhifau yn deillio o'r rhif un, felly mae lluosogrwydd popeth sy'n bod yn deillio o Un. Yr Un hwn yw ffynhonnell popeth. Serch hynny, ynddo ei hun nid oes iddo raniadau na lluosogrwydd. Am hynny ni ellir priodoli meddwl, nac ewyllysio na gweithredu iddo. Y rheswm am hynny yw y byddai priodoli meddwl iddo yn golygu gwahaniaethu o'i fewn rhwng y meddyliwr a'i feddyliau, a'r un modd gydag ewyllysio a gweithredu. Am hynny, nid yw'n ymwybodol ohono'i hun. Dywed Plotinos na ellir priodoli unrhyw nodweddion cadarnhaol iddo ac eithrio undod digyfnewid. Ef hefyd yw'r Da. (Cymharer hyn gyda *Timaios* 29e/30a uchod.)

Sut felly mae egluro bodolaeth y bydysawd a'i luosogrwydd o bethau? Ni allant fod yn rhan o'r Un gan nad oes rhaniadau ynddo. Ni allai'r Un fod wedi eu creu drwy ewyllysio hynny oherwydd golygai hynny wahaniaethu rhwng yr ewyllysiwr a'r hyn a ewyllysiai. Yn wir, ni allai greu o gwbl gan fod creu yn weithred, a byddai gweithredu yn anghyson â'i anghyfnewidrwydd. Ni chafodd y bydysawd ei greu gan yr Un, ond yn hytrach *deilliodd* ohono.

Er mai deillio o'r Un a wna pob peth, ac ohono ef y'u gwnaed, eto nid yw ef wedi lleihau dim. Erys yn gyflawn ynddo'i hun. Defnyddiodd Plotinos nifer o ddelweddau i geisio cyfleu y cysyniad hwn. Un ohonynt yw delwedd y drych. Nid yw'r hyd a adlewyrchir yn y drych yn lleihau dim o gael ei atgynhyrchu yn yr adlewyrchiad: nis newidir mewn unrhyw fodd. Delwedd arall a ddefnyddiodd yw'r haul. Nid yw disgleirdeb yr haul yn pylu oherwydd bod goleuni yn deillio ohono.

Yn ôl damcaniaeth Plotinos, fe berthyn i ddeilliadaeth haenau neu gamrau. Fe berthyn y flaenoriaeth i'r Un, a enwir ganddo weithiau yn Dduw. Yna daw *Nous,* sy'n golygu math o ddeall ac ymwybyddiaeth. Fe'i cyfieithir gan amlaf gyda'r gair 'Meddwl', ond'Ysbryd' a ddefnyddiai ei brif gyfieithydd Saesneg, W. R. Inge. A dilyn delwedd yr haul, *Nous* yw'r goleuni sy'n caniatáu i'r Un i'w weld ei hun. Mae'n adlewyrchiad o'r Un, a thrwy hwn gwna'r Un ei hun yn hysbys, hyd yn oed i ni. O *Nous* fe ddeillia *Psyche*, Enaid, ac ef yw awdur y bydysawd.

Mae'n hynod ddiddorol fod Llwyd, yn nyfyniad [5] uchod, yn defnyddio'r un categorïau â Plotinos, sef Duw, Ysbryd ac Enaid (ond mewn fframwaith Cristnogol, wrth gwrs). Hefyd, mae ei osodiad mai Duw yw 'ffynnon' bywyd naturiaeth yn arbennig o briodol i gyfleu'r cysyniad o ddeillio. Yn y gerdd 'Gwyddor Uchod' dywed Llwyd fod y byd wedi dyfod 'allan' o Dduw 'oi ewyllys'. Yn ôl Plotinos ni allai hynny fod oherwydd nid oes gan yr Un ewyllys. I Plotinos, trwy Enaid, nid o Dduw yn uniongyrchol y cafwyd y byd. Serch y gwahaniaeth yna, mae Morgan Llwyd hefyd yn gwahaniaethu rhwng Duw ac Enaid y byd hwn.

Nid yw'n hawdd gosod theistiaeth Plotinos mewn categori diamwys. Dyma sylwadau Frederick Copleston, hanesydd Saesneg amlycaf athroniaeth y Gorllewin yn ei *A History of Philosophy*:

> We have ... to be careful, if we wish to make the statement that the process of emanation in Plotinus is pantheistic in character. It is quite true that for Plotinus the world proceeds from God ... and that he rejects free creation ex nihilo; but it should also be remembered that for him the prior Principle remains 'in its own

> place,' undiminished and unimpaired, always transcending the subordinate being. The truth of the matter would seem to be that, while rejecting free creation out of nothing on the ground that this would involve change in God, Plotinus equally rejects a full pantheistic self-canalisation of the Deity in individual creatures, a self-diremption of God. In other words he tries to steer a middle course between theistic creation on the one hand and a fully pantheistic or monistic theory on the other hand. We may well think that ... no such compromise is possible; but that is no reason for calling Plotinus a pantheist without due qualification. [Cyf. I, pennod 45, rhan 2]

Gallwn ddweud yr un peth yn union am theistiaeth Morgan Llwyd.

Ar ôl dyddiau Plotinos symudodd prif ffrwd athroniaeth y Gorllewin i gyfeiriadau a oedd yn cael eu pennu i raddau helaeth gan ofynion a diddordebau yr Eglwys Gatholig. Hyd yn oed o fewn y traddodiad Catholig, fodd bynnag, yr oedd meddylwyr a gofleidiai syniadau eithaf pantheistaidd eu naws, megis athronwyr Ysgol Chartres yn y ddeuddegfed ganrif, y cyfrinydd Ellmynig Meister Eckhart (*c.*1260–1327), Nicholas Cusanus (*c.*1400–64), ac eraill. Ac er gwaethaf y bri a roddwyd yn gynyddol ar athroniaeth Aristoteles yn y prifysgolion, nid oedd Platoniaeth wedi llwyr fachlud o bell ffordd.

Ni chyfyngwyd datblygiad athroniaeth y Gorllewin i Ewrop Gristnogol, fodd bynnag. Gwelwyd datblygiadau ac addasiadau gwreiddiol o syniadaeth Groeg mewn Iddewiaeth ac Islam. Gwelsom eisoes fel y ceisiodd Philo o Alecsandria briodi Iddewiaeth gydag athroniaeth Groeg. Agorodd ei barodrwydd i ddehongli testun y Beibl Iddewig mewn ffyrdd alegorïol bosibiliadau esboniadol Platonaidd. Enghraifft ddiddorol o'r duedd hon yw'r dehongliad amgen a gafwyd gan rai Iddewon ar eiriau agoriadol y Beibl. Un o nodweddion yr iaith Hebraeg yw bod ei ffurf ysgrifenedig yn cynnwys y cytseiniaid yn unig. Bydd darllenwyr sydd eisoes yn gyfarwydd â Hebraeg llafar yn gwybod pa lafariaid sydd i'w gosod rhwng ac o amgylch y cytseiniaid i ffurfio geiriau cyfan yn ôl y cyd-destun. Weithiau, wrth gwrs, gallai'r un gyfres o gytseiniau sefyll gyda llafariaid gwahanol – a chyfleu geiriau hollol wahanol! Bydd cynganeddwyr Cymraeg yn gyfarwydd iawn â'r ffenomenon hon (e.e. yn Gymraeg – M'DD" = MeDDwi / MaDDau). Mae Genesis yn dechrau gyda'r gyfres BR'Sh(Y)T, a ddarllenir gan amlaf fel BeReShiT, sef 'Yn y dechreuad' ['y creodd Duw y nefoedd a'r ddaear'], ond o newid y llafariaid a darllen BaRaShaT fe geir ystyr wahanol, sef 'Gyda'r pen', neu 'Gyda'r meddwl' ['y creodd Duw y nefoedd a'r ddaear'], sef ohono ef ei hun (megis Llwyd [1] uchod). Cafwyd nifer o gyfieithiadau Aramaeg cynnar yn dewis y dehongliad amgen. (Gweler von Stuckrad, t. 32.)

Daeth Neo-Blatoniaeth yn elfen gref yn natblygiad syniadaeth Iddewig, yn enwedig tua diwedd y seithfed ganrif. I'r cyfnod hwn y perthyn y *Sefer Yetzirah*, 'Llyfr y Ffurfiant' (neu'r Creu), yn ei ffurf gynharaf. Dyma waith ysgrifenedig cyntaf y traddodiad esoterig mewn Iddewiaeth, traddodiad a fyddai yn datblygu dros ganrifoedd fel athrawiaeth y Cabbala. Yn y *Sefer Yetzirah* cyflwynir damcaniaeth esoterig y gyfatebiaeth rhwng y macrocosm a'r microcosm, a hynny drwy osod arwyddocâd cyfrin i wyddor yr iaith Hebraeg. Gosodir 22 cytsain yr Hebraeg mewn tri dosbarth: deuddeg 'dwbwl', saith 'sengl' a thair 'mam'. Mae'r deuddeg llythyren yn cyfateb i arwyddion y Sidydd, a'r saith llythyren yn cyfateb i ddyddiau'r wythnos, y saith blaned a saith rhan gyfatebol o'r corff dynol. Mae'n amlwg fod Llwyd yn gyfarwydd â'r athrawiaeth esoterig hon. Ceir mynegiant ohoni yn y gerdd 'Gwyddor Uchod', y dyfynnwyd ohoni eisoes.

Cerdd hir yw 'Gwyddor Uchod' sy'n fyfyrdod ar Salm 8: 3,4. Mae'n dechrau gyda chyfres o 30 pennill pedair llinell, ac o'r gyfres hon y daeth y penillion a ddyfynnwyd uchod. Daw'r penillion isod o'r ail gyfres, sef cyfres o 21 lle mae pennill yr un ar gyfer y Lleuad (yn cyfateb i'r ymennydd), *Mercurius* (ysgyfaint),

Venus (arennau), yr Haul (y galon), *Mars* (bustul), *Jupiter* (afu / iau), *Saturn* (y ddueg / 'spleen'). Yna daw 18 pennill i'r Lleuad, 12 i Mawrth, 8 i Gwener, 16 i'r Haul, 10 i Mawrth, 7 i Iau, 11 i Sadwrn. I orffen, ceir cyfres o 33 pennill. Isod wele benillion 2, 5, 8, 10 a 14 o'r ail gyfres:

> Mae ymhob dyn naturiol,
> Saith Blaned fawr ryfeddol;
> Ag yn cydweithio heb nâghau
> Gida'r Planedau nefol.
>
> *Venus* yw'r eglur
> Sydd dan yr Haul yn gyssur.
> Fel yr *Arrenau* ynghorff dyn
> Mae hon yn nhyddyn natur.
>
> A *Jupiter* yw'r blaned
> Sy'n cael ei lle yn chweched.
> Un ddull a hon yw *Afu* dyn,
> Am dano ei hun meddylied.
>
> Dyn iw Canolfa'r hollfyd,
> Dyn o bob peth a grewyd.
> Pob peth a wnaed sydd ynddo ef,
> Môr, Dayar, Nef a Bywyd.
>
> Astronomyddion cnawdol
> Sy'n sôn am Sêr naturiol:
> Heb ganfod y saith ysbryd byw,
> Sy'n ei rhyw'n dragwyddol. [MLl II, t.101–7]

Nid Cabbala yw'r unig elfen yn nhraddodiad esoterig y Gorllewin. Elfen bwysig arall yw Hermetiaeth. Daw'r term Hermetiaeth o enw sylfaenydd tybiedig yr athrawiaeth, sef Hermes Trismegistus. Credid mai un o ddoethion yr hen Aifft oedd ef. Ei enw yn yr Aifft oedd Thoth, noddwr y grefft offeiriadol o ysgrifennu a cheidwad cyfrinachau dwyfol.

Uniaethodd y Groegiaid ef gyda'u Hermes hwy a rhoddasant iddo'r teitl 'Trismegistus', sef Mawredd Triphlyg, i nodi ei fawredd yn offeiriad, athronydd a deddfwr. Daethpwyd i gredu ei fod yn cydoesi â Moses. Credai rhai fod Platon wedi bod mewn cysylltiad ag ef, naill ai yn uniongyrchol, neu drwy Puthagoras. Cynhyrchwyd llenyddiaeth sylweddol dan ei enw ymhlith y Groegiaid yn ymwneud â dewiniaeth, alcemi, astroleg a chyfrinachau natur, a'r enw ar y llenyddiaeth hon yw *Hermetica*. Cafwyd llenyddiaeth athronyddol yn ogystal, gyda'r ysgrifau pwysicaf yn cynrychioli syniadaeth Neo-Blatonaidd ac Iddewig cyfnod yr ail hyd y bedwaredd ganrif. Gwnaed casgliad ohonynt tua'r ddegfed ganrif, ac adwaenir hwnnw fel y *Corpus Hermeticum*.

Cysyniad deilliadol o'r creu sydd i'w gael yn y *Corpus Hermeticum*. Ceir enghraifft o hyn yn y Pedwerydd Traethiad pan yw Hermes yn dweud fod Duw yn ei hanfod yn feichiog â phob peth, a pherthyn i'w hanfod hefyd yw dod â phob peth i fodolaeth (cymharer gyda Llwyd [2] uchod). Dywedir yn y Pedwerydd Traethiad ar Ddeg na ellir gwahanu'r pethau a ddaw i fodolaeth oddi wrth yr hyn a wna iddynt ddod i fodolaeth. Eto, nid yw Hermetiaeth yn bantheistaidd. Megis yn achos Plotinos a Neo-Blatoniaeth cynigir ffordd ganol rhwng theistiaeth drosgynnol a phantheistiaeth. Yn ôl yr athronydd Americanaidd, G. A. Magee:

> Hermeticism constitutes a middle position between pantheism and the Judaeo-Christian conception of God. According to traditional Judaeo-Christian thought, God utterly transcends and is infinitely distant from creation. Furthermore, God is entirely self-sufficient and therefore did not have to create the world, and would have lost nothing if He had not created it. Thus the act of creation is essentially gratuitous and unmotivated. God creates out of sheer abundance, not out of need. This doctrine has proved dissatisfying and even disturbing to many, for it makes creation seem arbitrary and absurd. Pantheism by contrast, so thoroughly involves the

> divine in the world that *everything* becomes god, even mud, hair, and dirt – which drains the divine of its exaltedness and sublimity. Thus pantheism is equally dissatisfying.
>
> Hermeticism is a middle position because it affirms both God's transcendence of the world and his involvement in it. God is metaphysically distinct from the world, yet God needs the world to complete Himself. [t. 8/9]

Gwelai rhai dysgedigion Cristnogol yn yr ysgrifau Hermetaidd fynegiant dirgel o athrawiaethau Cristnogaeth. Yr Apolegwr Cristnogol cyntaf i fynegi'r farn fod rhai o ddatganiadau Hermes Trismegistus yn rhagfynegiant o wirioneddau'r Efengyl oedd Lactantius (*c.* 240 – *c.* 320), tiwtor Crispus, mab Cystennin Fawr. Cyn y Dadeni yr oedd ysgolheigion y Gorllewin yn ddibynnol iawn ar weithiau Lactantius am eu gwybodaeth o athrawiaethau Hermetaidd. Yr oedd rhai o'r 'dyfyniadau' a gaed ganddo o ddatganiadau Hermes Trismegistus yn cynnig eu hunain i'w dehongli mewn modd Cristnogol. Dyma enghraifft, *monas monadem genuit et in se ipsum reflexit ardorem* (y monad genhedlodd fonad a adlewyrcha ei lewyrch tuag ato).

Dehongliad Lactantius, a nifer o ddiwinyddion yr Oesoedd Canol, o'r datganiad hwn oedd mai Duw y Tad yw'r monad sy'n cenhedlu, mai Duw y Mab yw'r monad a genhedlwyd ac mai Duw yr Ysbryd Glân yw'r adlewyrchiad. Dyna ragfynegi athrawiaeth Gristnogol y Drindod – cyn Crist – a chan bagan! Dyma pam y cafodd portread o Hermes Trismegistus le o anrhydedd yn y brithwaith sy'n addurno llawr Eglwys Gadeiriol Siena.

Mae'r dehongliad Hermetaidd braidd yn wahanol. Y monad sy'n cenhedlu yw'r Un. Y monad a genhedlwyd yw'r byd. Y mae'r byd yn adlewyrchiad o'r Un. Mae'r cysyniad o'r byd fel adlewyrchiad yn cael mynegiant gan Llwyd yn *Llyfr y Tri Aderyn*:

[6] 'Ac er nâd Duw yw naturiaeth, ac er na ellir i adnabod

> drwy Philosophyddiaeth, etto ni wnaeth ef mor bŷd ymma yn ofer, ond fe ai gosododd fel drych i weled ei gyscod ef ynddo.' [MLl I, t.261]

Yr oedd y cysyniad fod y greadigaeth yn fodd i Dduw ei 'weld' ei hun ynddi yn elfen yn syniadaeth Jacob Böhme. Yn debyg iawn i Heracleitos gynt, credai Böhme fod popeth yn bodoli mewn tensiwn. Mae'r cread yn cwmpasu'r cadarnhaol a'r negyddol mewn undod. Mae i bopeth ei wrtheb: 'Ie' a 'Nage' yw'r cread: 'The One, the 'Yes', is pure power, and the life and the truth of God, or God Himself; but God would be unknowable to Himself, and there would be in Him no joy or perception, if it were not for the presence of the 'No'.' [*Theosophical Questions* iii.2] Cyn i'r gwrthgyferbyniol negyddu nid oes 'Ie' na 'Nage' ac mae'r Un mewn cyflwr diwahaniaethaidd, a heb hunanymwybyddiaeth mae megis dim. Dyma yw'r *Ungrund*, tarddiad popeth. Mae'r Un yn ceisio ei adnabod ei hun, ac i'r diben hwnnw mae'n mynegi ei hun trwy greu. Y cread yw'r drych lle mae'r Un yn ei weld ei hun: 'If everything were only one, that one could not become manifest to itself.' [*Mysterium* iv.22]

Mae'n amlwg fod Böhme wedi ymgorffori llu o syniadau a chysyniadau Hermetaidd yn ei waith gan eu gweu i mewn i gyfundrefn Gristnogol. Meddai Magee:

> This is the core of Böhme's Hermeticism: the conception of God not as transcendent and static, existing 'outside' the world, impassive and complete, but as an active *process* unfolding within the world, within history. What initiates this process in the first place? Böhme held that God is moved by the desire to reveal Himself to Himself, but that this self-revelation is psychologically impossible unless an *other* stands opposed to Him. ... God does not know Himself through the world *qua absolute other*, however. An absolute other would be so foreign as to be unknowable. Instead, God in creation 'others Himself', corporealizes Himself, a process that reaches its consummation with Christ. It is through

> Christ that the nature of God and the world is revealed to man. Through Christ, we can reflect on our nature as divine products, and this reflection constitutes a 'return' to the source; God's will to self-revelation is fulfilled with His creation's knowledge of Him. [t.38/9.]

Dylid gwneud dau bwynt pwysig yma am y gwahaniaeth rhwng syniadau Llwyd a Hermetiaeth. Y cyntaf yw fod Llwyd yn credu mai trwy ffydd y cyfiawnheir pechaduriaid ac nid trwy athroniaeth neu wybodaeth. Ni ellir adnabod Duw 'drwy philosophyddiaeth', meddai. Yn ail, er bod Llwyd yn dweud fod Duw wedi creu'r byd er mwyn gweld ei gysgod ynddo, ymddengys serch hynny ei fod yn meddwl y gallai Duw ymddangos iddo'i hun *heb fod wedi creu'r byd*. Hynny yw, nid yw Duw yn ddibynnol ar y byd am ddim:

> [7] 'Cyn gwneuthur y bŷd nid oedd ond Duw yn ymddangos iddo ei hunan, ac wedi difa'r bŷd ymma ni ryfeddir nêb ond Duw.' [MLl I, t.231]

Ond, sylwer hefyd fel y mae Llwyd, yr un fath â'r Hermetiaid, yn ymwrthod â phantheistiaeth: 'er nâd Duw yw naturiaeth'. Cafodd syniad Böhme fod ar Dduw angen rhyw fath o ddrych er mwyn amlygu ei hun iddo'i hun, ac mai'r cread yw'r drych hwnnw, ddylanwad mawr iawn ar un o athronwyr pwysicaf y bedwaredd ganrif ar bymtheg, G. W. F.Hegel (1770–1831). Yr oedd ei barch tuag at Böhme yn uchel iawn; cyfeiriai ato fel y *philosophicus teutonicus*. Un o egwyddorion canolog athroniaeth Hegel yw na all unrhyw fod ymwybodol (gan gynnwys Duw) ddod yn hunanymwybodol heb gyswllt â rhywbeth arall. Yn achos Duw, y greadigaeth yn gyffredinol, a'r ddynoliaeth yn arbennig, yw'r 'arall' hwnnw. Yn debyg i Böhme a Heracleitos credai Hegel hefyd fod popeth yn bodoli mewn tensiwn ansefydlog, a dyma sydd wrth wraidd ei gysyniad enwog o ddilechdid.

Mae taro ar derm technegol i gyfleu y categori hwnnw o theistiaeth a welwn yng ngweithiau Plotinos, Hermetiaeth, Böhme, Morgan Llwyd a Hegel wedi peri trafferth i haneswyr syniadau. Ni ellir defnyddio'r term 'pantheistiaeth' heb ei amodi i ddisgrifio'r categori y perthyn eu safbwyntiau (gwahanol) hwy iddo. Yn 1828 fe fathodd athronydd o'r Almaen, Karl C. F. Krause (1781–1832), derm newydd sy'n llenwi bwlch yn yr eirfa theistaidd. Credai ef fod Duw ym mhob peth a bod y byd yn bodoli 'oddi mewn i Dduw', ond fod y byd a Duw heb ymgymysgu â'i gilydd (cymharer Llwyd [4] uchod). Er mai Duw yw craidd cyntafol ('primordial essence') popeth sy'n bodoli (Llwyd, 'ohono, y mae'r byd drwyddo', [1] uchod), credai Krause fod Duw yn fwy na swm y greadigaeth. Credai hefyd mai trwy gyfrwng ei greadigaeth y mae Duw yn medru ei fynegi ei hun. Gwrthodai Krause y term 'pantheistiaeth' fel disgrifiad o'i safbwynt a bathodd derm newydd, 'panentheistiaeth', sef 'Duw *ym* mhopeth' (ac yn wir, 'popeth yn Nuw') i'w wahaniaethu o'r safbwynt mai 'Duw *yw* popeth', sef pantheistiaeth. Mae syniadau Krause am berthynas Duw â'r greadigaeth mor drawiadol o debyg i rai Morgan Llwyd fel y gallwn ddweud mai panentheydd oedd yntau hefyd.

Byrfoddau a Chyfeiriadaeth

MLl I – Ellis, T. E. (gol.), *Gweithiau Morgan Llwyd o Wynedd*, Bangor a Llundain, 1899.

MLl II – Davies, John H. (gol.), *Gweithiau Morgan Llwyd o Wynedd, Cyfrol ii*, Bangor a Llundain, 1908.

Copleston, Frederick, *A History of Philosophy, Volume I*, Westminster, UDA, 1946.

Magee, Glenn Alexander, *Hegel and the Hermetic Tradition*, Cornell, 2001.

Owen, Goronwy Wyn, *Rhwng Calfin a Böhme:Golwg ar Syniadaeth Morgan Llwyd*, Caerdydd, 2001.

Von Stuckrad, Kocku, *Western Esotericism*, Llundain, 2005.

Ann Griffiths a'r Athro J. R. Jones

Walford L. Gealy

ANN GRIFFITHS A'R ATHRO J. R. Jones – dyma ddau berson yr wyf yn llawn edmygedd ohonynt, er bod y ddau mor wahanol i'w gilydd. Eto i gyd gellir dweud fod y ddau yn blant eu cyfnodau a bod y gwahaniaeth rhyngddynt yn adlewyrchiad o'r gagendor diwylliannol sy'n bodoli rhwng Cymru'r ddeunawfed ganrif a chanol yr ugeinfed. Plentyn ffrwyth y Diwygiad Methodistaidd oedd Ann tra perthynai J.R. i gyfnod cynnar yr hyn a ddisgrifir bellach fel un ôl-Gristnogol.

Paham cysylltu dau berson a ymddengys mor anghymarus? Mater rhannol ddamweiniol yw hyn. Gwyddwn yn dda am driniaethau a diddordeb J.R. yng ngwaith Ann, ac yn arbennig ei ysgrif arni a gyhoeddwyd yn 1971 yn *Ac Onide*. Credais, er fy mharch at J.R. fel meddyliwr praff, iddo wneud camwri enfawr ag Ann yn yr ysgrif honno. A chan na wyddwn am neb yn ystod y deugain mlynedd er cyhoeddi'r ysgrif sydd wedi ymateb iddi er mwyn amddiffyn Ann, bu ar fy nghalon i wneud hynny ers peth amser. Fe'm gwahoddwyd yn garedig i draddodi'r Ddarlith Goffa i Ann yn Awst 2010 ac felly y daeth y cyfle imi wneud yr hyn a ddymunwn ac y deuthum i'w ystyried yn ddyletswydd arnaf. Wedi'r cwbl, os yw J.R. yn gywir yn ei feirniadaeth o grefydd Ann, yna nid hi'n unig sydd dan ei lach ond y mwyafrif o Gristnogion sy'n credu yn realiti eu profiadau ysbrydol. Ond tybiaf mai camgymeriadau athronyddol sydd y tu ôl i feirniadaeth J. R. Jones ac, wrth reswm felly, bydd rhaid wrth beth athronyddu yma er mwyn dangos hynny.

Nid yw Cymru yn enwog am gynhyrchu athronwyr. Eto i gyd, ychydig dros hanner canrif yn ôl, roedd rhai Cymry Cymraeg wedi ennill peth bri iddynt eu hunain yn y pwnc, o leiaf yma ym Mhrydain. Y tri oedd R. I. Aaron, H. D. Lewis a J. R. Jones. 'Roedd y tri yma'n perthyn i'r un ysgol athronyddol (neu, os mynnwch, yn rhannu'r un safbwynt a'r un rhagdybiaethau athronyddol), sef yr ysgol honno a elwir yn Empeiriaeth Brydeinig. Yr oedd gwrthgyferbyniad clir rhwng yr ysgol hon a'r ysgol fawr athronyddol arall a ddatblygodd ar gyfandir Ewrop yn yr ail ganrif ar bymtheg sef, Rhesymoliaeth Ewropeaidd. Dyma'r tro cyntaf ers amser, ers cyfnod y Groegiaid ganrifoedd cyn Crist, i athroniaeth flaguro o'r newydd a hynny o ganlyniad i'r amheuon a ddaeth i fod yn sgil y datblygiadau newydd mewn un adran o wyddoniaeth, sef cosmoleg. Copernicws a Galileo, ac yn ddiweddarach, y Sais, Syr Isaac Newton, yw'r enwau mawr a gysylltir â'r chwyldro hwn a newidiodd ein holl ddeall o natur y bydysawd, sef ei fod yn heulganolog ('heliocentric') yn hytrach na daearganolog ('geocentric'), fel y credwyd gynt. Creodd y datblygiadau newydd hyn sgeptigaeth ddofn, a hynny am ddau reswm syml. Yn y lle cyntaf, ymddangosai'n groes i dystiolaeth gyffredin ein synhwyrau. Mynnwn ddweud o hyd bod yr haul yn codi ac yn machlud, er erbyn hyn, derbyniwn bawb ohonom y gred mai'r byd sy'n troi ar ei acsis ei hun. Yn ail, roedd yr eglwys Gristnogol imperialaidd (a ddaeth i fod, nid yn nyddiau Iesu a'r Testament Newydd ond ar ddechrau'r bedwaredd ganrif) wedi dysgu dros y canrifoedd mai bydysawd daearganolog ydoedd ac, o ganlyniad, gwelwyd y gosmoleg newydd yn her i'w hawdurdod absoliwt ar bob dim. Carcharwyd Galileo am ddysgu heresi. Dyma ddechrau amau cywirdeb dysg yr eglwys Babyddol. Cyn hir ymestynnodd yr amheuaeth i faterion cwbl Feiblaidd, a dyna ddechrau ar y Diwygiad Protestannaidd.

Crybwyllwyd enw Syr Isaac Newton. Cyfoeswr iddo, ac un o brif edmygwyr Newton, oedd Sais arall o'r enw John Locke.

Disgrifiodd Locke y gwyddonydd enwog fel 'the incomparable Mr Newton'. Y Locke hwn yw tad empeiriaeth Brydeinig ac efe yw'r dylanwad mwyaf ar athroniaeth ym Mhrydain, i ryw raddau, hyd heddiw. Roedd y tri Chymro o athronwyr a enwyd uchod yn perthyn i'r traddodiad empeiraidd Prydeinig hwn. Yn wir Aaron oedd awdur llyfr a gyfrifwyd, yn ei gyfnod, fel yr esboniad diffiniol o waith Locke. Disgybl i Aaron, a chydweithiwr iddo am flynyddoedd ar ôl hynny, oedd J. R. Jones. Ac, yn yr un modd, empeirydd pur oedd H. D. Lewis hefyd.

Ond, beth yw empeiriaeth? Wel, diffiniad syml ohono yw mai profiad synhwyrol yw prif ffynhonnell ein gwybodaeth, ac y mae'r wybodaeth hon yn sicrach na dim a ddaw o gyfeiriad y meddwl. Mewn geiriau symlach fyth, yn ôl yr athroniaeth hon, ni fedraf honni fy mod yn *gwybod* dim oni fedraf weld neu deimlo neu glywed y peth hwnnw yr honnaf wybodaeth ohono. Mynegodd J.R. y gred hon rhyw dro, mewn geiriau Ysgrythurol, 'Oni welaf, ni chredaf', sef geiriau, fel y gŵyr y cyfarwydd, oedd yn mynegi anghrediniaeth Tomos o atgyfodiad Iesu.

Nawr, ystyrier arwyddocâd y gred athronyddol hon yng ngoleuni gosodiad Ysgrythurol arall sef, 'Ni welodd neb Dduw erioed'. Y pwynt syml yw hyn. Ymddengys fod gagendor rhesymegol sylweddol rhwng empeiriaeth ar y naill law, a'r gred yn Nuw ar y llaw arall. Os, ar y naill law, y mynnir rhyw dystiolaeth neu brawf gweladwy er mwyn cyfiawnhau'r honiad ein bod yn *gwybod* rhywbeth, yna ni ellir ond diraddio'r ffydd yn Nuw i lefel *cred* yn unig – cred nad yw byth yn cyrraedd yr un lefel o sicrwydd a berthyn i *wybodaeth* o rywbeth. Fe wnaeth dau o'r tri athronydd Cymraeg a grybwyllwyd uchod eu gorau i amddiffyn eu ffydd. Yr oedd Aaron yn aelod parchus yn un o gapeli'r Bedyddwyr yn Aberystwyth. Yr oedd H. D. Lewis yn fab y mans, a'i dad yn weinidog gyda'r Presbyteriaid.

Yr oedd H.D. ei hun yn bregethwr lleyg, a gwelodd ei waith athronyddol, yn rhannol o leiaf, fel ymgais i amddiffyn ei ffydd Gristnogol.

Ond yr oedd J. R. Jones yn wahanol. Yn fy marn i, gan J.R. yr oedd y meddwl miniocaf o'r tri athronydd, ac yn gynnar yn ei yrfa athronyddol teimlodd y tensiwn rhwng ei athroniaeth empeiraidd a'r ffydd grefyddol a goleddai pan oedd yn ifanc. Yn wir, roedd J.R. wedi cyrraedd Aberystwyth yn Hydref 1929 fel myfyriwr a'i fryd ar fod yn weinidog yr efengyl. Fel myfyriwr a oedd yn amlwg alluog, diau bod ei fryd ar ennill y graddau B.A., B.D. Ond pa bwnc a gymerai ar gyfer ei radd gyntaf? Dewisodd athroniaeth ac, ymhen tair blynedd, graddiodd â chyntaf disglair yn y pwnc. Aeth ymlaen i ysgrifennu traethawd a chael M.A. Cymru ymhen dwy flynedd arall, cyn iddo dreulio'r tair blynedd nesaf yng ngholeg Balliol, Rhydychen, gan ennill iddo'i hun y radd D.Phil. Daeth yn ôl i Aberystwyth yn ddarlithydd yn adran Aaron, gan aros yno nes ei ddyrchafu i'r gadair yn Abertawe yn 1952. Yn ystod yr holl flynyddoedd hyn, yn Aberystwyth a Rhydychen, gwreiddiodd empeiriaeth yn ddwfn ynddo ac, o'r cychwyn trodd ei ffydd grefyddol yn simsan, yn gwbl anuniongred ac, yn ôl ei ddyfarniadau terfynol ar Ann, yn wadiad llwyr o'r realiti ysbrydol. Erbyn diwedd ei fywyd credaf mai dyneiddiwr pur oedd J. R. Jones.

Erbyn 1943, er enghraifft, mewn erthygl fer o'i eiddo, mewn llyfr o'r enw *Credaf,* (a olygwyd gan y Parch J. E. Meredydd, gweinidog Tabernacl, Aberystwyth, ar y pryd) dyrchafodd J.R. ddyneiddiaeth yr athronwyr Groegaidd gan gondemnio pob awdurdodaeth eglwysig a Beiblaidd. Dyfynna gyda chymeradwyaeth, eiriau'r athronydd enwog o anffyddiwr, Bertrand Russell: 'Ym mhob dim peth da yw dyrchafu urddas dyn drwy ei ryddhau mor bell ag y gellir oddi wrth ormes Gallu goruwchnaturiol.' (t. 115) (Eithr onid cariad yw Duw? A all y cariad dwyfol hwn fod yn ormesol? A ellir dyrchafu dyn yn uwch na thrwy ei alw'n wrthrych y cariad tragwyddol?) Credodd J.R., gan ddilyn John Macmurray (a oedd yn gydweithiwr gyda J.R yn Aberystwyth yn ystod y rhyfel), 'mai'r peth mwyaf Cristnogol yn y byd heddiw yw gwyddoniaeth'. Yn ôl Macmurray, 'Unig ffrwyth creadigol y Diwygiad Protestannaidd oedd gwyddoniaeth a'r ysbryd gwyddonol' (t. 108). Ac fe â J.R. rhagddo i ddyrchafu'r chwyldro Sofietaidd, 'Canys ... y peth pwysicaf am y gwareiddiad Sofiet yw mai gwareiddiad trwyadl wyddonol ydyw.'(t. 110) A chanlyniad anochel hyn, yn ôl J.R., yw y bydd diwedd ar ecsploetio dynion fel y gwneir dan gyfalafiaeth, gan y rheolir cymdeithas gyfan o hyn allan gan ddeddfau diduedd gwyddonol. Ond oni honnodd Marx mai anffyddiaeth yw sail comiwnyddiaeth ac o'r ddamcaniaeth a'r arfer o sosialaeth wyddonol? Os felly, ymddengys fod J.R. eisoes wedi colli ei ffydd grefyddol.

Erbyn dechrau'r pumdegau pan ddyrchafwyd J.R. i'r gadair athroniaeth yn Abertawe, roedd wedi cefnu ar Farcsiaeth a choleddu safbwynt empeiraidd eithafol ysgol athronyddol o'r enw Positifiaeth Resymegol. Ysgol newydd oedd hon ac nid annisgwyl i J.R. ei choleddu. Oherwydd, er iddo hepgor Marcsiaeth fel cyfundrefn wleidyddol, arhosodd ei gred yn y fethodoleg wyddonol yn ddi-syfl. Ac athroniaeth a oedd yn dyrchafu gwyddoniaeth oedd y Bositifiaeth newydd a hynny drwy honni nad yw gosodiadau'n ystyrlon onid ydynt yn agored i gael eu gwirio'n wyddonol. Hynny yw, ni ystyrid hyd yn oed osodiadau moesol cyffredin fel rhai ystyrlon – heb sôn am osodiadau am y dwyfol! Teitl darlith gyhoeddus agoriadol J.R. i'r gadair yn Abertawe oedd *Religion as a True Myth*. Yma, tybiodd J.R. mai'r gair mwyaf priodol i ddisgrifio ffydd yw 'myth' neu 'chwedl', sef cred nad yw crefydd yn wir mewn unrhyw ystyr gyffredin. Nid yw'r storïau a geir mewn crefydd, gan gynnwys y storïau am Iesu, ond ffuglen a grëwyd gyda'r bwriad o ddylanwadu ar ein hymddygiad tuag at y byd a thuag at gyd-ddyn. Nid ydynt yn annhebyg i, dyweder, storïau adnabyddus Esop. Yn ôl pob hanes, cafodd J.R. sioc ei fywyd pan ddywedwyd wrtho gan ei gydweithiwr enwog, Rush Rhees, ar y ffordd allan o'r ddarlith mae'n debyg, 'But Jones religion IS true. The question is, "In what *sense* is religion true?" ' A dyna fwrw'r hoelen athronyddol ar ei phen. Oherwydd awgrym y feirniadaeth hon oedd bod J.R. yn euog o'r bai rhesymegol a elwir yn hanfodaeth ('essentialism'), hynny yw, mai dim ond un ystyr posibl sydd i air fel 'gwirionedd', sef yr ystyr hwnnw yr oedd J.R. yn mynnu ei roi iddo. Ond pan ddywedodd Iesu, er enghraifft, 'Myfi yw'r Gwirionedd', yn sicr nid am wyddoniaeth neu fathemateg yr oedd yn sôn!

Yn ystod ei yrfa yn Abertawe newidiodd J.R. ei feddwl fwy nag unwaith, yn enwedig ar faterion crefyddol. Ar y pryd, roedd cryn chwyldro ar gerdded yn yr Adran Athronyddol yn Abertawe oherwydd presenoldeb Rush Rhees yno. Yn ogystal, roedd yno ddau ddarlithydd arall a oedd yn ddiweddarach i esgyn i gadeiriau pwysig mewn athroniaeth ym Mhrifysgolion Leeds a Llundain, sef R. F. Holland a Peter Winch, a dychwelodd D. Z. Phillips yn ddarlithydd i'r Adran. Roedd yr athronwyr hyn, yn ddieithriad, yn llwyr ymroddedig i'r dasg o hybu syniadau cyn-Athro a chyfaill i Rhees, sef yr enwog Ludwig Wittgenstein. Yr oedd Wittgenstein yn feirniadol hollol o'r ysgol empeiraidd yr oedd J.R wedi ei choleddu gydol ei fywyd academaidd. Yn ei sefyllfa newydd yn Abertawe cafodd ei hun dan bwysau ei gydweithwyr i gefnu ar ei hen ffordd o feddwl. Gwnaeth J.R. ei orau i wneud hynny. Yn sicr, cefnodd ar Bositifiaeth yn o gyflym. Ond, yn fy marn i, methodd ddod i delerau ag athroniaeth ei Adran, a hynny am y rheswm syml fod rhai o ragdybiaethau ei empeiriaeth yn dal eu gafael arno.

Yn ystod yr un cyfnod, roedd awdur newydd wedi tyfu'n boblogaidd ym myd diwinyddiaeth, sef Paul Tillich, a daeth J.R. yn drwm o dan ei ddylanwad. Fe'i denwyd yn arbennig gan syniad Tillich nad Bod ymhlith bodau yw Duw ac felly ni ddylid meddwl amdano fel rhyw fath o Wrthrych uwchlaw, neu y tu hwnt i, wrthrychau daearol. Ac onid gwrthrych yw Duw, nid oes angen bellach i ddatrys y broblem a oedd mor amlwg yn codi o'r gred empeiraidd sef 'oni welaf, ni chredaf.' Gafaelodd J.R., yn syniad Tillich mai 'dyfnder Bod' yw ystyr 'Duw' – hynny yw, gair ydyw sy'n dynodi'r hyn sydd o arwyddocâd diamodol yn y bywyd dynol. Ond, fel arbenigwr ar athroniaeth crefydd, ni fu'n hir cyn i syniadau Tillich ddod o dan lach D. Z. Phillips ac ar fwy nag un achlysur cyhoeddodd feirniadaethau o safbwynt Tillich – a J.R. yn sgil hynny. Er enghraifft, ysgrifennodd Phillips yn ei erthygl, 'Gwirionedd, Ystyr a Chrefydd',

> Trueni fod Jones yn ceisio llyffetheirio ei feddyliau a thermau caeth Tillich, gan fod hyn yn ei fwrw i mewn i ddryswch metaffisegol diddiwedd. Wrth wneud 'Duw' a'r ystyr sydd gan 'bodolaeth' neu 'bod' yn gyfystyr, gadewir iddo'r broblem anatebadwy sut y mae egluro arallrwydd Duw oddi wrth y byd. (*Diwinyddiaeth* 1969)

Ac eto, yn ei feirniadaeth o *Yr Argyfwng Gwacter Ystyr* gan J.R. lle y dadleuwyd ganddo, gan ddilyn Tillich eto, mai 'ffydd ddiamod, ffydd heb unrhyw gynnwys arbennig iddi' yw'r 'ffydd y tu allan i ffydd', ysgrifennodd Phillips:

> ni ellir dweud bod y ceisio hwn yn *hollol* ddiamod. Y mae rhesymau rhesymegol (*logical reasons)* dros ddweud hyn. Rhaid bod rhyw berthynas rhwng cynnwys a cheisio. Oni bai am hyn, byddai'n amhosibl gwahaniaethu rhwng ceisio Duw a cheisio cynnydd materol, ceisio pleser, neu unrhyw geisio arall. Hynny yw, rhaid bod *nodweddion arbennig* i'r ceisio anghrediniol, neu byddai'n amhosibl gwybod pa fath geisio sydd o dan sylw... mae'n rhaid i Tillich a J. R. Jones allu adnabod y math arbennig o geisio y siaradant amdano; mae'n rhaid iddynt allu gwahaniaethu, er enghraifft, rhwng y dyn *sy'n* ceisio Duw, a'r dyn nad yw'n meddwl am Dduw o gwbl. Ond sut y gellir gwneud hynny os nad oes, yn ôl J. R. Jones 'unrhyw gynnwys arbennig' i'r ffydd anghrediniol.' (*Traethodydd 1965)*

Erbyn 1969 yr oedd J.R. wedi cefnu ar Tillich ac yn ei bapur ar 'Ontoleg Ffydd' (*Diwinyddiaeth* cyf. xx, 1969) cyffesodd ei fod wedi bod mewn dryswch metaffisegol mawr wrth iddo geisio cysylltu crefydd â'r cwestiynau'n ymwneud ag ystyr bywyd. Yn anffodus, bu farw J.R. o fewn dwy flynedd i gyhoeddi 'Ontoleg Ffydd' ar ôl iddo ddioddef yn hir o afiechyd. Ychydig fisoedd cyn ei farw y cyhoeddwyd *Ac Onide*, ac yn y gyfrol hon y ceir yr hyn a ymddengys fel ei sylwadau olaf ar Ann Griffiths.

Ond i ddeall safbwynt J.R. yn gyflawn rhaid crybwyll un elfen ychwanegol yn ei waith, sef y pwyslais a rydd ar y syniad o'r ewyllys dynol. Y mae i'r syniad hwn le canolog yn ei ysgrifau, yn enwedig yn y rhai crefyddol. Er enghraifft, ymhlith ei ysgrifau ceir un sy'n dwyn y teitl, 'I ti y perthyn ei ollwng' ac ynddi mae'n sôn am y proffwyd Jeremeia'n cyflawni'r weithred ryfeddol o brynu darn o dir yng nghyffiniau Jerwsalem pan oedd y wlad eisoes wedi ei choncro gan y Babiloniaid. Gwallgofrwydd pur? O na. Yn hytrach gweithred o ffydd ydoedd y byddai'r wlad eto'n cael ei hailfeddiannu gan bobl Jwda. Dyma weithred o ewyllys y proffwyd i ddangos ei ffydd yn nyfodol ei bobl. Dyma enghraifft berffaith o gryfder yr ewyllys dynol. A dyma i J.R. oedd prif nodwedd bywyd Iesu, a gredodd, yn ôl J.R., y byddai'n llwyddo i orfodi dyfodiad teyrnas Dduw pe byddai farw dros hynny. Dyma oedd cred yr enwog Albert Schweitzer a ddadleuodd mai trychineb oedd marw Iesu oherwydd penboethyn gwleidyddol ydoedd a gredai'n angerddol yn nyfodiad ebrwydd teyrnas Dduw ar y ddaear. A dilyn y trywydd Ellmynaidd hwn wnaeth J.R.. Ers dyddiau Kant (a gredodd mai'r unig beth oedd yn ddiamod dda oedd ewyllys daionus) bu'r syniad o ewyllys yn nodweddiadol iawn yn athroniaethau nifer o brif feddylwyr yr Almaen. Ceir y syniad yng ngwaith Schopenhauer a uniaethodd yr hunan â'r ewyllys. Y fi yw fy ewyllys. Fy ewyllys ydwyf i, yn ôl Schopenhauer. Fe'i ceir yn ogystal yn Nietzsche a'i syniad o'r 'dyn cryf' na fyddai'n tosturio wrth neb. Yn ymarferol, ond nid yn ddiwinyddol, fe'i ceir ar ei orau yn Schweitzer a roes ran helaeth o'i fywyd i wasanaethu yn yr Affrig, ond ar ei waethaf y mae yn Hitler a'i *Mein Kampf*. A dyma oedd ffydd J.R., ffydd yn ewyllys da'r ddynoliaeth. Fel y dywed ar ddiwedd ei erthygl ar Ann, 'yr ateb i "Wacter Ystyr" ein dyddiau ni yw Iesu, ac, yn fwy penodol, *ewyllys* Iesu – yr ewyllys a'i gyrrodd i safn marwolaeth, nid i "wneud cymod dros bechod y byd" ond i *orfodi dyfodiad Teyrnas Dduw*. Gwir na ddaeth y Deyrnas yn y ffordd honno – drwy ymyriad oddi uchod, canys yr oedd angen ein dysgu nad yw'n bosibl iddi ddod ond fel y bo dynion yn ei hewyllysio.'

Hynny yw, term yw 'teyrnas Dduw' am 'fyd delfrydol', a thrwy ewyllys dyn, drwy iddo ewyllysio ei dyfodiad y daw i fod. Dyna fesur ffydd J.R. mewn dynoliaeth, a mesur hefyd o'i anuniongrededd Cristnogol. Beth allai J.R draethu am Ann a hithau, fel y gwelaf i hi, yn ymgorfforiad o uniongrededd Cristnogol ac a oedd yn deall ei phrofiad ysbrydol yn y termau hynny ac yn iaith yr Ysgrythur? Cyn ateb y cwestiwn hwn carwn roi ychydig sylw i agweddau mwy adeiladol meddwl J.R.

Rhaid cydnabod fod agweddau o'i ysgrif ar Ann yn dangos J.R. ar ei orau academaidd, yn trafod yn feistrolgar feirniadol dair triniaeth o'i meddwl gan dri o gewri llenyddol Cymru'r cyfnod sef, yr Athro W. J. Gruffydd, Saunders Lewis a Syr Thomas Parry-Williams, er mai dim ond ychydig sylw a roddir ganddo i ddehongliad 'bychanol' Parry-Willams. Ond mae'n werth edrych yn nes ar y gwrthdaro rhwng y ddau ddehongliad arall. Pwysleisiodd W. J. Gruffydd (mewn darlith ar y bardd Islwyn a gyhoeddwyd nôl yn 1942) mai fel cyfrinwraig y dylid deall meddwl Ann a bod ei chyfriniaeth ynghlwm wrth ei chariad at Iesu, y Duw ymgnawdoledig. Yma, honna W. J. Gruffydd, mai â'r person Iesu, y person o gig a gwaed, y gwrthrych ymgnawdoledig, y mae Ann mewn cariad ag ef, a hynny i'r graddau ei bod yn ei ystyried ef fel ei phriod. Mewn gwrthgyferbyniad, pwysleisiodd Saunders Lewis allu ymenyddol, athrylithgar, diwinyddol Ann a'r amgyffrediad eglur o drefn yr Iawn a geir yn ei hemynau. I Lewis, y Groes yn hytrach na'r ymgnawdoliad sy'n ganolog i grefydd Ann. Gwêl J.R. beth rhinwedd yn y ddau safbwynt. Mae'n derbyn fod elfen gref o fath arbennig o gyfriniaeth yn Ann ond hefyd mae'n derbyn safbwynt Saunders na ellir gwahanu crefydd Ann oddi wrth ei hamgyffred o arwyddocâd marw Iesu drosti, ac felly bod athrawiaeth y cymod a'r Iawn yn gwbl ganolog i'w ffydd. Cytunaf yn llwyr â'r safbwynt hwn. Oferedd yw gwneud yr ymgnawdoliad fel yr unig beth canolog ym mhrofiad a meddwl Ann, a hynny ar draul diwinyddiaeth y Groes a oedd mor bwysig iddi. Ymddengys i mi fod y naill beth cyn bwysiced â'r llall, yn ddiwinyddol ac ym meddwl a phrofiad ysbrydol Ann. Mewn geiriau syml iawn, heb Fethlehem ni cheir Calfaria. Ond heb Galfaria, ofer yw Bethlehem.

Nawr, wrth geisio torri'r ddadl rhwng Gruffydd a Lewis, y mae J.R., fel y crybwyllwyd eisoes, yn anffodus iawn, yn torri ei gŵys ei hun gan ddefnyddio'r categorïau hynny a oedd wedi dal yn ei ddychymyg yn y chwedegau, sef categorïau diwinyddol Paul Tillich, a'i syniad canolog mai ystyr y term 'Duw' yw 'dyfnder bod'. Ceisiwch hwnnw, gafaelwch ynddo, a hynny fydd yr achubiaeth o 'wacter ystyr bywyd'. Ond yng nghyd-destun yr ysgrif hon, yn fy marn i, nid dyma'r peth gwaethaf a ddigwydd. Oherwydd y prif gyfrwng a ddefnyddir gan J.R. i ddod i gyfaddawd a cheisio man canol rhwng Gruffydd a Lewis, yw y darlun o 'gig a gwaed' o Ann a geir yn y dyddiadur dychmygol *Fy Hen Lyfr Cownt* gan Miss Rhiannon Davies Jones. Nid dyma'r lle i drafod rhagoriaethau a gwendidau'r gwaith hwn ond i mi, roedd cymryd y llwybr hwn gan J.R. yn gam gwag, yn rhannol am nad oes gennym lawer o wybodaeth ffeithiol am fywyd Ann, rhywbeth y mae J.R. yn barod i'w gydnabod. Yn wir, yr ymadrodd a ddefnyddir ganddo yw 'na wyddom ond y nesaf peth i ddim o'i hanes.' (t. 226). A phan fod yna gymaint o ofod ffeithiol, yna ceir mwy o le i'r dychymyg. *Ond i'r graddau y gall y dychymyg roi arweiniad, gall hefyd gamarwain.* A thybiaf mai cael ei gamarwain a wnaeth J.R., ac ni welodd rai o ganlyniadau cwbl annerbyniol hynny. Fel y gŵyr y cyfarwydd, rhoddir llawer o sylw yn *Fy Hen Lyfr Cownt* i berthynas Ann â dau berson, sef Wil Llidiart Deryn, cariad cynnar honedig Ann, a John y Figyn, sef John Hughes y diwinydd Cristnogol deallus. Ni cheir problem gyda natur y berthynas rhwng Ann a John Hughes ond gyda'r hyn a ddywedir am ei pherthynas â Wil Llidiart Deryn. Y mae hyn yn agored i fwy nag un feirniadaeth. Yn y lle cyntaf, cawn awgrymiadau sy'n gwbl groes i'r hyn a geir yn yr Ysgrythurau, a diau mai anwybodaeth awdures y 'dyddiadur' o'i Beibl sy'n rhannol gyfrifol am hyn. Meddylier, er enghraifft, am y darn lle y dychmygir am Ann, ar ei ffordd i'r Bala, yn mynd yno 'am fod Rhywun yno' (sef Iesu) 'yn fy nisgwyl.' A'r disgrifiad a roddir ohono:

> 'Gŵr tal lluniaidd ydoedd yn ei wisg laes Iddewig. Ei wallt yn dywyll a sandalau am ei draed.'

Oni wyddai awdures y dyddiadur am bedwerydd caniad y Gwas Dioddefus – darn y byddai Ann yn sicr o wybod amdano? 'Pwy a gredodd i'n hymadrodd? Ac i bwy y datguddiwyd braich yr Arglwydd? Canys efe a dŷf o'i flaen ef fel blaguryn, ac fel gwreiddyn o dir sych: *nid oes na phryd na thegwch iddo: pan edrychom arno, ni fydd pryd fel y dymunem ef.*'

Eithr i'r gwrthwyneb llwyr: 'Yr oeddym megis yn cuddio ein hwynebau oddi wrtho: dirmygedig, ac ni wnaethom gyfrif ohono.'

Ni fyddai Ann erioed wedi caru Iesu oherwydd iddi dybio mai gŵr golygus ydoedd. Iddi hi, harddwch Iesu oedd godidowgrwydd ei Groes. Mae Ann yn ei garu am un rheswm yn unig, sef am iddo farw drosti. A oedd J.R. eto'n euog o hanfodaeth rhesymegol, gan gredu mai dim ond un math o brydferthwch sydd? Ni all dim fod yn fwy gwrthgyferbyniol na harddwch corfforol a phrydferthwch sancteiddrwydd!

Ac eto, ceir awgrym yn y dyddiadur dychmygol sy'n ymddangos yn fwy diwinyddol anwar fyth. Dychmygir Ann yn dweud, 'Weithiau fe welaf f'Anwylyd fel Wil Llidiart Deryn, ac ni wn yn y byd paham!' Dyma awgrym cryf mai *serch* (eros) oedd natur cariad Ann at Iesu. A dyma'r union bwynt y mae J.R. am gydio ynddo. Oherwydd yn ei ymdrech i weld ffordd ganol rhwng dehongliad W. J. Gruffydd a'i bwyslais ar garu'r Duw ymgnawdoledig ar y naill law, a dehongliad Saunders Lewis sy'n pwysleisio mai ymateb yw cariad Ann at ei Gwaredwr oherwydd iddo ei phrynu a thaliad mor ddrud ar y llaw arall, mynna J.R. mai'r elfen nwydus, erotig, oedd yr 'ysgogydd creiddiol ynddi hi' (t. 242). Ni welaf yn hyn ond gorffwylledd ysbrydol, oherwydd, yn un peth, nid yw'r fath deimladau'n bosibl i berson gwryw o gwbl, ond drwy gyfaddawd â math o bechadurusrwydd a gondemnir yn yr Ysgrythurau. Ac a ydi hanner y ddynoliaeth wedi ei gau allan o'r *posibilrwydd* o gael profiad ysbrydol dyrchafedig fel Ann am mai dynion ydynt? Ddim o gwbl. Rhiannon Davies Jones a J.R. sydd wedi gafael yn y categori, yn wir, yn y categorïau hollol anghywir. Oherwydd wrth gymeradwyo awgrym awdures y dyddiadur dychmygol, sonnir am ddau gategori o gariad yn unig, sef *eros* a *philia*, serch a chyfeillgarwch. Gosodwyd *eros* Ann at y bachgen, Wil Llidiart Deryn, mewn gwrthgyferbyniad â'i *philia*, ei *chyfeillgarwch* Platonaidd gyda John Hughes. A gwnaethpwyd yr awgrym fod y ddau deimlad hwn, serch a chyfeillgarwch, wedi eu huno â'i gilydd ym mhrofiad Ann. Aeth yr *eros* a'r *philia* yn un. A dyma ddywed J.R. am awgrym Miss Davies Jones. Dyma 'Un o'r pethau beiddgaraf, meddaf, a thristaf' yn *Fy Hen Lyfr Cownt*.

Ond beth a ddigwyddodd i'r gwir gategori diwinyddol, sef *agape*, cariad Duw at ddyn a chariad dyn at Dduw? Ceir sôn ddigon am y categori hwn yn yr erthygl. Sylwa J.R ar nodyn o eiddo W. J. Gruffydd, 'Bu bron imi lunio term newydd a galw cyfriniaeth Ann Griffiths yn *Agapetig'*. Cytuna J.R. â hyn ond â rhagddo i wneud awgrym sydd i mi yn gwbl wrthun sef, 'ni ellir deall *agape* Ann Griffiths heb weld bod elfen gref o *eros* ynddo hefyd.' Dyma i mi wallgofrwydd diwinyddol pur. Dengys arwynebedd deall J.R. o bethau ysbrydol. Tybed beth yw'r gair Cymraeg agosaf ei ystyr at *agape*? Wel, rhaid cofio yn gyntaf mai rhywbeth a orchmynnir yw'r cariad sanctaidd yn y Testament Newydd. 'Cerwch eich gelynion', 'Os felly y carodd Duw ni, felly y dylem garu ein gilydd.' Ac nid yw nwydau a theimladau megis a gysylltir ag 'eros' yn syrthio'n hawdd i gategori'r gorchmynnol – rhywbeth yr oedd Kant yn gwbl glir arno! Diystyr fyddai gorchymyn i rywun i 'syrthio mewn cariad'. Eithr y mae dau air yn y Gymraeg, pe gellid eu cyfuno, yn dod yn agos at ystyr *agape*, mi dybiaf, sef 'gofal' a 'thosturi', y ddeubeth a welwyd, ac a ddiffiniwyd yn ymarferol, yng ngweithredoedd y Samariad trugarog. Tosturiodd a gofalodd. Ond a ellir tosturio wrth Dduw? Onid wrth y gwan y dangosir tosturi? Onid uniaethodd Iesu ei hun â'r anghenus pan ddywedodd 'yr wyf ... yn newynog ... yn sychedig ... yn estron ... yn noeth ... yn glaf ... yn garcharor? Ac onid dyletswydd gyntaf Cristion yw gofalu am sancteiddrwydd enw Duw a dyfodiad ei deyrnas drwy wneud ei ewyllys?

 J.R. rhagddo yn ei erthyl i gyfiawnhau ei ddisgrifiad o awgrym Miss Davies Jones fel un o'r pethau tristaf. 'Ond pam tristaf?' gofynnodd J.R. Ac etyb. 'Am na fedraf i gredu mwyach, yn wyneb dryswch a chymysgedd tystiolaeth y Testament Newydd, *nad breuddwyd oedd y cwbl.* Breuddwyd oedd y Duw-ddyn, dehongliadau a osodwyd gan ddynion ffaeledig ... ar ryfeddod y dyn Iesu. *Colli cariad cig a gwaed i gofleidio rhith a wnaeth Ann Griffiths.*' (fy italeiddio) Ni allai J.R fod ymhellach oddi wrth y gwirionedd. Rwy'n anwybyddu'n llwyr y rheswm a roddir gan J.R. yn y cyd-destun paham y daw i'r casgliad hwn sef 'dryswch a chymysgedd tystiolaeth y Testament Newydd', oherwydd nid dyna'r gwir reswm o gwbl. Roedd J.R. wedi cefnu ar Gristnogaeth uniongred ers blynyddoedd, a hynny oherwydd iddo fethu cymodi ei ragdybiaethau athronyddol empeiraidd â iaith y ffydd Gristnogol.

Gwelir felly pa mor bell oddi wrth ddiwinyddiaeth Ann yr oedd casgliad J.R. Ond ai dyma air olaf athroniaeth ar ffydd Ann? Ddim o gwbl. Bu chwyldro mewn athroniaeth. Ac, yn wir, dylanwadwyd ar J.R gan y chwyldro. Daeth i ganol y chwyldro pan ddaeth i'r gadair yn Abertawe, ond roedd hynny'n llawer rhy hwyr yn ei hanes academaidd personol ac yn rhy hwyr i'w adfer i'r ffydd Gristnogol yr etifeddodd yn ŵr ifanc.

Beth felly yw natur y chwyldro a beth sydd gan athroniaeth heddiw i'w ddweud am realiti profiad ysbrydol Ann? Yn sicr, y mae hi'n nes, yn fy marn i, at hanfod y ffydd Gristnogol nag y meddyliodd J.R. erioed. Ceisiaf mewn ychydig eiriau esbonio paham fy mod mor ffyddiog wrth honni hyn. Yn syml, yn athronyddol, cefnwyd ar holl ragdybiaethau empeiriaeth ac, yn wir, ar bob ymdrech i greu systemau intelectol sy'n seiliedig ar un cysyniad o beth yw gwybodaeth. Yn holl hanes athroniaeth bu athronwyr yn ymdrechu i roi diffiniad holl gynhwysfawr o beth yw ystyr 'gwybodaeth', 'dealltwriaeth', 'gwirionedd' ac ati, a phob ysgol athronyddol yn ei thro yn cynnig ateb. Roedd yr holl ymgais yn arwain at greu un system neu theori o'r cyfan sydd, y cyfan o realiti, yr hyn a elwir yn gyfundrefn fetaffisegol. Perthynai J.R. i un ysgol, sef empeiriaeth, a fynnai fod pob gwybodaeth yn seiliedig ar brofiad synhwyrol, fod pob honiad fod rhywbeth yn wir i'w setlo drwy ddulliau empeiraidd/gwyddonol. Ond i'r chwyldroadwyr athronyddol, camgymeriad oedd hyn i gyd. Yn hytrach nag ymgeisio i gyfannu pob dim, aethpwyd i'r cyfeiriad arall yn hollol sef o geisio gweld gwahaniaethau rhwng ystyron cysyniadau. Nid un cysyniad o ddeall, neu o wybodaeth, neu o wirionedd sydd, eithr yn hytrach sylwer ar y cyd-destun a'r defnydd a wneir o'r cysyniadau hyn ynddynt. A gellir gweld gwahaniaethau sylweddol yn eu hystyron. O ganlyniad, disgrifio sut y mae iaith yn gweithio y mae'r athronydd bellach ac nid mynnu sut y dylai fod. O gydnabod yr amrywiaeth defnydd o iaith sydd, defnydd sydd bob amser yn annatod glwm wrth weithgareddau, ceir eglurder syniadol ac fe'n gwaredir ni o ddryswch meddyliol. Y canlyniad sy'n berthnasol i ni yma yw hyn. Y mae iaith ffydd grefyddol yn wahanol i bob iaith arall. Y mae deall crefyddol yn wahanol i bob deall arall. Nid yw hyn yn golygu nad oes perthynas neu gysylltiad rhwng iaith crefydd a ieithoedd eraill. Y mae iaith crefydd yn debyg iawn i iaith moesoldeb, er enghraifft, ac mae'r ddwy iaith yma yn wahanol iawn i iaith gwyddoniaeth, dyweder. Ond cyn y gellir sôn am berthynas un iaith ag iaith arall, mae'n rhaid i bob iaith wrth ei hunaniaeth ei hun. Felly, camgymeriad oedd ceisio deall profiad Ann mewn termau seicolegol neu unrhyw dermau o'r tu allan i iaith ffydd. Y mae iaith ffydd mor ddilys ag unrhyw ddefnydd arall o iaith. Ac, yn gyffredinol, iaith addoliad ydyw, iaith diolch am bob dim, am bob bendith, gras a maddeuant. Iaith edifeirwch ydyw, iaith gweddi, iaith gofyn am faddeuant, yn ogystal ag iaith rhoi maddeuant i eraill. Iaith cariad ydyw ac iaith sancteiddrwydd. Iaith Ann ydoedd, ei phrif iaith, a dreiddiodd i bob cornel o'i bywyd, i'w holl weithgareddau, i'w holl obeithion a'i dyheadau. A dyma, wrth gwrs, yw iaith ei hemynau. A'r pwynt canolog athronyddol yn hyn oll yw hyn. Amddifadwyd yr athronydd o bob hawl i gondemnio iaith, fel iaith crefydd, fel rhywbeth diystyr. Yn y defnydd o'r iaith y mae ei hystyr ac y mae'r defnydd o iaith crefydd ynghlwm wrth weithgareddau crefyddol. O fewn yr iaith a'r gweithgareddau perthnasol y ceir y llinynnau mesur o'r hyn sy'n ystyrlon a diystyr i'w ddweud a'i wneud, ac nid o enau unrhyw athronydd sy'n sefyll y tu allan i'r iaith a'r arferion sy'n gysylltiedig â hi.

Godidowgrwydd Ann yw ei meistrolaeth o'r iaith hon, sy'n gyfystyr â dweud fod ganddi ddyfnder o ddirnadaeth o'i ffydd a'i phrofiad ysbrydol. Sugnodd o adnoddau cyfoethog yr Ysgrythurau. Meddai ar gof aruthrol a chreodd ei hemynau ar sail ei gwybodaeth a'i deall o'r Ysgrythurau.

Wrth gwrs, gellid honni mai plentyn ei chyfnod oedd Ann. Ganwyd hi ar ddechrau chwarter olaf y ddeunawfed ganrif (1776), canrif a welodd un o'r chwyldroadau crefyddol mwyaf yn hanes Cymru. Dyma'r chwyldro a roes fod i Fethodistiaeth Galfinaidd yng Nghymru ac, efallai, dyma'r rhwyg dyfnaf yn hanes yr Eglwys Anglicanaidd ar dir Cymru. Bu ymwahanu o'r eglwys Anglicanaidd cyn hyn: roedd y Bedyddwyr, yr Annibynwyr a'r Crynwyr, er enghraifft, eisoes yn bod fel mudiadau crefyddol annibynnol ar yr Eglwys Wladol. Ond dyma fudiad newydd a oedd yn creu rhwyg a oedd yn wahanol, *oherwydd nid rhwyg ar seiliau diwinyddol ydoedd.* Ers y Diwygiad Protestannaidd, Calfinaidd oedd prif ogwydd diwinyddol yr Eglwys Anglicanaidd, ac yr oedd diwygwyr mawr yn y ddeunawfed ganrif, pobl megis Howell Harris Trefeca, Daniel Rowland Llangeitho a William Williams Pantycelyn fel ei gilydd, yn dod o gefndir cryf Anglicanaidd, dau ohonynt, ar y cychwyn, yn glerigwyr yn yr eglwys honno, ac yn llwyr Galfinaidd eu diwinyddiaeth. Felly, paham gadael yr Eglwys Anglicanaidd o gwbl? Y prif reswm, fel y gwelaf i, yw fod y diwygwyr hyn wedi cael profiadau ysbrydol chwyldroadol ac yn cael eu hunain yn anesmwyth yn yr Eglwys Wladol. Nid oedd y mwyafrif helaeth o'r addolwyr yn yr Eglwys Wladol wedi derbyn yr un profiad. Ac o'r agwedd hanesyddol, nid annisgwyl hyn gan fod aelodaeth yn yr eglwys wladol yn rhan o'r drefn. Gellir gorfodi pobl i gydymffurfio â rhai gofynion crefyddol – megis bod yn bresennol unwaith y mis mewn gwasanaeth cymun, dyweder. Ond nid yw hynny'n eu gwneud yn 'wir addolwyr y Tad'. Y mae'n anodd i ni sy'n byw mewn byd lle y mae cymaint o ryddid crefyddol, i werthfawrogi cymaint oedd grym a dylanwad yr Eglwys Anglicanaidd ar fywyd pobl gyffredin Cymru a Lloegr yn y ddeunawfed ganrif. Yr Eglwys Sefydliedig oedd y dylanwad pennaf ar gymdeithas, o bell ffordd. Hi oedd yn rheoli cymdeithas – yn trethu pobl drwy gyfrwng y degwm – a mwy uniongyrchol ei grym mewn cymdeithas na'r frenhiniaeth neu'r llywodraeth ganolog yn Llundain.

Yr oedd diwygiad yn digwydd yn Lloegr fel yng Nghymru; yno yr oedd tri pherson a oedd yn offeiriaid Anglicanaidd wedi dod i brofiad ysbrydol a'u gorfododd i gefnu ar eu heglwys draddodiadol. Cyfeiriaf wrth gwrs at George Whitefield a'r ddau frawd Charles a John Wesley. Yn naturiol ddigon, roedd pob awdurdod llywodraethol yn gwrthwynebu'r 'penboethiaid' honedig hyn ac yn eu canfod fel pobl a oedd yn bwgwth un o'r elfennau mwyaf cysegredig iddynt hwy, sef undod y wladwriaeth. Un o rwymau cryfaf teyrnas y Sais drwy'r canrifoedd oedd yr Eglwys Wladol a'r brenin neu'r frenhines yn ben arni hi a'r wladwriaeth. Felly roedd y diwygiadau Methodistaidd yn ymddangos fel bygythiad i awdurdod yr Eglwys Wladol ac i undod y wladwriaeth. O ganlyniad, roedd cryn densiwn yn y tir.

I raddau helaeth roedd y tensiynau hyn yn real ym mhob unigolyn oedd wedi ei gyffwrdd gan y diwygiad, fel yr oedd ym mywyd Ann ac, yn wir, ym mywyd ei theulu. Roedd ymneilltuo o wasanaethau'r eglwys a phresenoli eich hunan mewn seiat – seiat brofiad y Methodistiaid – yn weithredoedd heriol ac yn gofyn am ddyfnder argyhoeddiad. Roeddech yn arwahanu eich hun oddi wrth drwch y gymdeithas, ac yn ymddangos yn feirniadol o'r Eglwys Wladol oblegid, iddynt hwy, y seiadwyr, fethu â chanfod ysbrydolrwydd digonol yn yr eglwys.

Ac eto i gyd, roedd y mwyafrif o'r bobl a ddaeth o dan ddylanwad y diwygiad ac a ymneilltuasant i'r seiat a chefnu ar yr Eglwys Wladol yn cael eu hunain mewn cyfyng-gyngor enfawr oherwydd yr oeddent wedi eu magu, eu bedyddio, efallai wedi priodi ac eto i'w claddu yn yr eglwys a adawsant. Felly roedd hi yn hanes teulu Ann, ac yn ei hanes hithau yn ei thro. Anodd, os nad amhosibl, oedd iddynt fod yn gyfan gwbl ddiserch tuag at yr hen sefydliad eglwysig. Ac yn ei hemynau a'i llythyrau fel ei gilydd gwelir yr un amwysedd yn nheimladau Ann tuag at yr Eglwys Wladol. Roedd hi'n gyson yn gweddïo drosti fel y gweddïodd Iddewon gynt dros adferiad ysbrydol Jerwsalem.

O agwedd arall, nid oedd Ann yn gymaint o blentyn ei dydd a'r rhelyw o'i chyfoedion oherwydd yr oedd elfennau yng nghefndir Ann a'i gwnaeth hi'n freintiedig. Mae'n amlwg fod yna beth cyfoeth yn Nolwar Fach. Roedd gan y teulu Feibl, un o drysorau mawr y cyfnod. Roedd Mari Jones ac Ann y cyfoesi. Roedd Ann tua wyth mlynedd yn hŷn na Mari, a gwyddom faint o ymdrech oedd i Mari sicrhau Beibl iddi ei hun. Ond roedd Beibl parod yn Nolwar Fach a medrai Ann ei ddarllen a hynny am tua ugain mlynedd cyn bod Beibl yn nwylo Mari Jones. Nawr, prin iawn oedd llythrennedd y dyddiau hynny, yn arbennig felly ymhlith y merched. Ond roedd Ann yn hyddysg yn yr Ysgrythurau ac y mae ei gwaith yn gynnyrch ei phrofiad dwys ysbrydol, profiad y mae'n ei amgyffred ac yn ei ddeall yn nhermau ei darllen a'i deall o'r Ysgrythur.

Felly beth oedd prif nodweddion ei phrofiad a'i diwinyddiaeth? Yn gyntaf, rhaid cyfeirio at ei thröedigaeth. Yn ôl pob hanes, person digon normal oedd Ann fel merch ifanc, yn ymbleseru'n fydol fel y mwyafrif o ferched eraill. Ond fe gafodd dröedigaeth real a newidiodd ei bywyd yn llwyr. Nid wyf am roi sylw manwl i'w thröedigaeth, yn rhannol, oblegid nid yw'r wybodaeth yn ddigon manwl i ddod i unrhyw benderfyniad pendant ynglŷn â'i natur. Serch hyn, y mae rhai ffeithiau na ellir eu gwadu. Y cyntaf ohonynt yw iddi wrando ar bregethwr o'r enw Benjamin Jones o Bwllheli a hynny yn Llanfyllin yn y flwyddyn 1797 – ac, yn sicr, cafodd y bregeth a glywodd Ann y diwrnod hwnnw effaith ddofn arni hi. Yn nhermau'r ffydd gellir honni iddi y dydd hwnnw ddod o dan argyhoeddiad dwfn o'i hangen am Waredwr. Golygai hyn, wrth gwrs, ymwybyddiaeth ddofn o'i phechadurusrwydd. Ond o leiaf ymddengys na chafodd ateb cyflawn i'w hargyfwng yn Llanfyllin y diwrnod hwnnw oherwydd, er iddi ddifrifoli'n grefyddol a newid cyfeiriad ei bywyd, ceisiodd fodloni ei gofynion ysbrydol drwy fynychu gwasanaethau eglwys y plwyf yn ffyddlonach. Dim ond ymhen misoedd yn ddiweddarach y daeth i'r penderfyniad nad oedd y maeth ysbrydol a gawsai yno'n ddigonol iddi bellach, ac mai gyda'i brawd hynaf John a'r Methodistiaid ym Mhontrobert y byddai ei chartref ysbrydol o hynny ymlaen.

Nawr, ymddengys fod yna ddwy wedd i ymwybyddiaeth person o'i bechadurusrwydd, sef y wedd gychwynnol, ac yna'r wedd sydd ynghlwm wrth dyfiant mewn ysbrydolrwydd neu sancteiddrwydd. Y mae'r wedd gychwynnol yn ymwneud â'r ymwybyddiaeth o gyflwr cyffredinol y ddynoliaeth fel bodau syrthiedig. Yng ngeiriau'r Ysgrythur, 'Pawb a bechasant ac ydynt yn ôl am ogoniant Duw.' Mae'r wedd hon yn ymwneud â sut y mae Duw yn gweld y byd yn hytrach na fel y mae dynion yn gweld y byd. Tuedd naturiol pob un ohonom, yn ôl y cnawd, yw barnu ein hunain ochr yn ochr â phersonau eraill. 'Dwy ddim yn ddrwg i gyd, nac yn dda i gyd.' Ac ar y wedd foesol ddynol hon y mae pobl yn dod i delerau â'u hunain, hyd yn oed os mai dim ond drwy ddweud wrthyf fy hun a wnaf 'Wel mae yna lawer yn waeth na fi i gael!' Mae'r safon yma wrth gwrs, yn berthynol, yn relatif. Fi sy'n mesur fy hun ochr yn ochr â chyd-ddynion. Ond pan y gwel dyn ei hun fel pechadur am y tro cyntaf, nid gweld ei hun ochr yn ochr â chyd-ddyn y mae, ond yn ôl safon gogoniant Duw. Ac mae'r cyfan yn newid. Pa mor dda bynnag y byddwn wedi canfod fy hun, nid oes un weddi yn addas ond honno o eiddo'r pechadur yn nameg Iesu sef, 'O Dduw bydd drugarog wrthyf bechadur.' Dyma'r weithred sy'n mynegi'r gwirionedd canolog na allaf i, na neb arall, fy ngwella fel person a'm gwared o'm cyflwr pechadurus. Ond Duw ei hun yn ei ras a'i drugaredd a all wneud hynny. Ac os gofynnir, chwi a gewch. Mae'r dyhead am faddeuant yn mynd law yn llaw ag edifeirwch, sef cefnu ar fywyd o bechod a dechrau byw o dan arglwyddiaeth Crist.

Ond mae'r wedd arall o'r ymwybyddiaeth o bechadurusrwydd ynghlwm wrth dyfiant mewn ffydd. Er derbyn maddeuant Duw am fy nghyflwr pechadurus, ni chyll y credadun ei ymwybyddiaeth o'i ffaeleddau a'i ddiffyg haeddiant. Yn wir, fel y tyf y credadun yn ei ymwybyddiaeth o sancteiddrwydd Duw, fe wêl bellter ehangach rhyngddo ef a'i Waredwr. Y mae, fel pe bai'r person sy'n dod yn nes at y Goleuni dwyfol, llachar ei rym, yn gweld mwy a mwy o wendidau ynddo ei hun. Meddylier am Paul yn honni mai efe oedd y mwyaf o bechaduriaid. A meddylier am addefiad Ann,

Pechadur aflan yw fy enw
O ba rai y penna'n fyw

Ac yn ei llythyrau at John Hughes daw'n amlwg ei bod yn gyson yn arholi ei hun ac yn cyffesu ei hanfodlonrwydd ar ei chyflwr ysbrydol. Ond y mae'r ymwybyddiaeth yma'n parhau'n gynyddol real flwyddyn ar ôl blwyddyn ar ôl ei thröedigaeth, ac felly'n wahanol ei natur i'r hyn a brofodd 'ym mwlch yr argyhoeddiad'. Nawr, yr hyn sy'n ei blino'n arbennig yw ei diffyg ymroddiad llwyr hi i'w Gwaredwr, ac y mae hyn mor gryf nes ei bod yn dyheu am ymadael â phopeth bydol, pethau a elwir ganddi yn 'deganau gwael y llawr' er mwyn rhoi ei sylw llwyr iddo ef. Mynega ei dymuniad mewn un emyn fel hyn:

Mae fy nghalon am ymadael
Â phob rhyw eilunod mwy,
Am fod arni'n argraffedig
Ddelw gwrthrych llawer mwy,

Ac mewn emyn arall fel hyn:

Ni ddichon byd â'i holl deganau
Fodloni fy serchiadau'n awr,
A enillwyd, a ehangwyd
Yn nydd nerth fy Arglwydd mawr;

Ac eto mewn emyn arall:

Rhyfeddu'r wyf â mawr ryfeddod
Pan ddêl i ben y ddedwydd awr
Caf weld fy meddwl, sy yma'n gwibio
Ar ôl teganau gwael y llawr,
Wedi ei dragwyddol setlo
Ar wrthrych mawr ei Berson Ef,
A diysgog gydymffurfio
Â phur a sanctaidd ddeddfau'r nef.

Beth sy'n gyfrifol am y dyheadau hyn? Credaf mai un peth yn y bôn sy'n sail pob dyhead sydd ganddi sef, ei deall a'i chred ddi-syfl fod Iesu wedi marw drosti, sicrhau maddeuant iddi a dod â hi i gymod â Duw. Ei hymwybyddiaeth o natur ddinistriol pechod – y peth hwnnw sydd ynom fel dynoliaeth ac oedd ynddi hi ac sy'n gwbl groes i hanfod cariad Duw, y peth hwnnw a beri i ddelw Duw ynom gael ei erydu – ei hymwybyddiaeth o hwn wnaeth iddi sylweddoli mai hi ddylai fod ar y grocbren Rufeinig – dyna'i haeddiant, fel pawb arall – ond i Iesu fynd yno, o'i wirfodd, ac o'i gariad ati yn ei lle. Rhyfeddod at fawredd ac anfeidroldeb y cariad hwn a barodd iddi ymateb yn y fath fodd nes iddi gasglu nad oedd dim arall i'w gymharu â phwysigrwydd caru Iesu'r Gwaredwr. Mae'n deall ac yn gwerthuso'r cyfan mewn bywyd yn nhermau arwyddocâd y Groes. Mae hyn i gyd i mi yn adleisio'r hyn yw hanfod y ffydd Gristnogol – y mae'n Gristion cwbl uniongred a llwyr ei hymroddiad i'w Harglwydd.

Beth felly yw ei hynodrwydd? Yr hyn sy'n ei gwneud yn unigryw yw fod gennym yn Ann ddoniau naturiol eithriadol, athrylithgar yn wir, a bod y doniau hyn wedi eu llwyr ymgysegru a'u sancteiddio at wasanaeth ei Gwaredwr. Mae ei hynodrwydd unigryw yn ei doniau, sydd wedi eu sancteiddio'n llwyr. Yma deuwn yn agos at y trydydd dehongliad o feddwl Ann a grybwllir yn erthygl J.R., sef dehongliad 'bychanol' Syr Thomas Parry-Williams. Ond lle y gwêl ef ddim ond defnydd ystrydebol o ymadroddion diwinyddol, ni welaf fi ond mawredd ymenyddol a mawredd enaid. Y mae agwedd Parry-Williams yn fy atgoffa'n syth o ddeallusion dinas Athen gynt yn condemnio Paul fel *spermelogoi*, sef gŵr a oedd yn byw wrth ddwyn ffrwyth myfyrdod pobl eraill! Tybiaf fod Ann mewn cwmni da, ac mai anwybodaeth Parry-Williams o'i Feibl sy'n gyfrifol am ei chollfarnu.

Beth yw'r doniau naturiol eithriadol a oedd ganddi? Yn gyntaf, ei chof. Ymddengys i mi mai un o hanfodion ysblander y meddwl dynol yw cof da. A gwyched y cof, gorau i gyd. Gwyddys iddi feddu ar wybodaeth helaeth o'r Ysgrythurau ac wrth greu ei hemynau roedd ganddi'r gallu i ddwyn ar gof 'nid ymadroddion ystrydebol' ond arwyddocâd dwfn y gosodiadau sy'n fynegiant eglur o wirioneddau mawr y Gair. (Wrth gwrs, ar lefel ysbrydol, efallai y byddai Ann am ddweud nad ei chof hi oedd yn gyfrifol am hyn, ond mai'r Ysbryd Glân oedd yn dwyn ar gof iddi'r pethau a lefarwyd gynt.)

Os, ar y llaw arall, mai pentyrru ymadroddion Beiblaidd driphlith draphlith a wnaeth, sut y llwyddodd i ddefnyddio'r ymadroddion ysgrythurol hyn, rai ohonynt yn ddigon dieithr hyd yn oed i'r rhai sy'n darllen eu Beibl yn rheolaidd, mor gain ac effeithiol yn ei hemynau i greu darluniau hynod gyflawn? Y mae rhai o'i hemynau yn adleisio rhyw ymadrodd Beiblaidd bron ymhob cymal o bob llinell. Cymerer, er enghraifft, un pennill o un o'i hemynau mwyaf cyfarwydd: 'Wele'n sefyll rhwng y myrtwydd'.

O ba le y daw'r ymadrodd hwn? Faint o gredinwyr cyfoes

sy'n gwybod yr ateb? Daw o lyfr proffwydoliaeth Sechareia, un o broffwydi lleiaf yr Hen Destament, proffwyd oedd ar waith/yn proffwydo yn Jerwsalem tua'r flwyddyn 520 CC. Cyflwynodd ran o'i neges drwy sôn am ei weledigaethau, wyth ohonynt i gyd. Yn un o'r gweledigaethau hyn mae'n gweld 'rhwng y coed myrtwydd' 'ŵr yn marchogaeth ar farch coch' – gŵr oedd yn dwyn newyddion da i'r dychweledigion o'r gaethglud ym Mabilon. Meddai Sechareia (1:8,16,17): 'Wele ŵr yn marchogaeth ar farch coch, ac yr oedd efe yn sefyll rhwng y myrtwydd y rhai oedd yn y pant.'

A'i neges? 'Fel hyn y dywed yr Arglwydd: Dychwelais at Jerwsalem â thrugareddau … Fy ninasoedd a ymehangant gan ddaioni.' Gair o gysur ydyw pan oedd y dychweledigion yn anobeithio. Y mae Ann yn Cristioneiddio'r holl ddarlun ac yn gweld y gŵr rhwng y myrtwydd fel Iesu a ddaeth â newyddion da i'r byd. Mae'r marchog rhwng y myrtwydd felly'n 'deilwng o'i holl fryd.' Ac, ar hyn o bryd, 'o ran y mae'n ei adnabod' (ymadroddion llawer mwy cyfarwydd o salm Paul i gariad yn 1 Corinthiaid) 'ond yna wyneb yn wyneb'. Ac y mae Ann yn cloi'r llinell, 'caf ei weled fel y mae', sy'n adlais o'r ail adnod o'r drydedd bennod o epistol 1 Ioan. 'Anwylyd, yr awr hon, meibion i Dduw ydym, ac nid amlygwyd eto beth a fyddwn, eithr ni a wyddom pan ymddangoso efe y byddwn gyffelyb iddo; oblegid ni a gawn ei weled ef megis ag y mae.'

Gellid awgrymu nad yw un enghraifft yn profi fawr ddim. Hwyrach mai mater o hap a damwain oedd bod Ann wedi gwrando ar bregeth ar Sechareia. Ond y mae enghreifftiau di-rif eraill yn dangos nad arwynebol ei gwybodaeth o gwbl.

Meddylier, er enghraifft, am bedair llinell enwog arall o'i heiddo:

Anturiaf ato yn hyderus,
Teyrnwialen aur sy'n ei law;
Estyniad hon sydd at bechadur,
Ni wrthodir neb a ddaw;

Mae'r pedair llinell yma'n cyfuno dau syniad Beiblaidd. Yn gyntaf, yn ôl yr hen grefydd Iddewig, dim ond un person, sef archoffeiriad y bobl, a fedrai yn gyfreithlon fynd i mewn i'r cysegr sancteiddiolaf, a hynny ddim ond unwaith y flwyddyn. Mae'n debyg mai marwolaeth fyddai tynged y neb a droseddai'r ddeddf honno. Ond, yn ail, y mae stori Feiblaidd arall tu ôl i'r darlun, sef stori llyfr Esther. Chwi a gofiwch fod Esther yn un o wragedd y brenin Medo-Persiaidd, Xerxes, a oedd yn rheoli'r Iddewon yn y bumed ganrif CC. Roedd tyndra wedi datblygu rhwng tad maeth Esther, sef Mordecai, ac un o gapteiniaid byddin y brenin, sef Haman. O ganlyniad, roedd Haman yn cynllunio i gael gwared ar yr holl Iddewon a oedd dan reolaeth Xerxes. Daeth Mordecai i wybod am y cynllwyn a'r unig obaith oedd y byddai Esther yr Iddewes yn gallu darbwyllo'r brenin o'r perygl yr oedd yr Iddewon ynddo, ac yr oedd yr amser yn brin. Ni allai hoff wraig y brenin, hyd yn oed, gael mynediad i'w bresenoldeb heb ofyn yn gyntaf am ganiatâd. Ond roedd cymaint yn y fantol, holl ddyfodol ei phobl, nes i Esther, heb ganiatâd, rhuthro i bresenoldeb y brenin, a hynny ar berygl colli ei bywyd ei hun. A'r canlyniad oedd, yn iaith yr Ysgrythur (Esther 5: 2,3): 'A phan welodd y brenin Esther y frenhines yn sefyll yn y cyntedd, hi a gafodd ffafr yn ei olwg ef. A'r brenin a estynnodd y deyrnwialen aur oedd yn ei law ef tuag at Esther. Ac Esther a nesaodd ac a gyffyrddodd â phen y deyrnwialen. Yna'r brenin a ddywedodd wrthi, "Beth a fynni di, y frenhines Esther? A pha beth yw dy ddeisyfiad? Hyd yn hanner y frenhiniaeth, ac fe a'i rhoddir i ti."

Dyma ferch ar berygl colli ei bywyd ei hun a achubodd ei phobl. Mae Ann yn ei hemyn yn mynd yn hyderus gerbron gorseddfainc gras y Brenin Mawr am y gŵyr mai teyrnwialen aur ei ras a'i faddeuant sy'n ei law:

Estyniad hon sydd at bechadur
Ni wrthodir neb a ddaw.

I mi mater o ryfeddod o'r mwyaf yw canfod fod merch ifanc o gefn gwlad Cymru ar ddiwedd y ddeunawfed ganrif yn meddu ar y craffter meddyliol ac ysbrydol i ddeall arwyddocâd yr Ysgrythurau hyn yn llwyr.

Dawn arbennig arall o'i heiddo oedd ei gallu llenyddol i fathu ymadroddion gwrthgyferbyniol i'w gilydd i gyfleu, drwy baradocsau, rai o wirioneddau mawr y ffydd. Mae'r paradocsau hyn mor drawiadol fel na ellir eu hanghofio. Meddylier, er enghraifft, y sylw hwnnw fod Iesu ar ei Groes, tra yno ei hun yn dihoeni, mae'n dal i roi nerth i'r rhai hynny sy'n ei hoelio i'r Groes.

Efe yw'r Iawn fu rhwng y lladron,
Efe ddioddefodd angau loes;
Nerthodd freichiau'i ddïenyddwyr
I'w hoelio yno ar y groes.

Mae'r awgrym yn anhygoel, oherwydd y paradocs ydyw mai Duw sy'n cynnal pobl hyd yn oed pan droseddant yn ei erbyn. Hynny yw, pa mor ddrwg bynnag y bo dyn, y mae'n dal yn wrthrych gofal a chariad ei Greawdwr. Mae ei drugaredd yn anghymharol amgenach nag anghyfiawnder dyn. Hyd yn oed pan oedd ef ei hun yn marw, Crist oedd yn cynnal y rhai a'i croeshoeliodd!

Wrth gwrs, y mae un cwpled o eiddo Ann yn berl amhrisiadwy o werthfawr. Yn yr emyn

Fy enaid trist, wrth gofio'r taliad,
Yn llamu o lawenydd sydd;

y daw'r cwpled. Y Groes a'r Iawn yw ei sylw yma eto, ac mae'n sôn am farw Iesu yn nhermau,

> Rhoi Awdwr bywyd i farwolaeth

'Trwyddo ef y gwnaethpwyd pob peth a hebddo ef ni wnaethpwyd dim ar a wnaethpwyd … Ynddo ef yr oedd bywyd.' Dyna iaith yr Ysgrythur eto. Ond, yn ddychanol, yr hyn a welodd Ann oedd dynion yn troi Rhoddwr Bod yn ysglyfaeth eu drygioni.

Ac, yn arddull y Salmau, sy'n aml yn ailadrodd yr un gwirionedd mewn cwpledi sy'n dilyn ei gilydd, ychwanega Ann,

> A chladdu'r Atgyfodiad Mawr;

'Myfi yw'r Atgyfodiad a'r bywyd' – ac fe'i rhoddwyd ef mewn bedd; fel pe bai dynion yn gallu rhoi diwedd ar yr Atgyfodiad ei Hun!

Gellid amlhau'r enghreifftiau. Eithr amlwg iawn yw'r gagendor rhwng Ann a J.R. a chredaf mai trychinebus oedd beirniadaeth y mab o Bwllhei ar y ferch o Ddolwar Fach.

Groegiaid yng Nghymru:
Gwaddol Athronyddol Lewis Edwards

Ceri Davies

[Darlith a draddodwyd yn y Bala, ar faes Eisteddfod Genedlaethol Meirion a'r Cyffiniau, 3 Awst 2009, mewn cyfarfod a drefnwyd ar y cyd gan Adran Glasurol ac Adran Athronyddol Urdd Graddedigion Prifysgol Cymru. Yn ystod y cyfarfod lansiwyd y gyfrol newydd, *Hanes Athroniaeth y Gorllewin*, a'i chyflwyno gan y Dr Meredydd Evans, Llywydd yr Adran Athronyddol.]

ACHLYSUR YW HWN, YN fwy na dim, i ddathlu cyhoeddi'r gyfrol hardd, *Hanes Athroniaeth y Gorllewin*. Mae'n ddigwyddiad mawr ei bwys a'i arwyddocâd – er, efallai, nad yw'r rhan fwyaf o'n cyd-genedl ni sydd ar faes yr Eisteddfod heddiw yn sylweddoli hynny. Am y tro cyntaf ers tridegau'r ganrif ddiwethaf, pan gyhoeddwyd dwy gyfrol hylaw yng Nghyfres y Brifysgol a'r Werin – *Hanes Athroniaeth o Descartes i Hegel* (1932) gan yr Athro Richard I. Aaron, Aberystwyth, a *Hanes Athroniaeth y Cyfnod Groegaidd* (1939) gan yr Athro D. James Jones, Bangor – dyma waith helaeth yn cyflwyno dehongliad cyfoes ar etifeddiaeth athronyddol Ewrop yn y Gymraeg. Fe fu, ac y mae, yr etifeddiaeth honno yn rhan o'n gwead deallusol ni oll, ac y mae'n beth eithriadol o bwysig fod y Gymraeg yn dal i fod yn iaith y mae ei dawn hi ar gyfer rhoi mynegiant i bethau'r meddwl a'r deall a'r ysbryd yn parhau'n loyw. Am hynny oll, yr ŷm ni'n llongyfarch Adran Athronyddol Urdd y Graddedigion a'r holl dîm sydd wedi bod ynglŷn â'r gyfrol, yn gyfranwyr ac yn banel golygyddol, ac yn diolch hefyd i Wasg Prifysgol Cymru am gynhyrchu cyfrol mor ddeniadol.

Y mae, fel yr ŷm ni i gyd yn sylweddoli, ochr drist i'r digwyddiad hwn. Y mae cynifer o'r rhai a fu ynglŷn â'r fenter o ddarparu'r gwaith wedi'n gadael ni: o blith y cyfranwyr yn unig – John Daniel, Caryl Davies, John FitzGerald, Dewi Z. Phillips. A hefyd, y mae dyn yn gresynu oherwydd y clwyfo enbyd sydd wedi bod ar astudiaethau athronyddol yn y sefydliadau prifysgol yng Nghymru dros yr ugain mlynedd diwethaf a mwy. Fe fu amser pan oedd i'r adrannau Athroniaeth ym Mhrifysgol Cymru, fel yr adrannau Hebraeg a'r adrannau Groeg a Lladin, ran hollbwysig yn hyfforddiant ymgeiswyr am y weinidogaeth Gristnogol: bydd yr hyn sydd gennyf fi i'w ddweud am Lewis Edwards yn cysylltu â hynny. Ond fe fu tro mawr ar fyd. Y mae yna arwyddion, fodd bynnag, fod y rhod yn dechrau troi. Mewn sawl prifysgol ym Mhrydain y mae adrannau athronyddol yn ailgodi, fel ffenics o'r llwch, ac y mae'n achos llawenydd fod argoelion y bydd gyda hyn adfer rhyw gymaint o ddysgu athroniaeth yn y brifysgol yr wyf fi'n perthyn iddi yn Abertawe.

Cyfrol Adran Athronyddol yr Urdd yw'r gyfrol newydd hon, wrth gwrs. Ond peth ardderchog yw fod hwn yn gyfarfod ar y cyd â'r Adran Glasurol, a bod dau o glasurwyr Cymru wedi cael cyfrannu i'r gwaith. Oherwydd, fel y mae'r gyfrol yn gwneud yn eglur, gyda'r Groegiaid y mae hanes athroniaeth y Gorllewin yn dechrau. A. N. Whitehead a ddywedai mai dyna yw traddodiad athronyddol Ewrop – cyfres o droednodiadau i waith Platon.[1] Fel gyda llawer gwireb, tipyn o or-ddweud efallai. Ond i'r graddau fod Platon ac athronwyr Groeg wedi canfod, a rhoi mynegiant i, gynifer o'r cwestiynau mawr, gwaelodol, sydd wedi wynebu meddylwyr ar hyd y canrifoedd (yn sicr hyd at yr ail ganrif ar bymtheg), yr oedd Whitehead yn llygad ei le. Ac, wrth gwrs, fe fu i'r briodas ddeallusol rhwng Cristnogaeth a'r traddodiad athronyddol clasurol ran hollbwysig yn llunio dychymyg a mynegiant diwinyddiaeth y Gorllewin, o ddyddiau Awstin Sant hyd at Tomos Acwin a chwedyn.

A dyna ddod â ni i'r Bala, ac at y Dr Lewis Edwards, y mae'r flwyddyn hon – 2009 – yn ddaucanmlwyddiant ei eni. Wrth droi ato, rwy'n cael fy nhemtio i gofio stori sy'n cael ei hadrodd gan Michael Walton am ŵyl ddrama yn Delphi, yng Ngwlad Groeg, rai blynyddoedd yn ôl.[2] Ymhlith y perfformiadau yr oedd un gan gwmni o Beijing, cynhyrchiad yn seiliedig ar un o ddramâu Aischylos ac un o ddramâu Sophocles. Tsieinëeg oedd iaith y perfformiad, ond yr oedd isdeitlau, mewn Groeg modern ac mewn Saesneg. Ar un pwynt dyma'r brenin, Creon, yn rhoi gorchymyn i'r Corws: mewn Groeg modern, *Kaleste tous presbuterous,* 'galwch yr henuriaid'. Ond yr hyn a ymddangosodd fel is-deitl Saesneg oedd 'Summon the Presbyterians'. Mae dyn yn teimlo mai dyna y mae'n ei wneud wrth droi at y Presbytereiddiwr mawr, Lewis Edwards: 'Summon the Presbyterian'!

Un o Ben-llwyn, yng ngogledd Sir Aberteifi, oedd Lewis Edwards, ac yn y sir honno, yn ardal Aberystwyth ac yna yn Llangeitho, y cafodd ei addysg gynnar, cyn mynd i ddechrau i Brifysgol Llundain ac wedyn am dair blynedd i Brifysgol Caeredin. Yna dod yma i'r Bala, ac ar ddiwedd 1836 priodi Jane Charles, wyres Thomas Charles, a mynd ymlaen y flwyddyn ddilynol – ynghyd â'i frawd yng nghyfraith (bellach), David Charles – i sefydlu'r ysgol, a dyfodd i fod yn brif goleg y Methodistiaid Calfinaidd, yn y dref hon. Y mae'n braf cael nodi nad *Hanes Athroniaeth y Gorllewin* yw'r unig gyfrol Gymraeg o bwys y mae Gwasg y Brifysgol wedi'i chyhoeddi yr haf hwn. Newydd ymddangos hefyd y mae cyfrol ardderchog yr Athro Densil Morgan, *Lewis Edwards,* yng Nghyfres Dawn Dweud – cyfrol wirioneddol bwysig sy'n dangos mawredd Lewis Edwards a maint rhyfeddol ei gyfraniad. Y mae'n arbennig o briodol ei bod hi wedi'i chyhoeddi ar gyfer y daucanmlwyddiant, ac mewn pryd i'r Eisteddfod hon yn y Bala.

O'r dechrau, rhoddwyd pwyslais enfawr gan Lewis Edwards ar ddysgu Groeg a Lladin i'r disgyblion. Mae'r prosbectws (megis) a ddarparwyd ganddo ef a David Charles ar gyfer yr ysgol newydd yn datgan, yn Saesneg, eu bwriad i gynnig hyfforddiant yn y Bala yn y Clasuron, Mathemateg, a changhennau eraill addysg ryddfrydol.[3] Mae'r pwyslais yn aros yr un, wedi i'r ysgol dyfu'n goleg: hynny yw, y mae addysg glasurol, meistroli Groeg a Lladin, yn anhepgorol ar gyfer cynhyrchu'r math o weinidogaeth oleuedig a oedd yn ddelfryd gan Lewis Edwards ar gyfer y pulpud Methodistaidd. Byddai yn hynny beth adweithio yn erbyn gwyrni a cham Adroddiad y Dirprwywyr ar Addysg yng Nghymru, Llyfrau Gleision 1847, yn gymysg (y mae'n ddiau) â mesur o efelychu – snoblyd, fe ddywedai rhai – ar ddelfrydau addysgwyr o Saeson fel Dr Thomas Arnold, prifathro Ysgol Rugby. Yr oedd yno adwaith hefyd yn erbyn y colli golwg ar bwysigrwydd hyfforddiant ar gyfer y weinidogaeth ymhlith y Methodistiaid ar ôl y toriad â'r Eglwys Wladol. Nid bod pawb ymhlith y Methodistiaid yn hapus ynglŷn â phwyslais Lewis Edwards. Fe gofir am Tomos Bartley, yn *Rhys Lewis* Daniel Owen, yn rhoi ei farn ar yr addysg athrofaol yn y Bala. Mater syndod anghrediniol i Tomos oedd fod y myfyrwyr yn dysgu Lladin a Groeg, 'ieithoedd pobl wedi marw. Wel be ar affeth hon y ddaear [meddai ef] sy eisio dysgu iaith pobol wedi marw?' Ac nid yw cynhyrchion addysgedig Lewis Edwards, 'bechgyn y *college*', at ddant Tomos. Meddai: 'Mi fase'n well gen i glywed William Hughes, Abercwmnant, na'r gore ohonyn nhw.' Ond yr oedd Daniel Owen, ym mherson Rhys Lewis, wedi gwrando'n ofalus ar ei athro, a hefyd wedi darllen ei waith, oherwydd dyma ateb Rhys i Tomos Bartley: 'Maent yn dysgu yr ieithoedd er eu mwyn eu hunain a'r trysorau sydd ynddynt.'[4]

'Wedi gwrando'n ofalus ar ei athro, a hefyd wedi darllen ei waith', meddwn i. Un o gyfraniadau mawr iawn Lewis Edwards oedd sefydlu ym 1845 – ar y cyd â Roger Edwards a Thomas

Gee – gylchgrawn *Y Traethodydd*, sydd (y mae'n dda dweud) yn dal i ffynnu. Mewn ysgrif ar ôl ysgrif yn *Y Traethodydd*, y mae Lewis Edwards yn tanlinellu pwysigrwydd dysgu Groeg a Lladin. Gwrandewch ar y darn hwn:

> Dealler o hyn allan nad oes neb yn meddu hawl i son am ei ddysgeidiaeth, os na fydd yn alluog i gyfieithu unrhyw lyfr Lladin neu Groeg *heb gymhorth gramadeg na geirlyfr*. Dyma y dosbarth isaf: dyma y cyntedd nesaf allan. Cyn y dichon iddo gael derbyniad i'r dosbarth arall, yn yr hwn y mae y dysgedigion penaf yn cartrefu, y mae yn rhaid iddo fedru ysgrifenu Lladin a Groeg yn gywir, *heb gymhorth gramadeg na geirlyfr*, a hyny yn rhwydd ac yn rhydd. Dyma i chwi waith, lanciau Cymry; a gwaith y mae yn rhaid i chwi ymaflyd ynddo o ddifrif, os ewyllysiwch fod yn ddynion dysgedig.[5]

'Gwaith', yn wir, 'i lanciau Cymru'. Dyna'r neges a oedd yn mynd allan o'r Bala mor gynnar â 1849, ddwy flynedd yn unig ar ôl cyhoeddi'r Llyfrau Gleision a thros ddeng mlynedd ar hugain cyn sefydlu'r pwyllgor a arweiniodd at Adroddiad Arglwydd Aberdâr ar Addysg Ganolraddol yng Nghymru. Y mae'n neges y mae ei hysgogiadau hi yn estyn yn ôl at addysgwyr y Dadeni Dysg.

Ar ddisgyblaeth ieithyddol y mae Lewis Edwards yn canolbwyntio yn yr ysgrif honno. Ond, fel y gellid disgwyl, yr oedd ganddo ddiddordeb ehangach hefyd, ac fe welir hynny mewn ysgrif o'i waith yn *Y Traethodydd* un mlynedd ar bymtheg yn ddiweddarach, ym 1865, ysgrif ag iddi'r teitl arwyddocaol 'Yr Hen Brifysgolion, a'r Brifysgol i Gymru'. Dyma sydd ganddo i'w ddweud y tro hwn, ac yma fe glywir pwyslais Lewis Edwards ar y traddodiad athronyddol Groeg fel rhan o'r *praeparatio evangelica*, y paratoad ar gyfer cyhoeddi a derbyn yr efengyl Gristnogol:

> Y mae yn ymddangos i ni mai yr un a ddylai gael y lle blaenaf mewn addysgiaeth yw y *classics*; nid er mwyn yr ieithoedd Lladin a Groeg ynddynt eu hunain, ond er mwyn y llyfrau a ysgrifenwyd ynddynt. Y mae y llyfrau hyn yn werth eu darllen a'u deall o

herwydd eu teilyngdod, gan eu bod yn gynnyrchion yr holl feddylwyr mwyaf a fu yn y byd erioed cyn dyddiau Crist, oddieithr ysgrifenwyr yr Hen Destament: ac heblaw hyny, dyma y paratoad goreu i'r neb sy'n meddwl rhoddi gweddill ei oes i ddarllen gwaith y meddylwyr mwyaf a fu yn y byd ar ol hyny.[6]

Dyna ddelfryd Lewis Edwards, ac fe'i rhoes ar waith, yng Ngholeg y Bala a hefyd ar dudalennau'r *Traethodydd*. Wrth gwrs yr oedd Lewis Edwards yn ddigon o realydd i sylweddoli mai ychydig iawn o ddarllenwyr *Y Traethodydd* a oedd yn debyg o ymgyrraedd at y math o rwyddineb yn y Roeg a'r Lladin y breuddwydiai ef amdano. Felly fe gyflwynodd iddynt, mewn rhifyn o'r *Traethodydd* ym 1852, sylwadau ar y bardd Homer, ynghyd â chyfieithiad Cymraeg o ddarn estynedig o'r *Iliad*, o'r chweched llyfr. Pan ailgyhoeddwyd y cyfieithiad yn *Nhraethodau Llenyddol* Lewis Edwards, fe ychwanegwyd darn hir arall, o dros dri chan llinell, o ddechrau llyfr cyntaf yr *Iliad*.[7] Y mae T. Gwynn Jones yn sôn, flynyddoedd yn ddiweddarach, fod 'cryn feirniadu' ar y pryd ar Lewis Edwards am gyhoeddi'r cyfieithiadau hyn, 'a gofyn ai rhyw baganiaeth wrthun o'r fath oedd barddoniaeth'.[8]

Ar dudalennau'r *Traethodydd* hefyd y cafwyd, am y tro cyntaf, drafod deallus yn y Gymraeg ar athroniaeth y gorllewin. Ym 1856 dechreuwyd ar gyfres o erthyglau, arolwg o hanes athroniaeth, gan gyfrannwr o'r enw John Morgan. Cyfrannodd Lewis Edwards ei hun ysgrifau ar Coleridge, ar Kant ac ar John Stuart Mill. A thrwy'r *Traethodydd* fe ddygwyd athroniaeth y Groegiaid (yn arbennig) i sylw darllenwyr Cymraeg. Ym 1868 fe gyhoeddwyd cyfres o ysgrifau, ar *Wladwriaeth* Platon, gan fab hynaf Lewis Edwards, sef Thomas Charles Edwards; a chyfres feithach fyth, ym 1877-9, gan Griffith Ellis, ar *Wleidyddiaeth* Aristoteles. Dyna ddau – Thomas Charles Edwards a Griffith Ellis – a fu'n efrydwyr yn y Bala, cyn mynd ill dau yn ddiweddarch i Rydychen a graddio'n uchel yno yn y clasuron. Fe ddaeth y ddau yn drwm o dan ddylanwad Benjamin Jowett, meistr Coleg Balliol a phrif ladmerydd yr adfywiad mawr mewn diddordeb ysgolheigaidd yng ngweithiau Platon ym Mhrydain yn ystod ail hanner y bedwaredd ganrif ar bymtheg. Bu'r ddau hefyd yn bregethwyr a gweinidogion amlwg ymhlith y Methodistiaid Calfinaidd. Thomas Charles Edwards, wrth gwrs, oedd prifathro cyntaf y Coleg Prifysgol yn Aberystwyth (cyn iddo ddychwelyd i'r Bala ym 1891 i olynu ei dad yn brifathro'r Coleg yno). Y mae papurau Thomas Charles Edwards wedi'u cadw yn y Llyfrgell Genedlaethol. Yn eu plith ceir pethau, o'i gyfnod yn efrydydd yn y Bala, fel cyfieithiad ganddo o ran o *Phaidon* Platon; o'i gyfnod yn Rhydychen, nodiadau o ddarlithiau Jowett ar y *Wladwriaeth;* ac o'i gyfnod yn Brifathro Aberystwyth, pan oedd hefyd yn Athro Groeg, nodiadau ar Platon ac Aristoteles, yn ogystal ag ar destun Groeg y Testament Newydd. Dylid cofio fod esboniadau Thomas Charles Edwards, ar yr Epistol Cyntaf at y Corinthiaid (1885) ac ar yr Epistol at yr Hebreaid (1888), yn rhai cwbl safonol yn eu dydd.

Yn *Y Traethodydd* hefyd, ym 1866, y cafwyd y cyfieithiad cyhoeddedig cyntaf o ddrama Roeg gyfan i'r Gymraeg. *Antigone* Sophocles yw'r ddrama, wedi'i chyfieithu gan y Parchedig Owen Jones.[9] Brodor o Benllyn, o Lanuwchllyn, oedd Owen Jones, cefnder i Syr Owen M. Edwards, ac un a addysgwyd yn Athrofa'r Bala o dan hyfforddiant Lewis Edwards. Aeth ymlaen wedyn i astudio yng Ngholeg y Brifysgol, Llundain, ac erbyn cyhoeddi'r *Antigone* yr oedd yn weinidog ym Mlaenau Ffestiniog. A chan un arall o gyn-efrydwyr Coleg y Bala, Robert Llugwy Owen (o Fetws-y-coed), y cafwyd y gwaith mwyaf swmpus erioed i'w gyhoeddi yn y Gymraeg ar athroniaeth Roeg. Yr oedd Llugwy Owen yn gweithio yn y chwarel yn Ffestiniog yn 14 oed, ond fe ffeindiodd ei ffordd i Goleg y Bala (yr oedd yno rhwng 1860 a 1863), ac yna i Brifysgol Llundain, cyn mynd yn weinidog ar eglwysi yn Acre-fair ac yng Nghonwy. Fe fu am gyfnod yn yr Almaen, ym Mhrifysgol Tübingen. Ac ym 1899, tua diwedd ei oes, fe gyhoeddodd (fel yr awgrymwyd) gyfrol helaeth o 350 o dudalennau, wedi'i hargraffu yng Nghonwy gan wasg R. E. Jones, *Hanes Athroniaeth y Groegiaid*, gwaith sydd ar raddfa fwy na dim athronyddol a gyhoeddwyd yn y Gymraeg hyd at y gyfrol sy'n cael ei lansio yma heddiw.

Fe ddywedodd R.T. Jenkins, un tro, am Lewis Edwards, mai'r hyn a wnaeth oedd rhoi '[p]ethau newydd i'r Cymro i feddwl amdanynt'.[10] Dyna'i gyfraniad ef, a chyfraniad ei ddisgyblion, lawer ohonynt. Fe wnaethant hynny ym myd crefydd a diwinyddiaeth; fe'i gwnaethant hefyd wrth osod athroniaeth y Groegiaid ar *agenda* diwylliannol Cymru.[11]

Beth am y traddodiad hwnnw ar ôl marw Lewis Edwards ym 1887? Yn addysgol, wrth gwrs, yr oedd pethau mawr yn digwydd erbyn yr wythdegau: colegau Caerdydd a Bangor yn cael eu hychwanegu at Aberystwyth yn golegau Prifysgol, a lle amlwg ar gwricwlwm y tri choleg i ddysgu Groeg a Lladin ac Athroniaeth. Ac yna, yn niwedd yr 1880au, dyna basio'r Ddeddf Addysg Ganolraddol, a arweiniodd at sefydlu'r rhwydwaith o Ysgolion Sir newydd a drawsnewidiodd y pictiwr addysgol yng Nghymru a gwireddu rhywfaint, beth bynnag, ar freuddwyd Lewis Edwards.

Gadewch imi symud ymlaen i'r ugeinfed ganrif, a sôn yn gryno am waith dau ysgolhaig a wnaeth gyfraniad enfawr i gyflwyno, yn y Gymraeg, beth o gyfoeth gwaddol athronyddol y Groegiaid.

Yn gyntaf, Syr D. Emrys Evans, y bydd llawer ohonoch yn ei gofio yn Brifathro Coleg Bangor. Fy hun, ni allaf lai na chofio mai ef, yn ŵr ifanc, oedd y cyntaf i eistedd yn y Gadair yr wyf fi'n digwydd ei dal ar hyn o bryd, sef Cadair y Clasuron ym Mhrifysgol (bellach) Abertawe. Fe fu Emrys Evans yn un o golofnau Prifysgol Cymru dros ddegawdau. Yr hyn yr wyf am ei alw i gof yn arbennig yn awr yw ei orchest yn Cymreigio chwech o weithiau Platon. Fe'u cyhoeddwyd i gyd gan Wasg y Brifysgol, gan ddechrau gydag *Amddiffyniad Socrates* ym 1936 a diweddu ugain mlynedd yn ddiweddarach gyda champwaith yr athronydd, *Y Wladwriaeth*. Y mae arddull Gymraeg Emrys Evans yn goeth, a dweud y lleiaf, a dylanwad idiom y Beibl yn drwm ar ieithwedd ei gyfieithiadau, yn arbennig y rhai cynharaf. Ond po fwyaf y byddaf fi'n edrych ar ei waith, mwyaf yr wyf yn rhyfeddu at ei gamp, yn arbennig yn *Y Wladwriaeth* (sy'n gyfrol o bedwar can tudalen ymron). Y mae trosi gwaith felly, ac iddo gynifer o wahanol arddulliau ac arlliwiau llenyddol, yn dasg frawychus. Ar ben hynny y mae mater diogelu cysondeb y syniadaeth athronyddol yn pwyso'n drwm hefyd. Fe ymgodymodd Syr Emrys, y mae'n dra amlwg, yn ddygn â hyn i gyd, ac yn ddigwestiwn y mae mawredd llenyddol ynglŷn â'i gyfieithiadau.

Cymerer, er enghraifft, ddiwedd ail lyfr *Y Wladwriaeth*. Un o bynciau mawr y llyfr hwnnw yw mater addysg y gwarcheidwaid, a hynny yn arwain Socrates i holi a ellir cymeradwyo'r darlun o'r duwiau – er enghraifft, y darlun ohonynt fel bodau cyfnewidiol ac oriog – a gyflwynir gan Homer a beirdd eraill, y dramodwyr hefyd. Adeimantos yw'r cymeriad (y seinfwrdd, megis) y mae Socrates mewn deialog ag ef yma. A dyma ddwyn y drafodaeth i'r casgliad hwn:

> *Socrates*: Felly nid oes dichon i Dduw ddymuno ei newid ei hun, eithr, fe ymddengys, gan fod pob un o'r duwiau yn deg a da hyd yr eithaf, fe erys yn wastad yn syml yn ei ffurf ei hun.
>
> *Adeimantos:* Rhaid ar bob cyfrif mai felly y mae, fe ymddengys i mi.

A dyma Socrates yn ymateb, gan ddyfynnu Homer (o ail lyfr ar bymtheg yr *Odysseia*, llinellau 485–6):

> Felly, fy nghyfaill, na ddyweded neb o'r beirdd wrthym:
> 'Duwiau, fel crwydraid dieithr, o ddinas i ddinas y gwibiant;
> Gwisgant bob pryd a gosgedd; hud a weithredant hwy.'[12]

Fe glywch yr hyn sydd gan Emrys Evans yn y fan yna: y gynghanedd, wedi'i gosod ar 'Fesur Madog', y mesur y mireiniodd T. Gwynn Jones y defnydd ohono, a'i chwe churiad ym mhob llinell yn adlais o'r mesur chweban (*hexameter*) clasurol.

Ddau dudalen yn ddiweddarach, ac y mae dadl yr ail lyfr yn dod i'w chleimacs. (Yn niwinyddiaeth darn fel hwn, gyda llaw, fe welir pam y gallai Lewis Edwards, tra'n mynnu fod 'gwahaniaeth a phellder anfesurol rhwng Cristionogaeth ac athroniaeth', hawlio er hynny 'na fu athroniaeth erioed yn uwch nag y ceir hi yn ysgrifeniadau Plato ac Aristotle', a'u bod hwy 'yn dra gwasanaethgar ... fel arweinyddion rhagbaratoawl i ddysgyblu y meddwl'.)[13] Dyma gyfieithiad Emrys Evans:

> *Socrates:* Y mae Duw, felly, yn berffaith syml a gwir ar air a gweithred; nid yw'n ei newid ei hun, nac yn twyllo eraill trwy ddrychiolaethau na thrwy eiriau na thrwy anfon arwyddion, na phan fôm yn effro na hyd yn oed mewn breuddwyd.
>
> *Adeimantos:* Felly yr ymddengys i minnau hefyd, wrth dy fod di'n sôn.
>
> *Socrates:* Yr wyt yn cytuno, ynteu, mai dyma ail egwyddor y mae'n rhaid ei dilyn wrth lefaru a chyfansoddi am dduwiau, sef nad dewiniaid yn eu trawsffurfio eu hunain mohonynt, ac nad ydynt yn ein camarwain â chelwyddau mewn gweithred na mewn gair?
>
> *Adeimantos:* Ydwyf, 'rwy'n cytuno.
>
> *Socrates:* Felly, er canmol ohonom lawer yn Homer, ni chanmolwn yr hanes hwnnw am Sews yn anfon y breuddwyd i Agamemnon; nac ychwaith y darn yn Aeschulos, lle y mae Thetis yn sôn am Apolo yn canu yn ei phriodas ac yn darogan llwyddiant ei phlant:

(Yma y mae Socrates yn dyfynnu o un o ddramâu coll Aischylos, *Hoplôn Krisis*, 'Dyfarnu'r Arfau', a Thetis yn cofio mai Apolo – er ei holl addewidion – a laddodd ei mab Achiles. Unwaith eto y mae Emrys Evans yn rhoi geiriau'r farddoniaeth ar gynghanedd, ym mesur y cywydd. Meddai Thetis:)

Nawdd nef a addawodd i ni,
Henoed ac iechyd heini;
Fy ffawd â'i gathl a ddathlai
A'm llon hynt, a'm llawenhâi.
Diau o'i enau inni
Geiriau di-som, gredais i,
Ddeuai'n hawdd i ddewin hy.
Ond hwn, a arfollwn felly,
Hwn, er ei eiriau arab
I mi, lladdodd hwn fy mab.

(Y mae'r ailadrodd yna – *hwn* … *hwn* … *hwn* – yn dal yr ergydio sydd gan Aischylos yntau: *ho de autos* … *autos* … *autos*. Ac meddai Socrates:)

> Pan lefaro neb bethau felly am y duwiau, digiwn wrtho ac ni chaiff gôr gennym; ni chaniatawn chwaith i'n hathrawon ei ddefnyddio i hyfforddi'r ifainc, os ydym am i'r gwarcheidwaid barchu'r duwiau a dyfod yn debyg iddynt, mor debyg ag y bo dichon i ddyn ddyfod.[14]

Dyna, felly, beth o flas Platon yn fersiwn Emrys Evans: fel Lewis Edwards, clasurydd, prifathro coleg, ac ymneilltuwr Cymreig. Y mae yna arucheledd ym mynegiant ei gyfieithiadau, ymwybod byw â theithi'r Gymraeg, ac argyhoeddiad hefyd fod yr hyn sydd gan Platon i'w ddweud yn rhywbeth y dylid talu sylw iddo.

Ar ôl sôn am Blaton, y mae'n naturiol troi at ei ddisgybl Aristoteles: y disgybl a adweithiodd – i fesur, beth bynnag – yn erbyn llawer o ddysgeidiaeth ei athro. A defnyddio delwedd A. N. Whitehead, Aristoteles oedd y cyntaf i ddechrau ysgrifennu troednodiadau i waith Platon. Troi hefyd oddi wrth y Bedyddiwr o Gymro, Emrys Evans, at y Pabydd John FitzGerald – y Sais dysgedig, o dras Gwyddelig, a dyfodd yn Gymro. Ys dywed ef ei hun, mewn englyn bach hyfryd a ysgrifennodd hanner canrif union yn ôl (pan yr oedd, rwy'n tybio, yn nhŷ Urdd y Carmeliaid yn ymyl Llandeilo):

Iaith wâr Sir Gâr a gerais – iaith dirion,
Afradlon, hyfrydlais.
Rhan a chartref a gefais
Yn ei swyn, a minnau'n Sais.[15]

Yr ydym yn dal i fwrw'n colled o'i farw disyfyd. Y mae John yn un o'r cyfranwyr i'r gyfrol newydd. Yn briodol iawn, ef yw awdur y bennod ar Aristoteles. Oherwydd campwaith John yw ei gyfieithiad Cymraeg (1998) o *Foeseg Nicomachaidd* Aristoteles, y gwaith hwnnw lle y mae'r athronydd yn trafod beth yw dull a nod y bywyd da.

Fel y mae'n dra hysbys, o safbwynt llenyddol nid yw'r rhan fwyaf o weithiau Aristoteles – o leiaf fel y maent wedi'n cyrraedd ni – yn greadigaethau dychmygus fel y mae deialogau Platon. Nodiadau darlithiau yw llawer ohonynt yn eu hanfod, er eu bod (fe ddywedwn i) mewn dosbarth ar eu pen eu hunain fel enghreifftiau o'r *genre* hwnnw! O ran pŵer y rhesymu, o ran eu defnydd o derminoleg athronyddol, o ran eu hymenyddwaith, y mae gweithiau Aristoteles yn sialens i unrhyw ddarllenydd – boed hynny ar lefel deall ei iaith a'i gystrawen Roeg neu ar lefel dirnad ei ddadl. Nid wyf yn meddwl fod fy nhipyn gafael i ar y Roeg wedi ei osod ar brawf gymaint erioed â phan fyddai'r diweddar Dr Gareth Evans, o Adran Fathemateg y Brifysgol yn Abertawe – gŵr hynod wybodus am hanes mathemateg drwy'r oesau, gŵr hefyd (gyda llaw) yr oedd ei fam o'r un cyff teuluol â Lewis Edwards – yn dod at y drws â darnau Groeg o ysgrifeniadau Aristoteles ar fathemateg ac yn gofyn imi eu trosi yn fyrfyfyr. Rwy'n ofni mai cloff oedd fy mherfformiad i yn fynych, yn brin iawn o ddelfryd Lewis Edwards, cyfieithu 'heb gymhorth gramadeg na geirlyfr'!

Yn awr yr oedd John FitzGerald – y clasurydd a'r athronydd o offeiriad Pabyddol, yr oedd cymaint o athrawiaeth ei eglwys (yn arbennig o ddyddiau Tomos Acwin) wedi ffeindio'i mynegiant o fewn i'r fframweithiau deallol a etifeddwyd oddi wrth Aristoteles – yn arbennig o sensitif i syniadaeth Aristoteles ac i bwysigrwydd bod yn gyson wrth geisio trosi ei iaith a'r derminoleg athronyddol a bennwyd ganddo. Dyma sydd gan John i'w ddweud, yn y rhagymadrodd i'r *Foeseg Nicomachaidd*: 'Wrth ymgodymu â'i fater datblygodd Aristoteles gryn dipyn ar yr adnoddau iaith a syniadaeth oedd ar gael iddo. Bydd pawb yn gorfod gwneud peth felly wrth geisio mynegi syniadau newydd neu agweddau newydd ar hen syniadau.'

A beth am y Gymraeg?

> Diau fod ar gael i ninnau amlder o Gymraeg llenyddol at fynegi pob math o feddwl sydd eisoes wedi cael mynegiant yn y Gymraeg. Datblygwyd hynny gan estyn yr adnoddau a fyddai ar gael bob cynnig wrth eu defnyddio i fynegi pethau a syniadau newydd, i brydyddu, i draethu cyfraith a chyfarwyddyd, i gyfieithu chwedlau ac ysgrythur a diwinyddiaeth a gwleidyddiaeth, i greu ffuglen ac i adrodd newyddion.
>
> O ran cyfieithu o'r hen Roeg clasurol … nid oes ond un cyfieithiad o weithiau Aristoteles wedi ymddangos. *[Cyfeiriad yw hynny at gyfieithiad J. Gwyn Griffiths o'r* Farddoneg, *1978.]* Mae hynny'n golygu y bydd, i ryw raddau, eisiau peth ystumio eto ar adnoddau'r Gymraeg er mwyn mynegi syniadau a dull o feddwl nad ydys wedi cyflwyno mo'u hunion debyg yn y Gymraeg hyd yn hyn.[16]

Geiriau hynod ddiddorol yw'r rhain, geiriau sy'n pwyntio, efallai, at y gwahaniaeth rhwng Emrys Evans a John FitzGerald fel cyfieithwyr. Lle y mae Emrys Evans yn glynu'n geidwadol wrth eirfa ac ieithwedd y traddodiad llenyddol Cymraeg, y mae John FitzGerald yn barod i arbrofi a hyd yn oed (a defnyddio'i air ef ei hun) 'ystumio' geirfa newydd yr anelir at ei defnyddio gyda chysondeb i gyfateb i ddefnydd Aristoteles o air Groeg. Felly dyna'r gair 'daoedd' am *ta agatha* (y lluosog 'goods'), 'iawnbwyllog' am *sôphrôn* a 'iawnbwylledd' am *sôphrosunê,* a 'dibennol', ran fynychaf, am yr ansoddair creiddiol hwnnw yn y *Foeseg,* sef *teleios, -on* (er ei fod ar dro, i drosi'r syniad o 'berffeithrwydd' y mae Aristoteles am ei gyfleu, yn troi at ddefnyddio 'cyflawn' neu 'perffeithgwbl'). Nid dyma'r lle i amlhau enghreifftiau, ond yn sicr ceir ganddo estyn dychmygus ar adnoddau mynegiannol y Gymraeg. At hynny, y mae John FitzGerald wedi paragraffu'r gwaith, gan roi ei benawdau cartrefol ei hun, sy'n helpu darllenydd i ddilyn rhediad y ddadl. Er enghraifft, yn llyfr cyntaf y *Foeseg Nicomachaidd* (llyfr y mae 'dedwyddwch' yn thema ganolog iddo), fe geir y pennawd hwn uwchben un paragraff:

> Nid gwyn ei fyd pob dedwydd:
> llunio'r siwt fel y bo'r brethyn.

Ac yna'r paragraff nesaf – gyda phennawd John eto, yn gwbl nodweddiadol:

> Ond beth a wna heb frethyn?[17]

Gobeithio fod yn ein plith ni ddigon o hyd sy'n fodlon dilyn John FitzGerald a chredu fod mynd i'r afael â syniadau fel hyn, ac â'u cynodiannau athronyddol, yn beth o bwys yn y Gymru sydd ohoni.

Mae'n bryd cau pen y mwdwl. Oedwyd yn arbennig gyda Syr Emrys Evans a'r Tad John FitzGerald, y ddau – yn fwy na neb – a roddodd inni yn yr ugeinfed ganrif weithiau Platon a'i ddisgybl Aristoteles yn Gymraeg. (Fe fydd dyn yn meddwl weithiau a fu erioed yn hanes y ddynoliaeth y fath bwerdy ymenyddiol ag yn ystod yr ugain mlynedd y bu'r ddau hynny, Platon ac Aristoteles, gyda'i gilydd yn yr Academi yn Athen.) Fe ellid crybwyll eraill a barodd i'r Groegiaid lefaru'r Gymraeg. Cyfeiriwyd eisoes at gyfieithiad J. Gwyn Griffiths o *Farddoneg* Aristoteles, gwaith y cawsom gyfle i'w ddathlu yn Eisteddfod Genedlaethol Sir Ddinbych a'r Cyffiniau wyth mlynedd yn ôl. Ac, yn arbennig yma ym Mhenllyn, ni wiw inni anghofio Euros Bowen, y mae ei gyfieithiadau o bedair o drasiedïau Sophocles yn ychwanegiad aruthrol at stôr ein llenyddiaeth ni'r

Cymry.[18] Llenorion yw'r rhain i gyd a barodd fod i'r Groegiaid fynegiant yn y Gymraeg, cynheiliaid traddodiad y rhoes Lewis Edwards gychwyn anrhydeddus iddo yn y dref hon. Mewn gwirionedd, Lewis Edwards oedd y cyntaf i weld gwerth trafod, ar dudalennau'r *Traethodydd,* ddadleuon athronyddol mewn dyfnder yn y Gymraeg – gorchwyl a chyfrifoldeb sydd, y mae'n dda cael dweud, eto yn cael eu cyflawni'n loyw yn y gyfrol yr ŷm ni yn ei chroesawu heddiw.[19]

Nodiadau

1 'The safest general characterization of the European philosophical tradition is that it consists in a series of footnotes to Plato', *Process and Reality* (Cambridge, 1929), t. 53.

2 J. M. Walton, *Found in Translation. Greek Drama in English* (Cambridge, 2006), t. 1.

3 'Messrs. L. Edwards and D. Charles announce their intention of giving instruction in the Classics, Mathematics, and other branches of a liberal education': T. C. Edwards, *Bywyd a Llythyrau y Parch. Lewis Edwards, DD* (Lerpwl, 1901), t. 193.

4 Daniel Owen, *Rhys Lewis.* Argraffiad cyflawn newydd, gol. E. G. Millward (Caerdydd, 1993), tt. 341–3.

5 O'r ysgrif 'Ysgolion Ieithyddol i'r Cymry', yn *Y Traethodydd* 1849: ailgyhoeddwyd yn Lewis Edwards, *Traethodau Llenyddol* (Wrecsam, [1867]), tt. 20–31 (24). Italeiddio yn y gwreiddiol.

6 *Traethodau Llenyddol,* tt. 176–89 (180–1).

7 *Traethodau Llenyddol,* tt. 492–504.

8 Rhagair i *Iliad Homer: Cyfieithiadau gan R. Morris Lewis* (Wrecsam, 1928), t. viii.

9 'Antigonë, gan Sophoclës', *Y Traethodydd,* cyfrol 21 (1866), 171–202. Am ragor ar y cyfieithiad hwn, gw. C. Davies, 'Cyfieithu'r Clasuron Groeg a Lladin i'r Gymraeg rhwng tua 1850 a 1890', *Y Traethodydd,* cyfrol 150 (1995), 201–14 (204–7).

10 'Dylanwad Dr Lewis Edwards ar Feddwl Cymru', *Ymyl y Ddalen* (Wrecsam, 1957), tt. 190–207 (207).

11 Am ragor ar Lewis Edwards a'r clasuron, gw. C. Davies, 'Lewis Edwards, Oes Victoria, a'r Byd Clasurol', *Y Traethodydd,* cyfrol 142 (1987), 115–30.

12 *Plato, Y Wladwriaeth* 381c–d; cyf. D. Emrys Evans (Caerdydd, 1956), t. 71.

13 O'r ysgrif 'Llenyddiaeth a Gwyddiant', *Traethodau Llenyddol,* tt. 586–97 (593).

14 *Y Wladwriaeth* 382e–383b; cyf. D. Emrys Evans, t. 73.

15 John FitzGerald, *Cadwyn Cenedl* (Lerpwl, 1969), t. 13.

16 *Moeseg Nicomachaidd Aristoteles*, cyf. John FitzGerald (Caerdydd, 1998), t. xx.

17 *Moeseg Nicomachaidd*, t. 18.

18 Gw. C. Davies, 'Cymru a Drama'r Groegiaid', *Taliesin*, cyfrol 114 (Gwanwyn 2002), 76–92 (86–8, Euros Bowen; 89–91, J. Gwyn Grifiths a'r *Farddoneg*).

19 Cyhoeddwyd y bennod hon gyntaf yn *Y Traethodydd*, cyfrol CLXV (rhif 694), Gorffennaf 2010, tt. 133–44.

Matthew Arnold a'r Syniad o Ddiwylliant

Alun Gwynedd Jones

YN ÔL *GEIRIADUR PRIFYSGOL Cymru* (GPC) tarddiad yr enw 'diwylliant' a'r berfenw 'diwyllio' yw 'gwyllt' gyda'r rhagddodiad 'di', '[*di + gwyll(t)*]'. Daw'r cyfeiriad cyntaf at y gair 'diwyllio' a nodir yn GPC tua'r flwyddyn 1200. Yr ystyr bryd hynny oedd, 'Trin tir, llafurio, amaethu, aredig: *to cultivate, till, farm, plough*'. Dyna hefyd oedd ystyr y gair yn Nhestament Newydd 1567. Cawn Theophilus Evans yn cadw at yr un ystyr eto yn *Drych y Prif Oesoedd* (1740). Erbyn diwedd y ddeunawfed ganrif, fodd bynnag, mae ystyr y gair 'diwylliant' yn ehangu i olygu (yn ôl GPC), 'Datblygiad neu wrteithiad meddyliol person(au) yn deillio oddi wrth addysg neu hyfforddiant, coethder, chwaeth:'. Mae GPC yn dyfynnu'r defnydd cyntaf o'r gair 'diwylliant' yn yr ystyr estynedig hwn o'r flwyddyn 1793.

Yn Saesneg hefyd fe welir ehangu ystyr tebyg yn achos y gair 'culture'. Cyd-destun y tir sydd i'r gair 'culture' yn 'agriculture', er enghraifft. Erbyn canol y bedwaredd ganrif ar bymtheg fe welir y termau 'to cultivate' a 'cultivation' yn cael eu defnyddio mewn cyd-destun ehangach o lawer. Yn wir mae'n cwmpasu meithrin a maethu mewn unrhyw faes, gan gynnwys maethu cymdeithas neu genedl. O hyn ymlaen defnyddir y gair 'culture' / 'diwylliant' i ddisgrifio unrhyw gynnyrch cymdeithasol, sef unrhyw beth a wnaed neu a ddychmygwyd gan ddynolryw mewn cymdeithas.

Nid yw'n anodd egluro sut y daeth cysyniad mor eang i fynnu

lle yng ngeirfa'r oes. Daeth 'diwylliant' i lenwi gofod cysyniadol newydd. Yr oedd newidiadau economaidd a thechnolegol mawr yn newid cynseiliau cymdeithas ym Mhrydain. Eithr nid oedd effeithiau dyfnaf y newidiadau hyn yn weladwy nac yn hysbys. Yn Arddangosfa Fawr 1851 arddangoswyd cynnyrch a nwyddau di-ben-draw o bob math dan haul, creadigaethau pŵer masnachol a diwydiannol ymwthgar. Yn guddiedig dan hyn oll safai'r rhaniadau dwfn hynny, gagendorau yn wir, ym mywyd cymdeithasol ac economaidd y wlad a oedd yn gwneud cynhyrchu'r fath doreth yn bosibl. Ac nid yn unig y gweddau cymdeithasol ac economaidd i fywyd oedd yn newid. Dan ddylanwad yr ethos gwyddonol milwriaethus newydd fe danseiliwyd sicrwydd parthed ysgolheictod a llawer o bethau deallusol. Ni fedrai crefydd bellach hawlio safle digwestiwn fel cynheilydd y drefn gymdeithasol a'r dyfarnydd mewn moesoldeb. Yr oedd y term 'diwylliant' ar ei wedd newydd a chyda'r ystod ehangach a fabwysiadodd, yn adlewyrchu'n ieithyddol y newid a'r datgymalu a ddigwyddasai. Yr oedd yn cyfleu y syniad y gellid gosod ystyr ac arwyddocâd newydd i bethau.

Nid Arnold oedd yr unig awdur i ganoli ei feddwl ar y syniad o 'ddiwylliant' yn y cyfnod hwn. Ac o edrych yn ôl, efallai nad ef oedd y mwyaf dylanwadol chwaith. Ond Arnold, yn fwy nag unrhyw awdur arall, oedd yn gyfrifol am y syniad o 'ddiwylliant fel beirniadaeth'. I Arnold, addawai 'diwylliant' adnewyddiad gwerthoedd a delfrydau newydd. Yr oedd, yn benodol, yn ymateb i'r colli cyfeiriad hwnnw y synhwyrai ef a ddigwyddasai ym mywyd gwleidyddol a moesol ei oes. Credai y dylai 'diwylliant fel beirniadaeth', ddod yn safon i farnu gweithgareddau a gwleidyddiaeth a phob agwedd arall o fywyd wrtho. Wrth ddadlau fel hyn dyfeisiodd Arnold ffurf newydd o ladmeru gwleidyddol a math newydd o ddamcaniaeth wleidyddol.

Ond yr oedd Arnold yn fath eithaf anarferol o ddamcaniaethydd gwleidyddol. Ar lawer cyfrif, nid oedd yn ddamcaniaethydd o gwbl.

Yr oedd yn enwog fel bardd. Daeth ei rôl gyhoeddus gyntaf iddo pan gafodd ei ethol yn Athro Barddoniaeth yn Rhydychen yn 1857. Fodd bynnag, dim ond yn ystod chwedegau'r ganrif y dechreuodd ar ail yrfa yn awdur ac ysgrifwr. Eithr prin y byddai'n cyffwrdd â materion gwleidyddol, a hynny dim ond yn anuniongyrchol. Yr eithriad mawr yw *Culture and Anarchy* (1869), lle mae am y tro cyntaf yn ymosod ar werthoedd y dosbarth canol Fictoriaidd buddugoliaethus ond casgliad o ysgrifau oedd *Culture and Anarchy*. Fel llyfr, nid oes iddo fawr o strwythur, a gwan yw dilyniant y ddadl a amlinellir ynddo.

Nid oedd dim yng nghefndir Arnold i awgrymu y byddai'n ymddiddori mewn gwleidyddiaeth. Nid oedd ei amgylchiadau mewn bywyd na'i anian ef ei hun yn awgrymu y deuai syniadaeth wleidyddol yn un o'i brif ddiddordebau.

Yng nghyfnod ei ieuenctid bu ei deulu yn gymdogion i Wordsworth ac yn gyfeillion gydag ef yn Ardal y Llynnoedd. Erbyn diwedd ei oes yr oedd yn adnabod Disraeli ac yn mynychu salon y Fonesig de Rothschild yn gyson yn ei phlasty gwledig godidog. Ysgolfeistr oedd ei dad – ond fel mae'n digwydd, ef oedd yr enwocaf yn Lloegr yn ei ddydd. Treuliodd Arnold ei holl yrfa yn Arolygwr ysgolion elfennol. Os oes un thema yn llifo drwy holl fywyd Arnold – fel yr awgrymir eisoes gan y gwrthgyferbyniadau hyn – y pellter rhwng ei gefndir cymdeithasol eithaf ymylol ac ystod eang y cylchoedd cymdeithasol y deuai maes o law yn gyfarwydd â hwy yw hynny.

Daeth Arnold hefyd i gysylltiad ag ystod eang o safbwyntiau gwleidyddol drwy gydol ei fywyd heb gael ei effeithio'n amlwg gan unrhyw un ohonynt. Yr oedd ei dad, Dr Arnold, yn un o ladmeryddion Toriaeth adweithiol ei ddydd. Tra'n fyfyriwr yn Rhydychen cafodd Arnold brofiad o'r dygyfor ym maes syniadaeth ac awdurdod crefyddol a achoswyd gan John

Henry Newman a'r Tractariaid. Yn fuan wedi hynny, yn 1848, cafwyd ton o derfysg chwyldroadol yn Ewrop, gyda chynnwrf cyfatebol y Siarterwyr gartref. Hyd yn oed yn y chwedegau, pan ddechreuodd y galw am ymestyn y bleidlais ddwysáu, gyda deallusion amlwg yn cefnogi'r naill ochr neu'r llall yn y ddadl, ymddangosai Arnold yn weddol ddigyffro a heb ymddiddori mewn materion gwleidyddol. Ei unig safbwynt gwleidyddol cryf oedd ei gasineb pur o Gladstone. Ond yr unig reswm am hynny oedd ei anhoffter o Gladstone fel person, ac am ei fod yn amau mai Gladstone oedd yn gyfrifol am ei fethiant i gael ei benodi yn Llyfrgellydd Tŷ'r Cyffredin.

Roedd gwaith Arnold fel awdur yn amlochrog ac amrywiol. Ar wahanol adegau yr oedd yn fardd, clasurwr, cyfieithydd, hynafiaethydd (ond un anfoddog yn yr achos hwn) ac addysgwr – yn ogystal â bod yn ysgrifwr gorau ei ddydd. Eithr byddai bob amser yn pwysleisio nad oedd unrhyw athrawiaeth Arnoldaidd nac 'athroniaeth' arbennig i'w distyllu o gorff mor amrywiol o ysgrifau. Nid oedd arno ofn anghysonderau a chredai fod cael amrywiaeth barn yn rhinwedd. Ni hoffai gyfundrefn. Yn un o'i sylwadau mwyaf pigog gofynnodd parthed John Stuart Mill, athronydd a llesyddwr (difai fel arall): 'Pa mor fyr fyddai Llyfr Job pes ysgrifennid gan Mill?' Credai Arnold fod cyfundrefnu a dadansoddi yn arwain at gloriannu oeraidd cyfrwng ac amcan, ond edmygai ef yn hytrach ystwythder ac eiliw. Yn yr un modd ni welai ef iaith a geiriau fel offer ond fel cludwyr ystyr, yn hyblyg ac yn llawn posibiliadau.

Diwylliant yn Erbyn Anarchiaeth

Fe gydiodd syniad Arnold o 'ddiwylliant' yn nychymyg y cyhoedd gyntaf gyda chyhoeddi *Culture and Anarchy* yn 1869. Yn y llyfr hwnnw disgrifia Arnold gymdeithas sydd yng ngafael dyheadau hunandrechol a chaeth i werthoedd difaol a bychanol. Mae *Culture and Anarchy* yn portreadu gwareiddiad trahaus ac ymwthiol Lloegr canol Oes Fictoria fel math o amharadwys wrthun.

Nid oes gan ddefnydd Arnold o'r gair 'anarchy' ddim yn gyffredin gyda'r athrawiaeth wleidyddol a bregethid gan ei gyfoedion fel Bakhunin neu'r Tywysog Kropotkin. I'r gwrthwyneb, i Arnold yr oedd y gair 'anarchy' yn disgrifio cyflwr y bywyd cyfoes i'r union raddau y cyflawnai ddelfrydau proffesiedig y bywyd hwnnw – menter, egni, anghydffurfiaeth a rhyddid. Anarchiaeth, meddai Arnold, yw gwobr anochel cymdeithas sy'n dewis Edward Miall yn fentor gwleidyddol a John Bright yn ymgynghorwr ar ddiben bywyd.

Yn ei olwg ef, aethai'r genedl yn wlad lle nad oes i unrhyw weithgareddau ddiben y tu hwnt iddynt hwy eu hunain. Mae cynnydd yn y boblogaeth genedlaethol neu'r cynnydd di-baid mewn lefelau cynhyrchu glo yn bethau i ymfalchïo ynddynt er eu mwyn eu hunain. Edmygir golud am ei fod yn bodoli – waeth o ble y daw na beth a wna. Y mae hyd yn oed crefydd anghydffurfiol, a fu unwaith yn ffordd o waredigaeth ac yn sbardun i feddwl yn agored, bellach wedi dod – fel y cyhoedda arwyddair y prif bapur newydd Ymneilltuol yn ddiniwed ddigon – yn gyfrwng mewnblygrwydd bodlon ac amddifynnydd meddyliau caeedig. Yr oedd '*The Dissidence of Dissent*' fel arwyddair yn taro Arnold yn un gwag a hurt, delfryd sefydliad a'i ddilynwyr a ddymunai ymneilltuo o weddill y byd. Yn hyn o beth nid yw fymryn yn wahanol i'r Licensed Victuallers Association a sefydlodd ysgol i feithrin 'licensed victuallers' bychain, fel y gwna'r Commercial Travellers 'gyda'u haffwysedd yn dal yn gryf' meddai Arnold.

Uwchlaw pob dim y mae'r Saeson yn addoli rhyddid er ei fwyn ei hun, a'u hymffrost balchaf yw y caiff pawb yn Lloegr ddweud a gwneud yr hyn a fynnont. Eithr fel y syniant hwy am ryddid, nid oes iddo ddibenion uwch, gan fod delfrydau o unrhyw fath yn cael eu mygu gan y dadwrdd lleisiau.

Geilw Arnold hyn oll yn 'Beiriant' er mwyn cyfleu y patrwm

dideimlad sydd i fywyd pob dydd a'r cyfiawnhad peiriannol a gynigir mor barod gan ei amddiffynwyr. Mae amddiffynwyr y 'peiriant' yn twyllo eu hunain ac eraill. Mae'r 'peiriant' – sef y 'tueddiad anarchaidd' – yn gymaint a hynny'n fwy diddiben a dinerth o beidio cael ei gydnabod felly.

Nid oes terfynau, mewn gwirionedd, i ba mor bell yr â ei amddiffynwyr i guddio gwir natur eu cymdeithas rhagddynt eu hunain. Nid oes fawr o berthynas rhwng gwir gyflwr y genedl Seisnig ar hyn mae lladmeryddion ei gogniant yn ei gredu.

Cymdeithas gyda rhwygiadau dwfn yw Lloegr mewn gwirionedd. Ecsploetio didostur yw sail ei chyfoeth, a thybir bod rhaniadau dosbarth yn gymeradwy, fel petaent yn bethau tragwyddol. Cynhaliaeth y fath drefn yw twyllymresymiadau o bob math, boed rheiny'n wleidyddol, economaidd neu foesol. Clodforir Birmingham fel canolfan menter a chalon y gwareiddiad masnachol newydd, ond mewn gwirionedd – fel y nododd William Cobbet – twll o le ydyw a phydew o drueni. Molir Macaulay fel hanesydd mwyaf blaenllaw'r oes, achos ei fod yn ddi-ffael yn porthi daliadau a rhagfarnau ei ddarllenwyr sydd am gael eu hatgoffa dro ar ôl tro o ragoriaeth y Cyfansoddiad Seisnig. Y twyllymresymiad mwyaf pwerus o'r rhain i gyd, gan ei fod y mwyaf hydreiddiol, yw'r Cyfansoddiad Seisnig ei hun. Mae'r Cyfansoddiad Seisnig, meddai Arnold, sydd fel pe bai'n ymgorffori 'datblygiad a rhinwedd' mewn gwirionedd, yn cynrychioli'r gwrthwyneb i'r gwerthoedd hynny: 'gyda'i gyfaddawdau, ei hoffter o ffeithiau, ei arswydo rhag damcaniaeth, ei ochelyd gofalus rhag meddyliau clir; mae ein Cyfansoddiad aruchel weithiau yn ymdebygu i beiriant anferth ar gyfer cynhyrchu Philistiaid.'

Mae 'Philistiad' yn un o gategorïau Arnold, megis hefyd 'Barbariad' a 'Poblach' ('Populace'). Maent yn dynodi'r dosbarthiadau, pob un wedi ei amgáu mewn gofod anghymesur a phob un gyda'i lygredigaethau unigryw ei hun: 'an upper class materialized, a middle class vulgarized, a working class brutalized'. Tra bydd pob dosbarth yn ymgyrchu tuag at sylweddoli ei nod ei hun – a'r dosbarth canol Philistaidd gyda'r mwyaf egnïol yn ei hunan-dwyll – bydd eu dyheadau wedi eu hamgylchynu gyda gwerthoedd gwrthgyferbyniol 'Hebreaeth' a 'Heleniaeth', cynnyrch arall gorffennol holltedig. Mae'r cyntaf yn sefyll dros garu daioni beth bynnag fo'r pris a'r ail dros garu'r gwirionedd beth bynnag fo'r pris. Maent yn cynrychioli'r gwrthgyferbyniad rhwng 'gwneud' ar y naill law, a 'gwybod' ar y llall. Prif ysgogiad 'Hebreaeth', medd Arnold, yw ofn pechod, a phrif ysgogiad 'Heleniaeth' yw ofn twpdra.

Megis yn achos y tri dosbarth cymdeithasol, y mae'r ddau fath o werthoedd gwrthgyferbyniol wedi eu gwreiddio yn hanes y genedl. Codasant oherwydd ymosodiad y Diwygiad Protestannaidd ar y Dadeni yn Lloegr. Gydag ymwybyddiaeth o'r filwriaeth dan wyneb y ddau, cyfeiria Arnold at wireb Carlyle, 'Mae Socrates yn hynod esmwyth yn Seion', gan ychwanegu, 'Y mae Hebreaeth – a dyma yw tarddle ei nerth rhyfeddol – bob amser wedi bod a'i holl fryd ar y canfyddiad difrifol mai amhosibl yw bod yn esmwyth yn Seion'. A'r ymwybyddiaeth ddwys o bechod mewn Hebreaeth sy'n 'rhwystro a difetha ein holl ymdrechion' i symud i gyfeiriad Heleniaeth.

Serch hynny y mae Heleniaeth yn cynrychioli delfryd. 'Cael gwared o'n hanwybodaeth, i weld pethau fel y maent ... yw'r ddelfryd syml a deniadol y mae Heleniaeth yn ei chynnig ger bron ein natur ddynol ... hydreiddir Heleniaeth â math o esmwythdra ysgafn, eglurder a disgleirdeb; pethau sy'n llawn o'r hyn a alwn ni yn bereidd-dra a goleuni' ('sweetness and light', sef cyfeiriad at lyfr dychanol Jonathan Swift, *The Battle of the Books*). Eithr y mae Heleniaeth, hefyd, yn y pen draw yn annigonol. O safbwynt Hebreaeth gall ymddangos yn 'orgywrain ac ofer'. Mae'n amlwg mai Hebreaeth sy'n 'angori holl alluoedd moesol dyn, ac yn sefydlu sail angenrheidiol cymeriad ynddo'.

Disgrifia Arnold Heleniaeth a Hebreaeth fel 'dau rym naturiol dynolryw' sy'n 'ddigyswllt ac ymrysonus'. Eu dynameg hwy a luniodd dymer moesol y genedl, ac fe wna hynny yn y dyfodol eto. Pa mor drwchus bynnag fydd rhengoedd y Barbariaid, y Philistiaid a'r Boblach, ni fydd eu magwyrydd yn anorchfygol, a gellir bylchu'r peirianwaith sy'n eu cynnal hwynt – ac yn cynnal 'anarchiaeth'. Mae'r dyfodol yn addo i ni gyfuniad o ddyheadau sydd hyd yma wedi bod yn wrthwynebus i'w gilydd, 'grym cyfunol o feddwl cywir a gweithredu cryf'. Swyddogaeth 'diwylliant' yw sylweddoli'r amcan hwnnw.

Defnyddia Arnold y cysyniad o 'ddiwylliant' mewn nifer o ffyrdd wrth iddo yrru ei ddadl ymlaen. Mae'n cynnwys 'gwybodaeth a meddwl gorau'r oes', ond nid yw'n gorff goddefol o ddysg. Yn y bôn, grym gweithredol yw 'diwylliant'. Sonia Arnold am 'garedigion diwylliant' a fydd yn creu dyfodol gwell i'r genedl. Mae'n fynych (fel y dangosodd Stefan Collini) yn defnyddio 'diwylliant' fel berf yn y stad weithredol yn hytrach nag fel enw. Mae'n 'ymdrechu', 'amgyffred', 'gwneud', ac mae 'tasgau i'w cyflawni' ganddo. Felly fe saif 'diwylliant' am ddelfryd y bywyd dynol yn ogystal ag am y modd i'w gyrraedd. Rhaid i'r ddelfryd gael 'ei chynnal o un pegwn o gymdeithas i'r llall' ac amgylchu pob agwedd o fywyd, yr esthetig, y deallusol a'r moesol.

Mewn geiriau eraill, i Arnold syniad yw 'diwylliant' a wreiddiwyd mewn beirniadaeth wleidyddol ac addysg wleidyddol. A gwawriodd y syniad hwn pan ganfu Arnold – yn wyneb her amgylchiadau arbennig – gysyniad hollol newydd o natur gwleidyddiaeth.

Esthetwr ac Arolygwr Ysgolion

Culture and Anarchy oedd penllanw gyrfa Arnold fel beirniad. O hyn allan byddai i 'ddiwylliant' arlliw gwleidyddol, a deuai 'diwylliant' yn gyfrwng i wleidyddiaeth.

Ond daw elfennau eraill i uchafbwynt yn y llyfr hefyd. Yn ystod pumdegau a chwedegau'r ganrif datblygodd syniadau Arnold i ddau gyfeiriad gwahanol iawn, ac mewn rhai gweddau, i gyfeiriadau gwrthgyferbyniol hyd yn oed. Fel beirniad llenyddol galwai Arnold ar yr awdur a'r bardd i sefyll uwchben ymrafael cyfoes a brwydrau gwleidyddol. Ond yn ei swyddogaeth arall, fel addysgwr, daeth Arnold i goleddu safbwynt cwbl groes i hynny. Daeth yn gefnogwr brwd i weithredu gwladol a mabwysiadodd agwedd gadarnhaol tuag at wleidyddiaeth.

Am gyfnod ymddangosai Arnold yn fodlon i adael i'r fath syniadau gwrthgyferbyniol gydsefyll gyda'i gilydd yn ei feddwl. Yr oedd fel pe bai'r Athro Barddoniaeth a'r Arolygwr Ysgolion yn byw bywydau cyfochrog ond ar wahân. Sut felly y daeth y ddau fyd ynghyd? I ddarganfod ateb, bydd yn rhaid edrych ar ddwy ochr gyrfa Arnold yn eu tro.

Beirniadaeth yn null Diduedddrwydd

Cyn iddo ddod yn feirniad bu Arnold yn fardd. Darn o hunanfeirniadaeth oedd ei ysgrif feirniadol gyntaf, sef 'Rhagair' cyfrol newydd o gerddi yn 1853. Pedair blynedd yn ddiweddarach, yn 1857, etholwyd Arnold yn Athro Barddoniaeth yn Rhydychen, swydd a roddodd iddo lwyfan i ymhelaethu ar ei syniadau am natur barddoniaeth, llenyddiaeth a beiriniadaeth yn gyffredinol.

Ymddangosai 'Rhagair' 1853 yn drobwynt amlwg yng ngyrfa Arnold fel awdur – ac nid y rheswm lleiaf am y farn honno oedd yr argraff a roddwyd ei fod am ymwrthod â llawer o'r hyn a fu'n gynsail i'w yrfa fel bardd tan hynny. Fe droes yn awr yn erbyn y Rhamantiaeth a'i denodd gynt. Eglurodd Arnold paham y bu iddo dynnu yn ei hôl ei gerdd hir, 'Empedocles on Etna', rhag cael ei chyhoedddi, a phaham y gwrthodai yn awr estheteg y gerdd honno – a gyflwynai fywyd '... lle mae popeth i'w oddef, a dim i'w gyflawni'. Galwai am ddychwelyd at Glasuriaeth mewn barddoniaeth fel ymateb i Ramantiaeth a aethai'n ddiffrwyth. Mae'r holl ysgrifau a darlithoedd a gynhyrchodd o hyn ymlaen yn trafod mewn rhyw ffordd neu'i gilydd, oblygiadau'r safbwynt hwnnw. Esboniodd Arnold beth oedd natur a gwerth Clasuriaeth. Fe ailwerthusodd weithiau'r awduron canonaidd. Cymerodd arno'i hun swyddogaeth addysgol gan annog awduron ifainc i ddilyn ei syniadau a chyflwynodd i'w ddarllenwyr awduron newydd, yn enwedig awduron Ffrangeg ac Almaeneg cyfoes.

Pwysleisiai Arnold 'undod' a 'chyfanrwydd' fel gwerthoedd artistig. Dylai adrannau cerdd bob amser fod yn israddol i adeiledd a strwythur y gerdd yn ei chyfanrwydd. Dylai 'ffurf' gael blaenoriaeth ar 'agwedd'. Os oedd goddrychedd yn nodweddu'r Rhamantwyr, dylai'r gelfyddyd newydd gymryd pwyll a chymesuredd fel meincnodau. Dylai'r bardd amcanu at gyrraedd aeddfedrwydd barn ac at efelychu'r cydbwysedd a'r sadrwydd a nodweddai'r awduron Clasurol. Maentumiai Arnold y gallai awduron ifanc, drwy astudio campweithiau'r Clasurwyr, '... feithrin yr hyn sydd orau a mwyaf dyrchafol ynddynt hwy eu hunain'. Ac yna, gan symud ymlaen at lenyddiaeth gyfoes, dywed mai Goethe yw'r 'mwyaf ymhlith y Moderniaid' am iddo ymgorffori'r delfrydau hyn yn ei Glasuriaeth ddigyfaddawd, ac am iddo osod hunanddiwyllio wrth galon y fenter artistig.

O'r holl awduron a drafodir gan Arnold yn *Essays in Criticism*, Goethe yw'r un a edmygir fwyaf ganddo. Nid y ffigwr demonig a edmygai Coleridge oedd Goethe Arnold, na'r Goethe hunanholiadol a fawrygwyd gan Thomas Carlyle. Eithr yn hytrach, un a olrheiniodd esblygiad ei synnwyr moesol a chynnydd ei ddealltwriaeth yn *Wilhelm Meisters Wanderjahre*, nofel a weithredai fel cyffes, arbrawf a phrolegomenon oll ar yr un pryd yw ei Goethe ef. Syniad creiddiol y llyfr yw '*Bildung*' – sef bywyd a ddeellir fel ymgais at hunanaddysgu a hunangyflawni, ac un a wêl hunanddiwyllio fel taith tuag at hunanddarganfod dyfnach. Golyga osgoi'r confensiynol a'r cyffredin, '*das Gemeine*'. I'r haeriad fod 'yn rhaid i'r pethau hyn fod fel y maent' oherwydd grym awdurdod neu oherwydd gwaharddiad traddodiad neu arferiad, etyb Goethe, 'Ond a yw hi felly? A yw hi felly i mi?' Er bod '*Bildung*' yn golygu osgoi eithafion ac ymwrthod â ffanaticiaeth, golygai, serch hynny, chwilio am brofiadau newydd heriol a syniadau beiddgar. Yn yr ystyr hwn– sef arddel gwerth bod yn agored i bethau – y mae '*Bildung*', fel y gwelai Goethe ef, yn debyg i'r dull arbrofol wedi ei gymhwyso i fywyd unigol gyda'r nod o gyrraedd amgyffred cyfoethocach a llawnach o'r bywyd dynol.

Ffurfiai'r syniadau hyn graidd dull beirniadol Arnold. Ohonynt hwy y deilliodd y safonau a oedd yn sail i'w ddyfarniadau beirniadol ac a fu ar waith ganddo gyda chysondeb dros ystod eang o bynciau, o 'Dante and Beatrice' i 'Heinrich Heine', ac o farn yr Esgob Colenso ar ddehongli'r Pum Llyfr i swyddogaeth yr *Académie Française*. Gwelir ei ddull beirniadol ar waith mewn dwy enghraifft wrthgyferbyniol o'i weithiau. Dengys y gyfres o ddarlithoedd, *On Translating Homer*, pa mor bwysig oedd y syniad o gydbwysedd – agwedd meddwl sy'n osgoi rhagfarn a dogma – yn ei feirniadaeth. Dengys yr ysgrifau 'Marcus Aurelius' a 'Spinoza and the Bible' ragoriaethau tegwch a meddwl agored i'r beirniad.

Mae *On Translating Homer* yn cynnig arolwg lled gyflawn o ieithwedd brydyddol a mydryddiaeth Saesneg, a hefyd yn hyfforddwr mewn beirniadaeth. Cyflawna'r cyntaf drwy gymharu mydryddiaeth y cyfieithwyr Saesneg gyda'r hyn a eilw Arnold yn briod nodweddion y gwreiddiol, sef 'chwimder' Homer, 'symlrwydd ac uniongyrchedd ei ieithwedd a'i gystrawen', 'ei unionedd meddwl', ei 'fawrfrydigrwydd'. Mewn cymhariaeth â'r nodweddion hyn, mae mesur moel Miltonaidd Cowper yn glogyrnaidd ac araf, cwpledi arwrol Pope yn rhethregol a chymhleth, Chapman ormod dan gyfaredd mireinder a lledrith Elisabethaidd. Casglwn felly na ddylai'r cyfieithydd fod yn gaeth i dymer barddol ei oes, nid synthesis yw cyfieithiad. I'r gwrthwyneb, bydd ei lwyddiant yn y pen draw yn dibynnu ar ei agwedd meddwl tuag at y deunydd dan sylw – rhaid iddo ymarfer amynedd a bod yn barod i ddilyn llif darn o lenyddiaeth i ba gyfeiriad bynnag yr êl.

Fe â Arnold ymlaen i gynnig amddiffyniad o 'feirniadaeth' fel y cyfryw. Nid cangen o wybodaeth yw beirniadaeth neu atodiad i ryw ddisgyblaeth arall. Ni all fod yn israddol i astudiaeth hanesyddol nac i unrhyw fath o bedantiaeth. Ni ddylai beirniad gael ei dywys gan hoff ddamcaniaeth nac ymgolli yn ei fympwyon. Ni ddylai ychwaith gael ei ddylanwadu arno gan deimlad nac angerdd. Mae rhain i gyd yn ffactorau sydd yn rhwystrau i'r 'ymdrech feirniadol', sef yr ymgais 'i weld y gwrthrych fel y mae mewn gwirionedd ynddo'i hun'. Mae Arnold yn mynd rhagddo i ymosod ar syniad y dysgedig a'r hynod Athro Newman fod penillion cyseiniol Anglo-Sacsonaidd yn gyfrwng priodol ar gyfer cyfieithu Homer oherwydd bod geirfa Anglo-Sacson yn hynafol ac felly'n gweddu. Meddai Arnold am fersiwn Newman o Homer, 'Fe'i difethir gan y naws, fe'i difethir gan ragfarn, fe all hyd yn oed ysgolheictod ei ddifetha'. Mewn gair, yr hyn y mae cyfieithiad yn ei hawlio – a'r hyn y mae beirniadaeth ei angen uwchlaw popeth – yw 'cymesuredd mor berffaith, fel bo'r diofalwch lleiaf i ba gyfeiriad bynnag yn debygol o ddifetha'r cydbwysedd'. Yn fyr, y gair a ddaeth yn amlwg yng ngeirfa Arnold i gyfleu beth a welai ef fel maen prawf beirniadaeth oedd 'diduedddrwydd'.

Eithr y mae beirniadaeth hefyd yn weithredol, yn chwilio am heriau a gyfyd o'r gwrthdaro â syniadau anghonfensiynol a daliadau anuniongred. Amlygir hyn yn ysgrifau Arnold ar Marcus Aurelius a Spinoza. Yr hyn a edmygai Arnold yn yr awduron hyn oedd eu parodrwydd i fynd y tu hwnt i ffiniau'r hyn a bennwyd gan gonfensiwn fel arfer deallusol eu cyfnod a'u hamgylchedd. Ni ellid dal Spinoza na Marcus Aurelius at yr uniongrededd a ddisgwylid gan Iddew o'r ail ganrif ar bymtheg yn y naill achos neu ymerawdr Rhufeinig yn y llall. Mae'n disgrifio Spinoza fel un a drosgynnodd feddwl, ymddygiad a dyletswydd gosodedig byd-olwg Amsterdam ei ddydd. Yn yr un modd, deil Arnold fod y sensitifrwydd paganaidd a amlygir gan Marcus Aurelius yn ei *Myfyrdodau* yn cyfoethogi yn hytyrach na chroesddweud y Gristnogaeth y daeth yr ymerawdr i'w chofleidio maes o law.

Felly, yn ychwanegol at y priodoleddau o gydbwysedd a chymesuredd – o roi heibio unrhyw ragdybiaethau am ddarn o lenyddiaeth – mae Arnold yn awr wedi ychwanegu priodoledd arall y dylai'r beirniad ei mabwysiadu. Yr hyn sydd ei angen yw ymateb beirniadol sy'n cynnig y posibilrwydd o fynd y tu hwnt i beth y mae confensiwn yn ei ganiatáu, o wneud darganfyddiadau newydd ym myd meddwl a phrofiad, o lunio mapiau newydd o'r bywyd dynol. Cyfyd beirniadaeth yn yr ystyr yma o 'grwydr rhydd y meddwl'. Mae'n golygu 'dilyn deddf ei natur' yn achos unrhyw beth dan sylw. Ymryddhad yw ei nod, gweld golau newydd ar bethau.

Pan fynegodd Arnold ei syniadau ar natur beirniadaeth, credai nad oedd gwleidyddiaeth yn elfen i'w hystyried mewn unrhyw fodd. Golygai 'didueddrwydd' droi i ffwrdd o faterion bob dydd ac yn enwedig o faterion gwleidyddol. Yn wir, fel y canfyddai ef hwynt yn wreiddiol, yr oedd llenyddiaeth a beirniadaeth yn eu hanfod yn fath o wrthwleidyddiaeth. Ailadroddir y thema hon yn gyson yn rhaglen yr ysgrifau cynnar. Y mae'r oes hon yn gyfnod o ddryswch mawr gyda lleisiau yn cymell a chyffroi o bob cyfeiriad. Ymneilltuo o'r byd cyhoeddus hwn yw unig lwybr doethineb. Nid yw cymeradwyaeth na ffieiddiad yn briodol fel ymateb iddo. Yma unwaith eto y mae Arnold yn adleisio diystyrdod Goethe o '*das Gemeine*', a welai ddilyn gwleidyddiaeth fel rhywbeth a berthynai i fyd y pethau cyffredin, arferol.

Rhagflaenai safbwynt anwleidyddol Arnold ei yrfa fel ysgrifwr.

Aethai yn ôl i'r cyfnod pan fyddai ef a'i gyfaill pennaf, Arthur Hugh Clough, yn dadlau â'i gilydd a ddylai gwleidyddiaeth gael lle o gwbl mewn barddoniaeth. Yr oedd Arnold yn bendant fod ymwneud â gwleidyddiaeth mewn unrhyw fodd yn anghyson â chelfyddyd neu farddoniaeth. Daliai Clough farn cwbl groes, ac aeth cyn belled â theithio i Rufain yn 1849 yn y gobaith o chwarae rhan arwrol yn y *Risorgimento* Eidalaidd. Eithr fe'i gwnaed yn rheol gan Arnold na fedr llenyddiaeth fod yn israddol i rywbeth – fel gwleidyddiaeth – sy'n gorwedd y tu allan i lenyddiaeth. Dyma'r farn a amddiffynnodd gyda chysondeb drwy gydol yr ysgrifau beirniadol.

Y Gwleidyddol ym mywyd bob-dydd

Cyfansoddwyd y rhan fwyaf o ysgrifau Arnold yn ystod y cyfnod o oddeutu degawd y bu â chysylltiad â Rhydychen, lle y cyfeiriai ato yn ddeifiol fel 'home of lost causes'. Ond ni allai'r modd gorofalus y plethai gymalau at ei gilydd er sicrhau'r pwyslais priodol i ryw bwynt neu ddadl yn ei ryddiaith fod yn fwy gwrthgyferbyniol i'w waith beunyddiol yn was cyflog yn y Swyddfa Addysg, lle pennwyd ei ddyletswyddau'n gaeth heb gyfle i drafod neu osod arlliw.

Ni fu erioed yn hollol amlwg paham, yn 1852, y dewisodd Arnold yrfa yn Arolygwr Ysgolion. Awgrymwyd flynyddoedd maith yn ôl gan Aldous Huxley iddo wneud y penderfyniad ar sail athronyddol, sef am fod 'gwaith rheolaidd' yn un o 'ffyrdd' y *Bhagavad Gita*, llyfr a edmygid yn fawr gan Arnold. Er bod yr awgrym hwn yn sicr o fod yn anghywir, y mae, serch hynny, yn llwyddo i gyfleu rhywfaint o'r elfen chwareus sy'n cydfynd â'r difrifwch nad yw fyth ymhell dan yr wyneb yng ngwaith Arnold. Efallai yr ystyriai Arnold y byddai yn ei swydd newydd – fel ei arwr Goethe – yn dilyn galwedigaeth bardd-fiwrocrat. Eithr yr oedd byd o whaniaeth rhwng bod yn ysgrifennydd i Ddug Weimar yng nghesail bryniau Thuringia (swydd a olygai gyfansoddi dramâu ar gyfer theatr y Dug), a gwaith arolygwr dan y llywodraeth Seisnig, swydd a olygai deithio o un ysgol elfennol i'r llall o ddydd i ddydd. Ni wnaethpwyd y sylw gan Arnold erioed mai ef oedd y bardd Seisnig cyntaf i ddefnyddio cerbydau'r rhwydwaith rheilffyrdd newydd yn weithle iddo.

Mewn llythyrau byddai Arnold weithiau yn cwyno am faich arolygu ysgolion. Ond, pan ymddeolodd yn derfynol o'r Swyddfa Addysg yn 1883 nid oes unrhyw amheuaeth ei fod yn wirioneddol ddiolchgar am gyfoeth yr hyn a ddaeth i'w ran drwy ei waith dros gyfnod o ddeng mlynedd ar hugain. Yn y lle cyntaf, yr oedd wedi gweld ystod ac amrywiaeth bywyd y dosbarth gweithiol yng Nghymru a Lloegr – er lles plant y dosbarth gweithiol y bwriadwyd yr ysgolion Brytanaidd a Chendlaethol a arolygai – yn fwy na'r rhan fwyaf o'i gyfoeswyr. Byddai'n gwybod o'r gorau am amodau bywyd y dosbarth gweithiol, a byddai'n medru ymdeimlo â dyheadau pobl a chymunedau'r dosbarth gweithiol, eu gobeithion a'u hofnau.

Yn ail, a'r un mor bwysig, rhoddai ei waith yn Arolygwr gipolwg i Arnold ar beirianwaith mewnol llywodraeth, sut y gwnaed polisi a sut y'i gweithredwyd. Daeth ei waith ag ef i gysylltiad agos â gwleidyddion a gweinidogion y llywodraeth. Er bod cylch gorchwyl adran Arnold yn lled gyfyng – eu tasg oedd gweinyddu grant o £50,000 i ysgolion Eglwys Loegr ac ysgolion yr Ymneilltuwyr yn unol â Deddf 1846 – yr oedd terfynau posibl maes eu gweithgaredd yn eang dros ben.

Daeth asesu addysg elfennol ag addysg a gwleidyddiaeth wyneb yn wyneb. Fe arweiniodd rheolaeth dros ysgolion – sef gwneud arolwg safonau gan Arolygwyr yn amod cymhorthdal gan y Llywodraeth – at densiwn rhwng ymyrraeth wladol ar y naill law a theyrngarwch enwadol ar y llall.

Yr oedd y wedd ymarferol ar addysg – yr angen i greu gweithlu a oedd yn medru darllen, ysgrifennu a chyfrif – bob amser mewn perygl o gael ei lethu gan lifeiriant o ystyriaethau eraill. Yr oedd un o benaethiaid uniongyrchol Arnold yn y Swyddfa Addysg, Robert Lingren, yn un o awduron yr Adroddiad ar Gyflwr Addysg yng Nghymru – y 'Llyfrau Gleision' pondigrybwyll – y bu i'w gamliwio echrydus arwain at ddim llai na deffroad cenedlaethol wedi ei gyhoeddi. Y broblem oedd fod cynnal arolwg ar ysgol i bob diben yn fynegiant o farn ar naws a gwerthoedd y gymuned a wasanaethai. I rai Ymneilltuwyr dicllon yr oedd Arnold a'i debyg megis swyddogion rhyw allu estron. Oherwydd prin oedd y gorgyffwrdd rhwng yr hyn a welai yr arweinwyr enwadol fel dibenion addysg ac amcanion ymarferol y llywodraeth a'i harolygwyr oedd â'r dasg o'u gweithredu.

Ni fedrai Arnold yn ei adroddiadau blynyddol fethu â gwneud sylwadau ar faterion cymdeithasol ac economaidd, er enghraifft ar y gwahaniaeth rhwng ysgolion gwledig ac ysgolion ardaloedd diwydiannol, neu rhwng ysgolion yng Nghymru ac ysgolion yn Lloegr. Fe wnaeth sylwadau ar effeithiolrwydd agweddau o bolisi megis y defnydd o ddisgybl-athrawon, ymyrraeth gan rieni, neu broblemau arbennig plant uniaith Gymraeg wrth ddilyn maes llafur Saesneg. Yn 1862, yn ei ysgrif gyntaf ar addysg, 'The Twice-Revised Code', tynnodd Arnold ar ei brofiad sylweddol, bellach, wrth drafod cynnig newydd i bennu maint cymhorthdal ysgol yn ôl canlyniadau arholiadau, sef 'payment by results'. Yn ofalus iawn fe ddadansoddodd y syniadau dryslyd, y 'synnwyr cyffredin', oedd wrth wraidd y Cod newydd ac oedd yn debygol o arwain at ganlyniadau croes i'r hyn a fwriadwyd. Fe ddatgymalodd hefyd y meddwl dogmataidd y seiliwyd y Cod arno – daethai safbwynt y Comisiynwyr Brenhinol yn fwy fwy iwtilitaraidd ac roeddynt hefyd, ar lefel mwy gwaelodol, yn ymateb i awydd eu meistri gwleidyddol i leihau costau. Ymateb Arnold i'r bwriad yn y Cod o osod safon lem i asesu oedd datgan y dylai safonau fod yn hyblyg a pherthnasol i'r gwahaniaethau yn y cymunedau y gosodwyd yr ysgolion ynddynt, ac y dylid cydnabod fod cyraeddiadau disgyblion yn gwahaniaethu yn ôl eu hamgylchiadau.

Pan ddadleuodd Arnold yn erbyn yr olwg beiriannol ar ddarllen a fabwysiadwyd gan y Comisiynwyr, dangosodd pa mor sensitif a gwybodus yr oedd parthed cymeriad y cymunedau dosbarth gweithiol lle y gweithiai. Meddai mewn ymateb i'r Comisiynwyr, 'when we speak of a scholar reading fairly or well, we merely mean that reading his accustomed lesson-book, his provincial tone and accent being allowed for, his want of home-culture and refinement being allowed for, some inevitable interruptions in his school attendence being allowed for, he gets through his task fairly well'.

Drwy ei waith yn Arolygwr cafodd Arnold ddirnadaeth o wleidyddiaeth o'r gwaelod – ac o oruchwyliaeth ceidwaid y porth a reolai yno – a hefyd ddealltwriaeth newydd o wleidyddiaeth oddi uchod. Uwchben y cyfan a wnâi fel Arolygwr safai'r cwestiwn o swyddogaeth a natur y wladwriaeth. Ymhlyg yn yr hyn a ddisgwylid wrtho gan ei feistri yn yr Adran, ac yn y gwrthwynebiadau lleol a'i hwynebai o dro i dro, yr oedd problem diffinio pwrpas a therfynau ymyrraeth y wladwriaeth.

Daeth swyddogaeth y wladwriaeth yn fater canolog mewn dau adroddiad maith a baratowyd gan Arnold yn dilyn ymweliadau estynedig i archwilio addysg ar y cyfandir, sef, *The Popular Education in France* (1861) a *Schools and Universities on the Continent* (1868). Er iddynt fod yn adroddiadau trwyadl a sylweddol, mae arddull Arnold yn gwbl unigryw, sef rhywbeth rhwng arddull llyfrau taith (gyda disgrifiadau byw a molawdau telynegol), ac arddull y Llyfrau Gleision yr oedd Arolygwyr y Llywodraeth y cyfnod hwnnw mor hoff ohoni. Eithr yr oedd cenadwri Arnold yn eglur a diamwys. Mewn cymhariaeth â chyfundrefnau Prwsia a Ffrainc yr oedd y gyfundrefn Brydeinig yn wastraffus o dalent, yn fympwyol yn ei threfniadaeth, ac ar y cyfan yn aneffeithiol beth bynnag. 'Daw hyn yn rhannol o'n diffyg ffydd mewn llywodraeth a'n ffydd mewn peiriannau.' Mae'r ddau achos yn ganlyniad i agwedd wrthwynebus ac unigryw y Saeson tuag at y wladwriaeth. Tra gwelai'r Ffrancod a'r Prwsiaid y wladwriaeth yn sefydliad a oedd yn galluogi, ac yn un a roddai gyfle i weithredu rheswm mewn materion cymdeithasol, yr oedd y Saeson yn wahanol, canys '(yn ôl) ein cysyniad ni o'r Wladwriaeth, grym estronol yn y gymuned ydyw, yn hytrach na chrynhoi a chynrychioli gweithgaredd unigolion, mae'n eu llesteirio'.

Fe â Arnold rhagddo i gynnig beirniadaeth gyffredinol o 'Drefniadaeth Sifil mewn Gwladwriaethau Modern'. Mae ei ymchwiliad yn datblygu i fod yn astudiaeth gymharol o effeithau gweithredu gwladwriaethol – neu ddiffyg hynny – ar fywyd deallusol, gwyddonol ac, yn y pen draw, economaidd gwlad. Daw Arnold i'r casgliad mai diben gwladwriaeth yw bod yn warchodwr terfynol safonau addysg – a gonestrwydd deallusol a thrylwyredd gwyddonol yn ogystal. Felly y deallai'r Ffrancod a'r Almaenwyr swyddogaeth y wladwriaeth er mawr les i'r cenhedloedd hynny. Eithr y mae diffyg coron fel hyn ar y strwythur yn Lloegr wedi cael canlyniadau dybryd. 'Tuedda i wanychu a difodi, yn y genedl gyfan, ymwybyddiaeth o werth a phwysigrwydd gwybodaeth ddynol; i iselhau ein chwaeth a chynyddu ein tybiaeth, naturiol chwyddedig, o bwysigrwydd manteision materol, ac i beri i'n hathrawon, ar wahân i'r goreuon yn eu plith, ddilyn eu galwedigaeth mewn ysbryd masnachol, gyda golwg ar ddim braidd ond y mateision hynny.'

Diwylliant fel gwleidyddiaeth

Ar ddechrau *Schools and Universities on the Continent* mae Arnold yn dyfynnu rhai llinellau o waith y diwygiwr Almaenig Wilhelm von Humboldt. Pan yw'n cyfieithu'r un darn yn ddiweddarach yn y llyfr mae'n cyfieithu term Humboldt *Bildung* fel 'Diwylliant' ('Culture'): 'Peidiwn â gadael i'r ysgolion a'r prifysgolion ddal ati yn yr un rhigol swrth a diymadferth; yn hytrach, trwyddynt hwy, codwn ddiwylliant (*Bildung*) y genedl yn uwch ac yn uwch.'

Dyma, yn gryno, yw delfryd Arnold ei hun parthed 'diwylliant'. Rhaid i 'ddiwylliant' fod yn fodd i ddyrchafu cymdeithas gyfan. A rhaid i'r gymdeithas gyfan amcanu at 'ddiwylliant' fel delfryd. Mae rhaglen Arnold yn dilyn un Humboldt wrth weld diwyllio yn fater o bwys nid yn unig i'r unigolyn – fel y deallodd Goethe'r syniad – ond fel nod i'r genedl gyfan. Wedi gorchfygiad Prwsia gan Napoleon, diwygiodd Humboldt gyfundrefn addysg Prwsia yn llwyr, gan sefydlu cyfundrefn arholi ganolog a sefydlu Prifysgol Berlin. Yr oedd diwygiadau addysgol mor bellgyrhaeddol yn amhosibl dan yr amodau a fodolai ym Mhrydain ganol y ganrif, neu yn wir ar unrhyw adeg. Ac er bod y rhaglen a amlinellodd Arnold yn *Culture and Anarchy* yn wahanol iawn i unrhywbeth a gaed gan Humboldt, yr un oedd y nod.

Hyd yma, fel y ceisiais ddangos, fe gadwodd Arnold ei ddyletswyddau yn Arolygydd a'i weithgarwch yn feirniad a ffigwr llenyddol ar wahân. Yn awr, gyda chyfres o gyhoeddiadau ar ddiwedd y chwedegau – cyhoeddiadau, fel mae'n digwydd, oedd yn cydamseru gyda'r cynnydd yn nhueddfryd democrataidd gwleidyddiaeth ym Mhrydain – daw dwy ochr ei feddwl, a gadwyd hyd yma ar wahân, at ei gilydd. Bellach, gallai Arnold drafod materion cymdeithasol a gwleidyddol drwy ddefnyddio'r un meddylfryd beirniadol a ddatblygwyd ganddo wrth feirniadu barddoniaeth. Yr un pryd hefyd, daeth ei farn ar swyddogaeth llenyddiaeth i ymgorffori ei ddelfrydau addysgol, a gwnaed barddoniaeth yn gyfrwng addysg wleidyddol y genedl.

Dyma'r gorchwyl a gyflawnodd Arnold yn *Culture and Anarchy*. 'Diwylliant' oedd y cysyniad y tu ôl i egwyddor arweiniol y prosiect newydd hwn. Daeth yr egwyddor hon yn sail i gyfundrefnu agwedd newydd at wleidyddiaeth, neu hyd yn oed o greu gwleidyddiaeth newydd. Meddai Lionel Trilling, cofiannydd a beirniad craffaf Arnold, 'Pan fydd dyn yn gweld bywyd wrth lewyrch syniad amlwg a goleuol, daw popeth i gydberthynas, a bychan fydd y cam wedyn rhwng gwneud ymchwil ar Homer a gwneud ymchwil ar ysgolion elfennol'.

Goddiweddwyd syniad Arnold o 'ddiwylliant' yn eithaf cynnar gan gysyniad gwahanol a oedd yn llawer lletach, ond yn fwy llipa (a mwy cynefin i glustiau modern), sef y term i ddisgrifio'r arferion, traddodiadau ac artiffactau sy'n nodweddu cymdeithas arbennig. Un o'r astudiaethau cynharaf i ddefnyddio'r term 'diwylliant' yn yr ystyr hwn oedd *Primitive Culture* (1871) gan yr anthropolegydd Edward Burnett Tylor, sy'n adrodd hanes ymchwil yr awdur ymhlith llwythau a phobloedd America Ladin a lleoedd eraill. I Tylor, cynhwysai 'diwylliant' pobl yr holl nodweddion hynny – e.e., gwisg, iaith a bwyd – a'u gwahaniaethai oddi wrth eu cymdogion ac unrhyw bobl arall a nodweddid gan ddiwylliant. Ond ni allai 'diwylliant fel gwleidyddiaeth' arwyddocáu dim oni bai ei fod yn golygu rhaglen wleidyddol. Daw tair thema i'r amlwg yn eglur iawn o ymdriniaeth Arnold o'r cysyniad.

Yn gyntaf, fod beirniadaeth yn ganolog i fywyd gwleidyddol. Wrth ysgrifennu am lenyddiaeth pwysleisiai Arnold yn gyson y farn fod ansawdd unrhyw gyfnod hanesyddol, o ran ei ruddin moesol, cymdeithasol a gwleidyddol, yn amlygu ei hun yn ansawdd y llenyddiaeth a gynhyrcha, felly mae ansawdd unrhyw waith llenyddol yn cael ei bennu gan y cyfnod y cynhyrchwyd ef ynddo. Mewn un ystyr, felly, mae a wnelo beirniadaeth â'r hyn a ragflaena llenyddiaeth. Bydd y sawl sy'n gweld fod rhagoriaeth llenyddol wedi ei glymu i le ac amser hefyd yn deall fel yr atelir ef o'r herwydd. Dim ond ar adegau prin y bydd 'grym y dyn a grym y foment' yn cyd-daro. Pan syrth llenyddiaeth yn brin o'r ddelfryd hon, amodau bywyd pobl sydd angen eu harchwilio. Dyma yw ystyr un o wirebau miniocaf Arnold: 'criticism of poetry is criticism of life'.

Yn ail, mae beirniadaeth yn wleidyddol am na ŵyr derfynau. Yn ôl Arnold ni ellid disgwyl barddoniaeth fawr mewn cyfnod o gyffredinedd cydymffurfiol, dilewyrch, a rhybuddiodd ei ddarllenwyr mai mewn cyfnod felly yr oeddynt hwy yn byw. Swyddogaeth beirniadaeth, mewn amgylchiadau felly, yw dwyn i mewn i'w orchwyl y cysylltiadau hynny mewn bywyd sy'n annisgwyl, yn annhebyg, yn esoterig, yn ogystal â'r agweddau mwyaf ymarferol. Yn y modd hwn gall beirniadaeth ailffurfio ffiniau'r hyn a ystyrir yn wleidyddol, nid drwy gyhoeddi teyrngarwch gwleidyddol arbennig, ond drwy ailddiffinio beth sydd i'w ystyried yn wleidyddol yn y lle cyntaf. Felly, nid oes unrhyw agwedd o fywyd na ddylai 'beirniadaeth fel gwleidyddiaeth' ei archwilio a'i gwestiynu.

Yn drydydd, cyfrwng diwylliant – a beirniadaeth – yw addysg. Nid oedd Arnold dan unrhyw gamargraff ynglŷn â soletrwydd dosbarthiadau cymdeithasol a'r grymoedd a'u cynhaliai. Cydnabyddai fod dosbarth cymdeithasol fel realiti materol yn medru gwrthsefyll faint a fynnir o bregethu delfrydol, hyd yn oed pan oedd mor finiog â'r hyn a gaed ganddo ef. Ni fydd dosbarth yn diflannu ohono'i hun. Ond credai y gallai addysg dorri maglau arferiad a rhagfarn a thywys pobl o niwl eu meddylfryd dosbarthol. Mae hyn yn egluro agwedd Arnold tuag at ddemocratiaeth. Fe safodd, yn wahanol i'w gyd-ryddfrydwyr, yn gryf o blaid Ail Ddeddf Ddiwygio 1867 a sicrhaodd ddemocratiaeth fel peth i'w brofi yma ac nid fel rhywbeth i'w weld o hirbell yn arbrofion democrataidd yr Unol Daleithiau a Ffrainc yn unig. Cofleidiodd Arnold yr oes ddemocrataidd newydd, a chroesawodd yr ehangu ar y posibiliadau dynol a gynigiai democratiaeth a'r ethos o gydraddoldeb a addawai. Eithr pwysleisiai fod democratiaeth egnïol a gweithredol yn sefyll ar sylfeini a osodid gan addysg feirniadol yn unig. Yn y cyswllt hwn, fe saif traddodiad mudiad addysg y gweithwyr ac efrydiau allanol y prifysgolion yn olyniaeth cysyniad Arnold o 'ddiwylliant'.

Fel athronydd disglair yr enillodd Dewi Z. Phillips amlygrwydd, ond dylid cydnabod hefyd ei fod drwy gydol ei yrfa wedi cynnal dosbarthiadau allanol, a'i fod wedi arddel gydag argyhoeddiad y gwerthoedd hynny a gynrychiolid ganddynt. Gwaredai at y Philistiaeth hwnnw sydd ar gerdded fel haint – yn ein dyddiau ni, megis yng nghyfnod Arnold – ac a arweiniodd at gyfyngu ar astudio athroniaeth ym mhrifysgolion Cymru ac a droes addysg yr adrannau allanol yn faes i dechnegwyr cydymffurfiol.

D. Z. Phillips ac R. S. Thomas: Ffiniau Dealltwriaeth

Meirlys Lewis

PAN FYDDWN YN GOSOD athronydd a bardd ochor yn ochor, onid y pellter yn hytrach na'r agosrwydd, y gwahaniaeth yn hytrach na'r tebygrwydd, y rhwyg yn hytrach na'r undod rhwng y ddau sy'n dal ein sylw? O ran themâu, dylanwadau, meithriniad, defnydd iaith, onid oes yna fwlch sylweddol rhwng yr athronydd a'r bardd? I'r bardd, y weledigaeth unigol, wreiddiol, sy'n bwysig, ffurfiau creadigol newydd, sain a lliw y dychymyg. Pwysicach iddo ef yw gwead y dychymyg na chamre rheswm. Ond i'r athronydd, onid dod o hyd i'r gwirionedd drwy ddefnyddio dadansoddiadau trylwyr, pendant, heb unrhyw amheuaeth na phetruster, sy'n ganolog i'w ddisgyblaeth? Yn ymchwiliad yr athronydd, nid oes lle i fympwy unigol, hynny yw, nid oes lle i wreiddoldeb os nad yw'n rhoi unrhyw barch i wrthrychedd y gwirionedd. Nid oes lle i wreiddioldeb ychwaith os bydd gofynion ystyr yn gorfodi ymwrthod ag unrhyw fath o addurniad delweddol neu ddulliau llenyddol. Cyfraniad y bardd yw disgrifio ac ehangu ein profiad o'r byd a'n bywyd; cyfraniad yr athronydd yw ehangu ein dealltwriaeth o'r hyn sy'n gwneud y fath brofiad yn bosibl yn y lle cyntaf. Rhaid cofio bob amser am y ffordd y mae bardd am anrhydeddu iaith, am ddefnyddio lliw a sain iaith, am geisio delweddau sy'n ergydiol ac yn effeithiol i'w fynegiant. Sut felly y gallwn glymu'r bardd a'r athronydd pan fyddwn am sôn am ffiniau ystyr a ffiniau dealltwriaeth?

I ateb y cwestiwn hwn, rhaid troi oddi wrth y cyffredinol

er mwyn ceisio darganfod paham y bu cyfathrach mor unigryw rhwng un bardd ac un athronydd. Yn y papur hwn rwyf am olrhain y themâu arbennig hynny sy'n ymddangos yn nadansoddiad Dewi Z. Phillips, yn ei lyfr *R.S. Thomas: Poet of the Hidden God* a gyhoeddwyd yn 1986[1]. Cefndir tra gwahahol oedd i'r ddau: y naill wedi ei hyfforddi'n drylwyr yn yr Ysgrythurau, mewn cyffes ffydd a chadarn gred, ac ym meysydd bugeilio a gwenidogaeth; y llall hefyd wedi cael profiad cynnar tebyg, ond ar ôl hynny, yn astudio hanes athroniaeth, moeseg, rhesymeg, athroniaeth iaith a chrefydd ymhlith elfennau eraill o athroniaeth. Ond yn nadansoddiad Phillips fe welwn yn eglur pa faint o gydglymiad sydd rhyngddynt, gan fod Phillips wedi edrych ar farddoniaeth R. S. Thomas o gyfeiriad ei ddiddordebau pennaf, sef athroniaeth iaith ac athroniaeth crefydd. Mae ei ddarlleniad felly yn adlewyrchu ei ymdrech feunyddiol i ymgodymu gyda phroblemau sy'n tarddu o ganolfan athronyddol bur. Ond mae'r ffaith fod y fath ddadansoddiad yn bosibl yng nghyswllt barddoniaeth R. S. Thomas yn arwydd o sut mae'r bardd wedi gyrru ei fyfyrdodau barddonol tuag at ffiniau sydd hefyd yn cyfrannu tuag at anawsterau athronyddol ynghylch profiad ysbrydol, ei ffynhonnell, ei natur a'i ffurfiau. Yn ei ddadansoddiad mae Phillips nid yn unig am ddangos sut mae'r agweddau athronyddol yn ymddangos ym marddoniaeth R. S.Thomas ond mae am fynd ymhellach i ddangos sut mae anawsterau athronyddol arbennig yn cael eu hategu a'u goleuo gan y bardd-offeiriad ('poet-priest').

Yn ganolog i athroniaeth mae'r angen am ddealltwriaeth, am ddarganfod ffynhonnell gwirionedd a daioni. Yr unig ffordd y gellir cyflawni'r cais hwn yw trwy iaith, dadansoddiad a rhesymeg. I'r bardd hefyd, ei unig gyfrwng yw iaith gyda'i chystrawen, ei sain a'i hystyr o fewn cyflyrau'r dychymyg. Er i'r bardd geisio bod yn unigryw a gwreiddiol, eto erys yr angen i'w farddoniaeth fod yn ddealladwy. Ni all droseddu ffinaiu iaith nes i'w eiriau droi yn ddisynnwyr. Dyma un man cyfarfod i'r athronydd a'r bardd, sef y ffiniau hynny sy'n gwahaniaethu yr hyn sydd ystyrlon o'r hyn sydd ddiystyr, y ffiniau sy'n hanfodol i bosibilrwydd ystyr ynghyd hefyd â phosibiliadau'r dychymyg.

Etifeddwn iaith. Dyma etifeddiaeth sy'n rhoi ffurf ac ystyr i'n bywyd personol a chymdeithasol yn ei wahanol agweddau. Dyma etifeddiaeth sydd mor naturiol a gwreiddiol fel ein bod fel arfer yn ei gymryd yn hollol ganiataol. Dyma etifeddiaeth a rodd y byd i ni, wedi ei ffurfio yn barod, man cysurus, adnabyddus, lle y gallwn weithredu'n hollol hyderus. Dyma etifeddiaeth drwy yr hon y gallwn fyfyrio ar y gorffennol, hawlio'r presennol a dylanwadu ar y dyfodol. Cawn ein dysgu am drysorau iaith: darganfyddwn lenyddiaeth y gorffennol a'r presennol, barddoniaeth drwy'r oesau, ein hanes fel cenedl (gyda'i ffurfiau o fywyd yn y gorffennol sy'n cydio yn y presennol) a ffurfiau o ddarganfod yn ein gwyddorau. Dyma'r patrymau sydd ymhlyg yn natur a phosibilrwydd ein hiaith, ac a gânt eu dysgu a'u trosglwyddo i ni o ddyddiau ein hieuenctid.

Ond er y gallwn werthfawrogi'r agweddau hyn, eto mae posibilrwydd a phosibiliadau iaith yn syfrdanol yn eu cymhlethdod. A dyma'r hyn sydd wrth wraidd diddordeb yr athronydd mewn iaith, sef y syndod at y ffaith y gallwn ddeall ein gilydd; syndod at y ffaith fod yr hyn y perthyn iddo sain ac ysgrifen yn gallu peri fod mynegiant a chyfathrach rhwng unigolion yn digwydd, er bod pob un â llygaid a chlustiau gwahanol. Mae hyn yn wahanol iawn i ddiddordeb yr ieithydd sy'n ymhyfrydu yn y ffaith fod yna gymaint o wahanol ieithoedd. Ac er y gallwn gyfiethu o'r naill i'r llall, mewn sain ac ysgrif, maent yn hollol wahanol. Ond i'r athronydd nid tarddiad na datblygiad hanesyddol iaith sy'n arwyddocaol, ond posibilrwydd iaith, ffiniau ystyr, a'r gallu i wahaniaethu rhwng yr ystyrlon a'r diystyr.

Mae i ystyr rhyw gyfrinach, fel petai geiriau a chystrawen y frawddeg ddim ond yn rhoi rhyw fath o glogyn i ystyr sydd, megis, y tu hwnt i'r geiriau eu hunain. Dyma gyfrinach posibilrwydd cyfieithu: erys ystyr er i'r clogyn fod yn wahanol. A dyma'r anhawster a wynebir gan lu o athronwyr iaith, sef, mae'n rhaid fod yna ryw ffurf gyffredinol i ystyr sy'n ein galluogi i gyfieithu o'r un iaith i'r llall. Ond ni allwn ddarganfod y ffurf gyffredinol yma heb ddefnyddio iaith ei hun: ni ellir ond ymgodymu ag amodau ystyr yn nhermau iaith ystyrlon. Dyma broblem ganolog i athronwyr fel Frege a Wittgenstein a Derrida yn yr ugeinfed ganrif. Ymateb Derrida oedd ceisio treiddio i gyfrinachau iaith yn eu holl gyfoeth. Yn yr ymgais hon, darganfyddwn haen ar ôl haen o ystyr sydd wedi ymwthio, dylanwadu, effeithio, yn driphlith draphlith drwy, ac ar, ein gafael ar syniadaeth a delweddaeth. Stôr ddiddiwedd o drysorau dilys yw iaith, cymysgiad diderfyn.[2]

Ond beirniadol yw Phillips o weledigaeth Derrida, oherwydd dyma ddadansoddiad sy'n arwain tuag at anawsterau gwreiddiol eraill.[3] Ymhlith y rhain mae'r posibilrwydd o golli golwg ar y gwahaniaeth rhwng gwybodaeth sicr a chred ansicr a di-sail, rhwng y gwir a'r anwir, rhwng daioni a'r hyn a ymddengys fel daioni. Ac os oes dim ond un peth yn clymu gwaith R. S. Thomas a Phillips, dealltwriaeth ddofn o'r gwahaniaethau hyn, a'u parch tuag atynt, yw hynny. Drwy gydol ei yrfa, mae R. S. Thomas yn ymwybodol o'n gallu fel bodau dynol i ddal credoau di-sail, i droi at yr anwir pan fo o fantais inni, ac i dwyllo ein hunain. Yn aml yn ei farddoniaeth mae am ofyn y cwestiwn am y credoau sy'n ffurfio ein byd ac sy'n effeithio ar ein gweithrediad yn y byd, pa rai sy'n wir sicr ac yn sicr wir, a pha rai sy'n hollol ddi-sail ond yn dylanwadu ar ein gweithredoedd a'n hymddygiad yn y byd. O'r mympwyol i'r sylfaenol, o'r damcaniaethol i'r rhagfarnllyd, mae R. S. Thomas am ddatguddio fod i'n credoau lawer haen.

Ond cyn y gallwn ddelio â gwirionedd a sicrwydd credoau, fe erys cwestiynau sylfaenol, sy'n symbylu pob agwedd o waith

D. Z. Phillips sef, sut un yw'r berthynas rhwng ein hiaith a'r byd? Pa fath o berthynas a ddeil rhwng y geiriau a ddefnyddiwn i ddisgrifio ac i fynegi, a sut mae pethau yn y byd? Dyma gwestiwn canolog athroniaeth ac un sydd wedi peri i ddau draddodiad hir a chymhleth gael eu creu yn yr ymgais i ddod o hyd i ateb boddhaol. I'r empeirydd, profiad uniongyrchol o'r byd yw dechreuad dealltwriaeth o'r gwahaniaeth rhwng y gwir a'r gau, rhwng y da a'r drwg, rhwng gwybodaeth a chred. Profiad o'r byd sy'n ein cadw mewn cysylltiad â phosibiliadau realiti: gallwn ddweud 'cant o gamau' yn ddigon rhwydd, ond ni allwn gymryd cant o gamau heb gymryd un, a digon peryglus, annioddefol, difrifol gall yr 'un' fod mewn profiad. Ond i'r idealydd, mae hyn yn thesis annealladwy, oherwydd, er mwyn i'r fath 'brofiad' fod yn bosibl, rhaid ein bod yn defnyddio categorïau a thermau i'w nodi, i'w drefnu, i'w egluro, i'w ragfynegi, hyd yn oed i'w adnabod yn y lle cyntaf. Dyma'r categorïau syniadol, ieithyddol, a berthyn i'r meddwl ac i batrymau rhesymegol.

Pwysig yw deall yma, nad idealydd nac empeirydd oedd Phillips: trwy ei astudiaethau athronyddol daeth i ddeall pwysigrwydd gwaith Wittgenstein a Rhees, a thrwy ei ddadansoddiad, manwl ac eang, o destunau cymhleth Wittgenstein, fe drosglwyddodd olwg newydd ac unigryw ar gwestiynau traddodiadol athroniaeth iaith. O ganlyniad, nid yw Phillips byth yn rhoi blaenoriaeth i iaith dros brofiad, nac ychwaith yn rhoi blaenoriaeth i brofiad dros iaith, Nid yw byth am osod rhyw ffiniau arwynebol ar amodau ystyr. Nid yw byth am greu ffiniau sydd wedi eu symbylu gan ragdybiaeth, neu gan theori arbennig. Yn hytrach, mae am aros yn gyson gyda'r ffiniau hynny sy'n sylfaenol i bosibilrwydd ystyr a dealltwriaeth, ond, oddi mewn i gyswllt gweithrediad; yn y cyswllt hwnnw lle y gallwn siarad am gytuniad barn ('agreement in judgement'). I Phillips mae yna fyd o wahaniaeth rhwng aros ar yr hyn a ddatguddir gan yr archwiliad trylwyr, manwl gywir, a'r hyn sydd wedi ei symbylu gan gasgliad rhagdybiol. Dyma

Phillips: doughty controversialist

gor 1963-65; Lecturer in Philosophy, University College, Swansea (later University of Wales, Swansea) 1965-67, Senior Lecturer 1967-71, Professor 1971-96, Rush Rhees Research Professor 1996-2001 (Emeritus); Danforth Professor of Philosophy of Religion, Claremont Graduate School, California 1992-2006; Editor, Philosophical Investigations *1982-2006; married 1959 Monica Hanford (three sons); died Swansea 25 July 2006.*

to deter igh street

in the three months to June. But City economists said that did not alter the fact that consumers were proving more resilient than many had feared in the spring.

Ross Walker, at Royal Bank of Scotland, said: "It's always a mixed picture in terms of individual retailers but the idea that it is all disastrous is not evident from the macro numbers." He predicted spending growth would slow but said: "The indications now are that consumer spending is not going to slow as much as we previously thought."

After last week's rate rise to 4.75 per cent, retailers were less positive about the outlook. Mr Mountford said: "[July's figures] are not a true representation. I think it's going to be very, very tough for retailers." Kevin Hawkins, director general of the British Retail Consortium, said: "Talk of a general upturn in consumer spending is wide of the mark, even more so since the [Bank of England] increased rates."

paham mae gwaith R. S. Thomas yn gwneud y fath argraff arno. Mae barddoniaeth R. S. Thomas yn dyfnhau yn hytrach nac yn diddymu anawsterau, ac yn ymestyn gweledigaeth yn hytrach na chulhau posibiliadau: y mân bethau, y manylion pwysig, wedi eu mynegi a'u nodi er mwyn darganfod eu ffurf ac i dreiddio i'w cymhlethdod, ond bob amser yng nghyswllt gweithrediad, lle mae iaith a mynegiant yn gweithredu mewn undod. Ymhyfryda Phillips gymaint ym manylion syniadaeth, yr agweddau cynhenid a gwasgaredig, cyfarwydd ac estron, fel iddo ddarganfod ym marddoniaeth R. S. Thomas ffurfiau cyplysol sy'n goleuo anawsterau athronyddol a syniadol.

Er mwyn ceisio rhoi ffurf i'r cypliadau yma, gallwn eu rhannu fel hyn:

1. Y berthynas rhwng yr unigolyn â Duw fel gwrthrych addoliad – sut mae hyn yn ymddangos yn iaith ffydd ac yn nhermau profiad.

2. Y berthynas rhwng yr offeiriad â'i blwyfolion – pan fydd diffyg deall, diffyg ymwybod a chydwybod yn gallu digalonni'r bardd-offeiriad, ond hefyd pan fo'n canfod fel yr erys ffydd, gobaith a chariad yn yr amgylchiadau mwyaf poenus.

3. Y berthynas rhwng y credadun â'r byd o'i amgylch. Ceisia ddeall y gwrthdrawiad rhwng ffydd yn Nuw a bodolaeth poen, dioddefaint a thrallod y diniwed. Sut mae hyn yn perthyn i'r syniad o'r Duw Cudd a'n gweledigaeth o brydferthwch y byd?

1. Y berthynas rhwng yr unigolyn â Duw fel gwrthrych addoliad – sut mae hyn yn ymddangos yn iaith ffydd ac yn nhermau profiad?

Fel y nodir gan Phillips mae yna dynfa hynod o gryf tuag at y traddodiad empeiraidd a phositifistaidd mewn athroniaeth crefydd yn ystod yr ugeinfed ganrif. Gwelwn hyn yn y pwyslais ar brofion o fodolaeth Duw, a hefyd ar y theori fod pob dim i'w wirio yn unig o fewn ffinau'r hyn y gellir ei glywed, ei weld, ei arogli, ei flasu, neu ei deimlo. Felly i Phillips mae barddoniaeth R. S. Thomas fel awyr iach, yn cyffwrdd â thestunau, nid yn unig o safbwynt ffiniau diwinyddol, ond o safbwynt un sy'n gweithredu bob dydd o fewn ffiniau cred a chyffes ffydd. Mae'n offeiriad bob amser, ond hefyd yn fardd sy'n ymgodymu yn uniongyrchol gydag anawsterau bywyd bob dydd, yn eu holl gymhlethdod a'u huniongyrcholrwydd. Rhaid cofio fod darlleniad Phillips wedi ei symbylu bob amser gan ei ddealltwriaeth athronyddol sydd am ymwrthod ag unrhyw ragfarn positifistaidd yn ei ymgais i ddatguddio ac ehangu'r ymhlygiadau sydd yn nadansoddiad Wittgenstein. Dyma'r cyswllt mae am grybwyll yn y gerdd, 'The White Tiger',

> you can imagine that
> God breathes within the confines
> of our definitions of him, agonising
> over immensities that will not return. (t. 116)[4]

Dyma'r man lle mae am inni ofyn y cwestiwn, pa fath o berthynas a ddeil rhwng iaith a bodolaeth Duw? Sut mae'r dynol i sôn am y dwyfol? Gwir fod iaith crefydd yn etifeddiaeth helaeth a chyfoethog ond sut mae cyfanswm yr iaith yn gwirio bodolaeth yr Un nas gall na llygad na chlust, na thafod na llaw ei gyrraedd, na hyd yn oed y meddwl, sydd wedi ei gloi oddi mewn i gyflyrau dynol? Hyd yn oed pan roddwn briodoleddau i Dduw fel hollalluogrwydd, hollwybodaeth, hollbresenoldeb, onid ydynt yn mynd y tu hwnt i'r hyn sy'n eiddo profiad dynol? Onid dyma enghraifft arbennig o iaith crefydd yn ymestyn y tu hwnt i ffiniau ystyr?

Dyma gwestiwn sydd wedi peri gofid dihafal i athronwyr yn yr ugeinfed ganrif yn ogystal ag i athronwyr yn y gorffennol wrth iddynt geisio profi bodolaeth Duw yn rhesymegol. Ymateb y crefyddwr yw galw ar natur a gweithrediad ffydd. Ffydd sy'n galluogi ac yn goleuo'r bywyd crefyddol. Natur ffydd yw ei fod ym mynd ymhellach na gwybodaeth wedi ei selio ar brofiad y synhwyrau. Iaith ffydd yw iaith y cyfrinydd, y Salmydd a Sant Paul. Iaith ffydd yw iaith Ann Griffiths a Williams Pantycelyn. Mae i ffydd natur arbennig, oherwydd er nad yw yn un â gwybodaeth sicr, eto mae iddi elfen unigryw o sicrwydd cadarn yn wahanol iawn i gred gyffredin. Oddi mewn i ffiniau ffydd felly, gall dealltwriaeth ddyfnhau, ehangu, ac ymestyn. Yn y cyswllt hwn, mae Phillips am inni nodi fod ffydd yn gofyn i ni gredu yn y Duw Cudd. Wrth gwrs, mae rhai athronwyr wedi dadlau fod natur theistiaeth athronyddol yn dibynnu ar y syniad na all dyndod meidrol fyth ddeall Duw anfeidrol. Maent yn dyfarnu o'r gwirionedd crefyddol hwn fod iaith yn hanfodol annigonol i fynegi natur Duw anfeidrol (t. 115). A yw Duw yn cael eu gyfyngu gan iaith? Sut mae'r bardd-offeiriad yn delio â'r anhawster hwn? Mae Phillips am nodi fod yna awydd yng ngwaith R. S. Thomas ar adegau i sôn am y ffordd mae'r syniad o Dduw yn cael ei fynegi gan draethiadau mawreddog iaith – yr 'immensities' a gollwyd yn y gerdd 'The White Tiger'. Eithr mae yna adegau hefyd pan fydd y bardd am fynd ymhellach gan awgrymu fod Duw y tu hwnt i unrhyw syniad a feddiannwn. Ond yna, yr anhawster sydd gennym yw esbonio sut y daeth unrhyw siarad am Dduw i fodolaeth yn y lle cyntaf, a pha sail sydd i'r gred yn Nuw. Gwelir y gwrthdyniad hwn yn y gerdd 'Night Sky' lle mae R. S. Thomas am ddweud fod sôn am Dduw,

> It is its own
> light, a statement beyond language
> of conceptual truth.

ond hefyd i ddweud

> I pick up the signals
> relayed to me from a periphery that I comprehend. (t. 116)

Sut mae'r dynol i sôn am y dwyfol? Dyma'r cwestiwn sy'n wynebu R. S. Thomas, nid yn unig fel credadun, ond hefyd fel bardd sydd am wthio ei ddealltwriaeth tuag at bosibiliadau nad ydynt yn glir na phendant, ond eto sy'n rhagflaenu posibilrwydd ffydd.

> God woke, but the nightmare
> did not recede Word by word
> the tower of speech grew.
> He looked at it from the air
> he reclined on. One word more and
> it would be on a level
> with him; vocabulary
> would have triumphed. (t. 119)

Dyma gerdd ('The Gap') a ddengys ymwybyddiaeth o'r anhawster, nid yn unig i ddefnyddio enw Duw, ond hefyd i rwystro'r awydd i ymgnawdoli a gwrthrychu'r 'enw'. Dyma hefyd un o themâu pwysig Phillips yn ei feirniadaeth o athroniaeth crefydd gyfoes, sef yr anawsterau a grëir gan athronwyr, pan fyddant yn dadansoddi'r cysyniad o Dduw yn wrthrych ymhlith gwrthrychau. Fel y dengys Phillips yn ei astudiaethau manwl a chlir mewn athroniaeth crefydd, mae i enw Duw anawsterau dwfn. Camgymeriad cyffredin yn yr ugeinfed ganrif oedd cymryd 'Duw' fel enw, yn y ffordd y mae fy enw 'Meirlys' yn cyferio ataf fi fel unigolyn ymhlith eraill. Ond nid gwrthrych ychwanegol yw Duw wrth ochr gwrthrychau tebyg eraill. Nid amau gwrthrychedd Duw yw ergyd yr awgrym hwn, ond yn hytrach mae'n ganolog i'r cwestiwn o ba fath o 'wrthrychedd' a berthyn i Dduw. Yn ei farddoniaeth, mae R. S. Thomas hefyd am wynebu'r camgymeriadau a all godi mor gyflym wrth i ni geisio deall natur iaith cred a chyffes. Mae am ymddatod o'r demtasiwn i ddefnyddio 'Duw' fel enw cyffredin, ac i droi sylw tuag at y ffyrdd mae siarad am Dduw yn ymwneud ag ymddygiad a gweithrediad: sut mae Duw yn wrthrych addoliad, gogoneddu, rhoddi diolch, gweddïo. Mae am sylwi ar agweddau cymhleth y ffordd o fyw lle mae realti Duw yn ganolog, yn ddihafal, ddigymar, ddi-ail, anghymarol ond bob amser yn guddiedig. Gwêl pa fath o siarad am Dduw nad yw'n ddilys yn y gerdd, 'Waiting',

Face to face? Ah no
God, such language falsifies
the relation. Nor side by side,
nor new you, nor anywhere
in time and space.(t. 121)

Unwaith, nid oedd yna'r fath anawsterau. Rhwydd oedd defnyddio 'Duw' fel enw, yn enwedig pan oedd yn ieuanc, pan nad oedd bywyd yn arw a phoenus, pan nad oedd bywyd yn llawn gwrthdynnu ac amheuaeth.

Young
I pronounced you. Older
I still do, but seldom
now, leaning far out
over an immense depth, letting
your name go and waiting,
somewhere between faith and doubt
for the echoes of its arrival. (t. 121)

Nid Mr Jones drws nesaf yw Duw, na hyd yn oed rhyw berson pwysig fel y Prif Weinidog, nac unrhyw wrthrych tuag at yr hwn y gallwn daflu'r cwestiwn, 'pa gêm wyt ti'n chwarae? Pa gyfiawnhad wyt ti am gynnig am dy gynlluniau yn y byd?' Mae un darn, 'The Possession', yn fynegiant perffaith o'r man rhwng ffydd ac amheuaeth:

He is a religious man,
How often I have heard him say
looking around him with worried eyes
at the emptiness: There must be something.

It is the same at night, when
rising from his fused prayers

> he faces the illuminated city
> above him: All that brightness, he thinks
>
> and nobody there! I am nothing
> religious. All I have is a piece
> of the universal mind that reflects
> infinite darkness between points of light. (t. 122)

Drwy gydol ei farddoniaeth gwelwn R. S.Thomas yn ymdrechu i ddyfnhau ei ddealltwriaeth o'r bywyd ysbrydol, ei hanfod, ei ffiniau, ei berthynas â'r byd synhwyrol, a'i ymddangosiad ym mhrofiad cymdeithas gyfoes. Nid proses syml na rhwydd, nid proses gyfforddus na hynaws ar brydiau, ond un sy'n treiddio i deimladau terfysglyd, i weledIad estron a chredoau hollol wrthgyferbyniol. Dyma'r hyn sydd mor bwysig i Phillips: mynegiant o'r hyn sy'n hanfodol i'r bywyd ysbrydol a chred yn Nuw, yn hytrach na dadansoddiadau distadl athronwyr yr ugeinfed ganrif. Fel y dywed Phillips:

> 'If knowing God were a matter of intellectual assent, it ought to be possible to say, 'I believe in God' without this having any effect whatsoever on one's life. But this would not correspond to anything akin to religious belief....The poet is right in insisting that what needs to be made central are the affective contexts in which the need for God has its sense, and a person coming to God has its significance'.(t. 125)

2. Y berthynas rhwng yr offeiriad a'i blwyfolion – pan fydd diffyg deall, diffyg ymwybod a chydwybod yn gallu digalonni'r bardd-offeiriad ond hefyd pan fo'n canfod fel yr erys ffydd, gobaith a chariad yn yr amgylchiadau mwyaf poenus.

Ni allwn anghofio wrth ddarllen barddoniaeth R. S. Thomas fod i'r bardd lawer llais: gwir fod iddo lais athronyddol sydd am estyn ei gwestiynau y tu hwnt i ffiniau ei gredoau personol, ond hefyd mae iddo lais y person sy'n wynebu datblygiadau gwyddonol yn y byd naturiol, yn enwedig ym marddoniaeth ei flynyddoedd olaf. Mae iddo lais y person sy'n deall angenrheidrwydd cymdeithasol, politicaidd a chenedlaethol, ac mae iddo lais y person sy'n ymwybodol o broblemau byd na ellir eu datrys yn rhwydd, os o gwbl. Dyma'r lleisiau sy'n treiddio trwy ei farddoniaeth fel bardd-offeiriad. Ond, oherwydd ei fod yn fardd-offeiriad mae yna wefr feunyddiol yn ei fynegiant, sef gwefr yr ymwybyddiaeth fod arno ddyletswydd unigryw tuag at ei blwyfolion: nad yw i'w drysu gyda chredoau na all gredu ei hun, nad yw i'w camarwain gan obeithion ffug, nad yw i orchymyn ffordd o fywyd sy'n estron iddynt, ac yn bennaf, nad yw i feirniadu gwerth ac ystyr eu bywyd bob amser yn ôl ei safonau uchel ef ei hun. Yn gyson yn ei farddoniaeth, mae R. S. Thomas yn ymwybodol o bwysigrwydd y swydd y mae wedi ei dewis – o fod yn gyfryngwr rhwng y dynol a'r ysbrydol. Ond sut y mae i gyflwyno gwirioneddau ysbrydol am gariad Duw yn wyneb rhyfela didostur, poen a dioddefaint y diniwed a'r anghyfiawnderau a ddaw i ran yr alltud? Pa fath o Dduw hollalluog sy'n bodloni ar y fath fyd a greodd? Onid dyma fan sylfaenol amheuaeth ddofn? Pa fynegiant a dry amheuaeth yn ffydd? Yn eglur, nid yr awgrym sy'n ceisio profi bodolaeth a natur Duw ar sail sut y mae pethau yn y byd. Sut mae ei gynulleidfa, yn ei holl amrywiaeth, i glywed yr efengyl, i wrando ar y bregeth, i gymryd o'r cymun, i ddarganfod ffordd o fyw sydd bob amser, yng nghanol bwrlwm bywyd bob dydd, gyda'i gymhlethdod a'i angenrheidiau, yn llawn gras a chariad, daioni a thangnefedd? Ond mwy cymhleth fyth yw'r ffaith fod ei blwyfolion yn edrych ato ef i'w harwain, i'w dysgu, i ddangos iddynt helaethrwydd y bywyd ysbrydol. Dyma'r bardd-offeiriad sy'n gweinyddu'r cymun, rhyfeddod canolog ei ffydd. Dyma'r un sy'n gyfrifol am eu hyfforddiant yn y ffordd orau i wynebu problemau personol, moesol a chrefyddol. Dyma faich tra difrifol i un sy'n farddonol ymwybodol ac sy'n ymgodymu â throbwll meddyliol wrth wynebu ei dueddiadau a'i betruster ei hun.

Dyma'r cyswllt felly lle mae'r cwestiwn o gyfryngdod yn sylfaenol: cyfryngdod rhwng y byd a'r Duw Cudd, rhwng y dynol a'r dwyfol, rhwng y beunyddiol a'r tragwyddol, rhwng y daearol a'r ysbrydol. Dyma'r cyswllt lle mae Phillips yn ymhelaethu ar themâu sy'n bwysig iddo ef ac R. S. Thomas: sef y ffyrdd o gyfryngu. Gwrthun i'r ddau yw'r cyfryngau rhwydd sydd ar gynnig: sef athroniaeth lwyd naturoliaeth fel yr hyn a gawn ym marddoniaeth cynnar Wordsworth, lle mae am gysuro ei hun gyda gallu prydferthwch natur i gynhyrchu purdeb moesol; gwrthun hefyd yw dyneiddiaeth feddal sydd am roi i ymwybyddiaeth ddynol flaenoriaeth, fel y gall orchymyn y gwahaniaeth rhwng y da a'r drwg, neu ei ddileu yn gyfan gwbl i siwtio ei ddymuniadau a'i bleserau personol. Ond y cwestiwn yw, pa gyfryngiad? Yn ei bennill 'The Moon in Lleyn', mae'r bardd yn cael ei demtio i ddweud

Religion is over, and
what will emerge from the body
of the new moon, no one
can say.

Ond ni saif y bardd gyda'r canlyniad hwn gan ei fod yn ychwanegu:

But a voice sounds
in my ear: Why so fast,
mortal? These very seas
are baptised. The parish
has a saint's name time cannot
unfrock. In cities that
have outgrown their promise people
are becoming pilgrims
again, if not to this place
then to their own recreation of it
in their own spirits. You must remain
kneeling. Even as this moon
making its way through the earth's

cumbersome shadow, prayer, too,
has its phases. (t. 101)

Dywed Phillips: 'The priest must not give way to impatience, although there will be moods and moments no doubt when he will be invaded by it. Yet he wants ...to go further and celebrate an authentic religious sense in verse' (t. 101). Felly mae R. S. Thomas am ddarganfod iaith ffydd sy'n cynnwys uniongyrchedd anghyffredin. Yn *The Laboratories of the Spirit,* gwelwn R. S. Thomas yn ymgodymu â gweld y byd naturiol fel rhodd, fel gweithred gras wedi ei chyflwyno iddo. Yn y gerdd 'The Flower', dywed,

I asked for riches.
You gave me the earth, the sea,
the immensity
of the broad sky. I looked at them
and learned that I must withdraw
to possess them. I gave my eyes
and my ears, and dwelt
in a soundless darkness
in the shadow
of your regard.
The soul
grew in me, filling me
with its fragrance. (t. 102)

Mae'r 'withdrawing to possess' yn bwysig. Dyma fan gwir ryfeddu â pharchedig ofn, nid trwy roi cyfrif o'r ffordd mae ffawd ac anffawd yn cydbwyso rhywfodd, ond trwy dderbyn y cyfan, pan fydd y personol yn cilio a phan welir popeth yn rhodd, fel mynegiant o ewyllys yr hollalluog Dduw. Dyma'r hyn mae Simone Weil yn ei alw yn gariad at brydferthwch y byd – nid sut mae'r byd ar y foment hon yn ei fanylion, a allant fod yn ffafriol neu yn anffafriol i mi, ond y ffaith o fodolaeth y byd, a'r cyfan a berthyn iddo. Dywed Phillips:

> 'This form of love is nonsense in terms of possession brought about by self-assertion. It is inseparable from poverty of spirit. The poet mediates the spirit of Christ through the poorest figure in the field:
>
> and there the scarecrow walked
> over the surface of the brown
> breakers tattered like Christ
> himself and the man went
> at his call with the fathoms
> under him.
>
> Because such poverty of spirit involves acceptance of all things, a simple incident may be an occasion for the revelation that all things are from God. (t. 105).

Fel yr haul yn tywynnu ar gae:

> It is the turning
> Aside like Moses to the miracle
> Of the lit bush, to a brightness
> That seemed as transitory as your youth
> Once, but is the eternity that awaits you

'The Bright Field' (t. 105).

Neu, hyn mewn eglwys wag, oherwydd dywed Phillips, heb unrhyw gyfryngwr arall, gall y gwacter ei hun gyfryngu perthynas yr enaid â Duw:

> I keep my eyes
> open and am not dazzled
> so delicately does the light enter
> my soul from the serene presence
> that waits for me till I come next.

'Llananno' (t. 105).

Adwaith Phillips yw dweud: 'By seeing grace in all things, the giver of grace cannot be seen as a thing alongside those that are given. Such an experience of presence mediated through absence, God making all the difference to the world because he cannot be in it alongside all other things, comes to the poet as he watches the sea:

There were days
so beautiful the emptiness
it might have filled,
        Its absence
was as its presence; not to be told
any more, so single my mind
after its long fast,
my watching from praying.

'Sea Watching' (t. 106).

Dyma'r gwrthwynebiad felly sy'n ganolog i weledigaeth R. S. Thomas a Phillips: 'Ond sut mae'r cytundeb yma rhwng gweledigaeth farddol R. S. Thomas a dadansoddiad athronyddol Phillips yn gwrthdaro yn erbyn presenoldeb y drwg, yr anghyfiawn, y trallodus, y cystuddiol, y poenus yn ein byd a'n bywyd?'

Mae yna wahaniaeth hanfodol rhwng yr unigolyn ei hun yn dod i'r sylweddoliad fod Duw i'w weld ym mhob dim, a dweud fod Duw yn nhrallod rhywun arall. Gofyn Phillips 'If seeing God in all things is a song given to the believer, how are the afflictions of others to be seen in his song?' (t. 107). Ac fel y gofynnodd Dostoevsky unwaith, hyd yn oed petai gennyf fi hawl i faddau i'r person sydd wedi peri poen a thrallod i mi, a oes gennyf unrhyw hawl i faddau i rywun sydd wedi peri poen a chystudd i eraill? Fel y dengys Phillips, yn ôl un syniad o Dduw, ni all hanes yr hil ddynol fod yn ddim ond yn un cymysglyd oherwydd fod rhyw gynllun gyda Duw, sy'n dywyll i ni, ond sy'n rhoddi pwynt arbennig i'r holl ddolur a phoen yn y byd. Ond dyma syniad o Dduw mae R. S. Thomas a Phillips am wrthod yn bendant: yr un oherwydd ei atgasedd tuag at ymhlygiad o ryw fwriad dwyfol i wneud poen a dioddefaint yn gyfreithlon, a'r llall oherwydd anawsterau athronyddol y soniais amdanynt ynghynt, sef fod y syniad yma yn priodoli i Dduw fwriadau sy'n ei wneud yr wrthrych ymhlith gwrthrychau eraill. Ym marddoniaeth R. S. Thomas gwelwn y tyndra rhwng gofynion bugeilio, ei ymwybyddiaeth o dristwch, o brofiad dolurus ac enbyd, a'r ffyrdd y dyry gysur i'w blwyfolion. Rhaid iddo ef erfyn am amynedd, deisyf derbyniad o ewyllys Duw ac ymbil am ras a maddeuant – ond heb dwyllo ei gynulleidfa, na'u harwain tuag at ffug ddiddanwch.

Sut mae hyn yn gysylltiedig â thema Phillips ynglŷn â 'bardd y Duw Cudd'? Paham y dewisodd Phillips yr agwedd hon er mwyn ehangu ei ddealltwriaeth o farddoniaeth R. S. Thomas. Deuwn yn ôl unwaith eto at iaith gweithrediad ffydd a chyffes. Mae Phillips am bwysleisio nad yw iaith yn derfyn rhwng y dynol a Duw: 'Language is not a barrier between ourselves and God. That is not what he [R. S. Thomas] means by a hidden God, a God whom language hides from us. Rather the nature of God in the language we use is the notion of a hidden God' (t. 127). Mewn ystyr arbennig, cudd yw'r ysbrydol, heb lygad, ond llygad ffydd, heb glust ond clust yr enaid, a heb dafod ond tafod cred a chyffes, eto mae'n anwahanadwy o bob mân ddigwyddiad. Mae'n anwahanadwy oddi wrth ffurfiau gweithredu'r credadun yn y byd o'i amgylch. 'R. S. Thomas insists that if talk of the eternal is to have any sense, it must be mediated in the events, good and bad, that befall us. That is why the price is so often a high one and why our natural cries of distress can become a barrier to faith' (t. 128). Mae'n werth nodi fan yma fod R. S. Thomas wedi cyfeiro at sylw Allen Tate: 'Only persons of extraordinary courage and perhaps genius even can face the spiritual truth in its physical body', ac yn ei dro mae Phillips yn cyfeirio at ran o bapur gwych yr Athro J. R. Jones yn 1967, 'Love as Perception of Meaning', lle dywed fod gweledіad ffydd a chariad yn weledіad unigryw, yn weledіad o safbwynt y tragwyddol:

> 'you cannot see living things in this way, without blessing them, without gratitude for their existence, without profoundly thanking God for the miracle which made them, the miracle of their existence … insight into existence which makes us rejoice … is at the same time insight into its suffering, its defencelessness. Its profound vulnerability … It is not rare to feel this pity for those who are kindly disposed towards you. The difficulty is to feel it for those who curse you or hate you or despitefully use you. Seeing in your enemy the profoundly pathetic, vulnerable, defenceless human being is the difficult thing [ategaf fan yma: i'r ran fwyaf yn amhosibl] … Only love can see and where it sees, it pities, irrespective of whether or not it receives pity in return. And that is why it 'beareth all things, suffereth all things' (t. 129).

Gwelwn ym marddoniaeth R. S. Thomas yr awydd i ddathlu gweledіad y tragwyddol, i ddeall gweithrediad ffydd yn wyneb amheuaeth, ac i ddod o hyd i gyfrinach gras ym merw ein bywyd bob dydd. Fel y dywed Phillips dyma fardd sydd wedi penderfynu ymestyn ei ddealltwriaeth, i fyfyrio ac ystyried, hyd yn oed os oes rhaid iddo fynd ar ei liniau er mwyn cyflawni hynny (t. 168). Gallwn werthfawrogi pa mor gyfoethog yw delweddaeth barddoniaeth R. S. Thomas a sut mae synnwyr a ffurf, mynegiant a sain wedi eu gweu i batrymau cywrain, nad ydynt yn ildio eu neges ar y darlleniad cyntaf, ond sy'n parhau i'n swyno ar lefelau cymhleth canfyddiad a theimlad. Trwy gystrawen y gân, trwy luniad y gerdd, gwelwn yn eglur natur ei ymdrech a dolur y brwydro. Yn nadansoddiad unigryw Phillips darganfyddwn sut mae ffiniau ymchwiliad athronyddol yn ymestyn tuag at ffiniau'r canu, a sut mae'r canu yn ymestyn tuag at ffiniau athronyddol. Canlyniad hyn oll yw, nid dileu y gwahaniaethau rhyngddynt, ond nodi dyfnder eu hymrwymiad i bwysigrwydd yr hyn sy'n werthfawr yn ein bywyd ac yn ein diwylliant.

1 Cyhoeddwyd gan Macmillan, Llundain, 1986.

2 Gweler trafodaeth Derrida yn *Of Grammatology*, 1978, cyf.G. C. Spivak, John Hopkins Universiy Press.

3 Gwler rhan o'i feirniadaeth yn ei bapur 'Rorty's Lost Conversations' a gyhoeddwyd yn ei lyfr *Philosophy's Cool Place*, Cornell University Press, 1999.

4 Cyfeiriaf at rif y tudalennau yn D. Z. Phillips, *R. S. Thomas: Poet of the Hidden God.* Ceir cyfeiriadau i gerddi R. S. Thomas yn nhestun Phillips.

Hefyd gan Y Lolfa:

£19.95

Am restr gyflawn o lyfrau'r Lolfa, mynnwch
gopi am ddim o'n catalog
neu hwyliwch i mewn i'n gwefan

www.ylolfa.com

lle gallwch archebu llyfrau ar-lein.

y Lolfa

TALYBONT CEREDIGION CYMRU SY24 5HE
ebost ylolfa@ylolfa.com
gwefan www.ylolfa.com
ffôn 01970 832 304
ffacs 832 782